Itsvan Bakony

Impérialisme, Communisme et Judaïsme
Les trois forces qui dominent le monde

n° 1. Qu'est-ce que le Judaïsme ? 7

n° 2. Le communisme chinois et les juifs chinois. 53

n° 3. La cinquième colonne juive dans l'Islam. 83

n° 4. La cinquième colonne juive en Inde. 129

n° 5. Les juifs veulent dominer les nègres. 167

n° 6. La cinquième colonne juive au Japon. 219

n° 7. La paranoïa judaïque. 249

*Toutes les recensions où rééditions numériques
de Lenculus sont gratuites, et ne peuvent faire l'objet d'aucun profit.
On retrouvera toutes ses publications sur le site* **http://the-savoisien.com/**

I
Qu'est-ce que le Judaïsme ?

Library of Political Secrets - 3

Traduit de l'anglais à partir du fascicule édité par
les Ediciones UDECAN
Apartado Postal 665
Mexico 1, D. F. - Mexico.

I
Qu'est-ce que le Judaïsme ?

CHAPITRE PREMIER

Une religion raciste

Qu'est-ce que le judaïsme ? Comment est-il organisé ? Ces questions furent soulevées par de nombreux érudits, dont aucun ne put y répondre de manière satisfaisante pour la simple raison que le peuple juif entoure du plus grand secret tout ce qui se rapporte à son organisation interne.

Les Juifs pratiquent à outrance la discrimination raciale contre les peuples qui leur ont donné asile et dont ils empêchent les membres d'entrer dans leurs organisations privées.

Dès qu'ils arrivent dans une nation, ils s'estiment en droit de participer à la vie de toutes les institutions et organisations du peuple qui les a accueillis, et si quelqu'un essaie de s'y opposer, ils crient à la discrimination raciale. Mais en tant qu'étrangers ayant exigé et obtenu l'hospitalité, ils frappent de discrimination les autochtones sur le propre sol de ceux-ci, pensant avoir le droit de leur interdire l'accès à leurs communautés juives, notamment leurs clubs privés et leurs synagogues.

Le pire est que l'État hôte tolère cette situation scandaleuse, ce qui révèle le degré de domination auquel les Juifs sont parvenus dans de nombreuses nations.

Quand cette politique suscite des protestations assez vives pour que les Juifs y voient un danger, ils font organiser par un club sportif israélien des matches de football ouverts au grand public ; à moins qu'ils ne créent de toutes pièces une quelconque organisation où se mélangent chrétiens et Juifs, ou encore des communautés de « *prosélytes de la porte* » (*voir chapitre trois*) afin d'exercer davantage d'influence sur les chrétiens. Mais ils n'en interdisent pas moins à tout « *goy* » — mot péjoratif par lequel ils désignent quiconque n'est pas membre de leur prétendue race — l'entrée des organisations judaïques les plus fermées.

Voilà pourquoi, lorsque les Juifs parlent d'une discrimination raciale supposée, les organisations qui cherchent à défendre d'eux leurs concitoyens doivent réagir à ces propos par des campagnes exigeant que les non Juifs soient autorisés à entrer dans les clubs israélites privés et les synagogues, les communautés et les *kehilot* , et qu'ils aient le droit de siéger aux gouvernements juifs secrets, tout comme les Juifs exigent de pouvoir siéger aux gouvernements des gentils. Nous verrons comment les Juifs rejettent catégoriquement les exigences de cette nature.

L'expérience aurait pour utilité de montrer à l'opinion que ce sont les Juifs qui pratiquent la discrimination vis-à-vis des peuples leur ayant accordé l'asile et de lui faire comprendre que si les Israélites tiennent tant à garder leurs réunions secrètes, c'est parce qu'il ne s'y trame rien de bon.

En dépit du secret dont les Juifs entourent leurs organisations internes, on peut se faire une idée ne serait-ce que superficielle de ce qu'est le judaïsme et de la façon dont il opère.

Les non Juifs ignorent ce qu'il est ; ils commettent donc de funestes erreurs à son sujet. Par exemple, ils croient que l'immigrant juif est comme les immigrants d'autres nations, et ils lui ouvrent obligeamment leur porte comme ils le font avec tout autre étranger, sans comprendre que loin d'être un émigré, le Juif est un agent actif d'une organisation impérialiste mondiale et ambitionne de conquérir le pays qui l'a reçu.

Benjamin Franklin(1), qui fut l'un des fondateurs des États-Unis d'Amérique, avait bien pris conscience du problème, et il avait parfaitement compris que si les choses se maintenaient en l'état, les Israélites finiraient par s'emparer de son pays. Depuis lors, les faits ont vérifié ses prédictions,

1 — Cette prophétie de Benjamin Franklin a été faite lors d'une conversation à bâtons rompus, durant l'entracte de la Convention constitutionnelle de Philadelphie (1787). Elle a été rapportée par Charles Pinckney Cotesworth, délégué de l'industrie laitière en Caroline du Sud.

« *Je suis entièrement d'accord avec le général Washington. Nous devons protéger notre jeune nation d'une influence insidieuse. Cette menace Messieurs, ce sont les Juifs.*

« *Dans chaque pays où les Juifs se sont installés, ils ont abaissé le niveau moral et déprécié l'intégrité commerciale. Ils sont restés à l'écart et ne se sont jamais assimilés. Ils ont tenté de dénigrer et de miner la religion chrétienne, sur laquelle cette nation est fondée, en s'opposant à ses restrictions. Ils ont fondé un Etat dans l'Etat, avec lequel ils cherchent à étrangler financièrement la nation, comme il l'on fait pour l'Espagne et le Portugal.*

« *Depuis plus de 1700 ans, les Juifs se lamentent de leur triste sort, à savoir qu'ils ont été chassés de leur patrie, comme ils l'appellent. Mais Messieurs, si le monde leur rendait la Palestine, ils trouveraient immédiatement des raisons pressantes pour ne pas y retourner. Pourquoi ? Parce qu'étant des vampires, ils ne peuvent pas se nourrir du sang d'autres vampires, ils ne peuvent pas vivre entre eux. Ils doivent vivre parmi les Chrétiens et d'autres nations n'appartenant pas à leur race.* « *S'ils ne sont pas expulsés des États-Unis par la Constitution, dans moins de 200 ans, ils seront ici en si grand nombre, qu'ils vont nous dominer, dévorer le pays et changer la forme de notre gouvernement, pour laquelle, nous, Américains, avons versé notre sang et sacrifié notre vie, nos biens et notre liberté.* « *Si les Juifs ne sont pas exclus, dans 200 ans, nos descendants travailleront dans les champs pour nourrir les juifs, tandis qu'ils resteront dans leurs maisons de comptage en se frottant joyeusement les mains. Je vous avertis, Messieurs, si vous n'excluez pas les Juifs pour toujours, vos enfants et les enfants de vos enfants, vous maudiront sur vos tombes.*

« *Les juifs, Messieurs, sont des Asiatiques, le lieu de naissance et le nombre des années n'y changeront rien, ils resteront à jamais des Asiatiques. Leurs idées ne seront pas celles d'Américains, même s'ils vivaient parmi nous durant dix générations. Le léopard ne peut pas changer ses taches. Les Juifs sont des Asiatiques, ils sont une menace pour ce pays si nous les acceptons. C'est pourquoi ils doivent être exclus par la présente Convention constitutionnelle.* »

car les États-Unis sont tellement dominés par les Juifs qu'on peut les considérer comme une colonie juive. L'impérialisme yankee s'est révélé être un instrument de l'impérialisme juif.

Les Juifs sont avant tout une nation, et une nation organisée à l'échelle mondiale, car ils sont répandus dans tous les pays du monde. Cette nation réside en majeure partie dans des terres étrangères, et ses membres vivent en parasites sur les territoires d'autres peuples. Depuis plusieurs siècles, les Juifs étaient privés d'un territoire à eux, mais à la fin de la Deuxième Guerre mondiale, ils réussirent à obtenir de la Grande-Bretagne — dominée par les Juifs — qu'elle permette à un grand nombre d'entre eux d'émigrer en Palestine — devenue alors État d'Israël —, après quoi ils en expulsèrent d'une manière criminelle la majorité de ses habitants, des musulmans.

Pourtant, selon le recensement de 1961, Les Juifs ne sont que 2 170 280 à vivre en Israël, alors qu'ils sont plusieurs fois plus nombreux dans les autres pays du monde entre lesquels ils se répartissent(1).

On ne sait pas au juste combien il y a de Juifs dans le monde, parce qu'eux-mêmes dissimulent soigneusement cette information. Ils seraient, paraît-il, au nombre de quinze millions, en ne comptant naturellement que ceux qui professent publiquement le judaïsme, mais il va de soi que beaucoup plus d'entre eux se cachent sous un masque chrétien, musulman ou autre et n'apparaissent jamais dans les statistiques ou les recensements.

Durant le seul Moyen Âge, il se trouvait plus de Juifs pour se convertir faussement au christianisme et à l'islam que pour demeurer des pratiquants de leur religion.

Dans les livres qu'ils publient à l'usage interne de leur communauté, les auteurs israélites avouent que presque toutes les conversions au christianisme et à l'islam étaient fausses et insincères, les Juifs gardant secrètement leur ancienne religion.

Depuis la Renaissance, les fausses conversions au christianisme se sont poursuivies, augmentant ainsi continuellement le nombre des Juifs

---

1 — Note de l'Éditeur : selon les statistiques de 1974, l'État d'Israël comptait alors 3 300 000 habitants juifs.

clandestins et réduisant du même coup celui des Juifs qui professaient publiquement la religion d'Israël. Ce processus s'est maintenu jusqu'à nos jours, surtout dans des pays comme les États-Unis, où les Juifs ont besoin de renforcer leur cinquième colonne au sein de la Chrétienté. Il est donc difficile d'apprécier le nombre de Juifs clandestins, mais en tout état de cause, ils sont plusieurs fois plus nombreux que les Juifs se réclamant officiellement et publiquement du judaïsme.

Toutefois, outre qu'ils forment une nation disséminée dans le monde entier, les Juifs sont également liés entre eux comme membres d'une même religion ; or, contrairement à d'autres, cette religion est agressive et impérialiste, emplie de haine et du désir de réduire l'humanité en esclavage.

La religion juive est réservée au peuple juif, elle n'est pas apostolique comme d'autres. C'est pourquoi les Juifs ne tiennent pas à convertir les peuples au judaïsme véritable. Ils considèrent que leur religion est le fruit de l'accord entre Dieu et Abraham et qu'il appartient donc au peuple élu de Dieu de dominer le monde, parce que les autres hommes ne sont que de vulgaires animaux dénués de toute nature humaine ; en conséquence de quoi les *goyim* (ou gentils) n'ont pas le droit de s'asseoir à la table des élus ni de figurer parmi la future aristocratie de l'humanité, qui — sur l'ordre supposé de Dieu — réduira en servitude les peuples du monde.

Lorsque des Juifs cherchent sincèrement à convertir un chrétien ou un musulman au judaïsme, c'est parce que l'intéressé est de race juive et descend d'Abraham, bien que pour une raison ou pour une autre, ses parents ou grands-parents aient perdu le contact avec le judaïsme. La conversion d'un tel chrétien ou musulman est destinée à récupérer un sang égaré.

Les Juifs ont l'intention de faire de la religion d'Israël la seule religion du monde une fois que leur communisme athéiste aura broyé et annihilé toutes les autres religions. Mais les gentils ne seront jamais admis dans les véritables organisations du peuple élu ; ils ne seront enrôlés que dans une religion fabriquée spécialement pour eux, qui aura l'apparence du judaïsme, mais qui ne sera qu'une religion d'esclaves, ce qui justifiera leur servitude et les privilèges que les Juifs de sang s'arrogeront en tant que maîtres de ce monde futur. Cette religion de « *Juifs spirituels* » sera adaptée aux circonstances nouvelles et ne différera que légèrement de l'antique organisation des « *prosélytes de la porte* ».

Aux temps de l'Inquisition, de nombreux Juifs clandestins (*qui n'étaient qu'extérieurement chrétiens*), effrayés par la répression inquisitoriale et par le bûcher qui les attendait s'ils étaient démasqués, se séparèrent tout à fait du judaïsme, et leur descendance fut donc, elle aussi, perdue pour lui.

Dès lors, les Juifs — qu'ils pratiquent leur religion en public ou dans la clandestinité — avaient pour devoir sacré de récupérer le sang égaré en s'efforçant avec courage d'initier secrètement les enfants de ces renégats et en n'ayant de cesse d'y parvenir. Dans les dossiers de l'Inquisition, on trouve d'abondants exemples de ce genre de prosélytisme auquel se livraient aussi bien des hérétiques judaïsants — c'est-à-dire des chrétiens pratiquant le judaïsme en secret — que des Juifs professant publiquement leur judaïté.

Parmi les motifs ayant entraîné l'expulsion des Juifs de France, d'Angleterre, d'Espagne et d'autres pays, il y a le fait qu'ils incitaient ceux d'entre eux convertis au christianisme et leurs descendants à retourner au « vomi du judaïsme ».

Le judaïsme se livre actuellement, dans de nombreux pays, à un prosélytisme intense auprès des personnes considérées — à juste titre ou non — comme descendant de celles que la persécution inquisitoriale avait contraintes à se séparer vraiment de lui. Mais comme les ascendants de ces personnes — déjà sincèrement chrétiens — ont épousé d'autres chrétiens au cours des générations suivantes, leurs descendants actuels ont dans les veines plus de sang de la « bête gentille » que de sang juif. C'est pourquoi les Juifs ne peuvent les accepter au sein des organisations véritablement israélites, réservées aux individus de pur sang juif. Pour s'assurer la mainmise sur ces sang-mêlé, les Juifs ont fondé des communautés et des synagogues spéciales en faisant croire naïvement aux intéressés — par des moyens astucieux — qu'ils les introduisent au vrai judaïsme, alors qu'en fait, ils les font entrer dans une des nombreuses organisations satellites que les Juifs de sang pur ont créées afin de dominer le reste de l'humanité et de faire d'eux des instruments aveugles de leur impérialisme sans pitié.

Néanmoins, comme ceux qui se sont laissé tromper par cette ruse se croient vraiment juifs, ils servent de dociles marionnettes aux Juifs véritables. Il est donc politiquement dangereux de faire confiance aux familles chrétiennes ayant un ancêtre juif, bien qu'il soit possible que la majorité de leurs ancêtres aient été des gentils, et il est conseillé de se méfier d'elles.

Cette volonté forcenée de récupérer le sang perdu est évidente aussi à propos des mariages mixtes. Il est bien connu que les Juifs interdisent à leurs enfants d'épouser des personnes d'une autre race ou d'un autre peuple — ce qui constitue une discrimination ethnique contre les nations les ayant accueillis —, pour la simple raison qu'ils considèrent les autres races comme inférieures et de nature animale. Un Juif se souille en épousant une « chienne goy ». Mais l'amour est un sentiment que nul ne saurait maîtriser, et il arrive qu'un garçon juif tombe amoureux d'une jeune fille chrétienne, ou inversement, en dépit des nombreuses précautions prises en vue de l'éviter. Dans un tel cas, les proches du garçon déchirent leurs vêtements et s'opposent obstinément au mariage en menaçant l'intéressé de représailles. Bien souvent, ils réussissent à le faire céder à leurs pressions comme à celles de toute la communauté juive.

Mais lorsque l'amour l'emporte et que le garçon ou la fille se marie contre la volonté des siens, les Juifs échafaudent des plans pour conserver le sang des enfants du couple, en essayant d'initier ceux-ci au judaïsme dès que le moment leur semble opportun. Dans une minorité de cas, le garçon juif ainsi menacé par ses proches et ses soi-disant frères de race se retourne contre son propre peuple, et bien qu'il n'apostasie pas de peur des représailles, il permet à sa femme d'éduquer leurs enfants dans le christianisme ou une autre religion de la gentilité, de sorte que ses descendants sont perdus pour la communauté juive. Cela n'empêche pourtant pas les Juifs de tenter de récupérer le « sang égaré », souvent avec succès.

Israël est certes une nation, un peuple disséminé dans le monde entier avec sa propre religion, mais c'est aussi et avant tout une secte, une société secrète, car dans tous les pays où les Juifs ont une colonie, et même dans l'État d'Israël, ils sont organisés de façon sectaire, avec des cérémonies d'initiation secrètes auxquels on est astreint à l'âge de treize ans, ils tiennent des réunions politico-religieuses au déroulement rigoureux, où l'on prête un serment de secret et d'obéissance absolue aux dirigeants — comme dans toute société secrète —, et ils participent à des cérémonials figés ainsi qu'à des banquets rituels, dont les banquets et les rituels de la franc-maçonnerie ne sont qu'une imitation.

Ce qu'on a appelé le judaïsme, ce n'est rien d'autre que cette société complexe représentée par le peuple, la religion et la secte de la nation israélite.

Moïse L. Maimon (1860-1924), peintre et graphiste.
« Le seder secret en Espagne pendant l'inquisition », 1893.

CHAPITRE II

L'ORGANISATION DU JUDAÏSME

L'organisation interne du judaïsme est si secrète que nous, qui sommes membres d'autres nations, ne pouvons en connaître grand-chose, car aucun membre d'un autre peuple n'est admis au sein des organisations juives. Dans cet ouvrage, je me bornerai donc à mentionner ce que j'ai pu étudier et confirmer en la matière.

La famille est l'unité de base du judaïsme, et elle reste patriarcale dans certains pays. Le père de famille ou patriarche représente pour elle une sorte de grand prêtre ; il conduit le culte religieux familial, qui consiste en des prières quotidiennes et en des cérémonies très secrètes au rite solennel, dont le but est d'imprimer dans l'esprit des Juifs, depuis l'enfance et l'adolescence, la conviction qu'ils sont le peuple de Dieu, choisi par lui pour dominer les autres nations et leur prendre leurs richesses. À cette fin est élaborée une idéologie dominatrice faisant de chaque membre de la communauté un instrument fanatique de l'impérialisme juif dans la lutte menée par ce dernier pour conquérir toutes les nations, et singulièrement celle où se trouve vivre la famille de l'intéressé.

Parmi ces cérémonies familiales secrètes, on peut mentionner la Pâque juive, avec son rituel solennel et ses banquets secrets, ainsi que la célébration en famille du shabbat. Celle-ci commence le vendredi au coucher du soleil ; dans la maison paternelle, les parents se réunissent alors avec leurs enfants âgés de plus de treize ans (*déjà initiés aux secrets du judaïsme*), de même qu'avec leurs petits-enfants (*s'ils ont plus de treize ans*) et les épouses de leurs fils mariés. La maison est close, et aucun étranger n'est autorisé à entrer dans la pièce où a lieu la cérémonie. La cérémonie secrète est souvent suivie d'un banquet rituel au cours duquel sont dites des prières et prononcés des discours ; ce banquet peut durer jusqu'à minuit, à moins que les adultes ne doivent se rendre à une synagogue publique ou clandestine (*auquel cas la cérémonie sabbatique et le banquet sont tous deux suspendus*). La mère de famille préside la cérémonie spéciale consistant à allumer et à bénir deux chandeliers.

Pendant ce temps, les enfants de moins de 13 ans, exclus de cette cérémonie comme des autres cérémonies du judaïsme clandestin, sont envoyés dans des endroits prévus spécialement à leur intention. Les enfants des familles juives ne pratiquant qu'extérieurement le christianisme, l'islam ou toute autre religion « *goy* » ne savent pas que leur famille est juive, car celle-ci leur cache toutes ses activités juives secrètes. À l'âge de 13 ans, et à l'issue d'une longue préparation, seuls ceux d'entre eux qui se sont montrés capable de conserver des secrets se voient initier secrètement, bien sûr — aux activités judaïques clandestines de leur famille. Les enfants qui échouent à l'épreuve de discrétion que leur ont fait passer leurs parents ne sont initiés au judaïsme caché qu'après avoir prouvé leur capacité de garder un secret. Quant à ceux qui ne peuvent passer les épreuves de loyauté, de confidentialité et autres, ou qui sont mentalement inaptes, on les tient à l'écart de ce judaïsme clandestin ; cependant, aussi bien leur famille que l'ensemble de la communauté juive clandestine mettent tout en œuvre pour récupérer ces enfants quand on finit par les juger capables de devenir membres du judaïsme secret et par estimer qu'ils le méritent.

Lorsque l'Inquisition médiévale usait de torture pour forcer les juifs à révéler l'identité d'autres Juifs clandestins et qu'elle tentait de découvrir et de détruire le judaïsme souterrain — déjà très infiltré dans les institutions chrétiennes —, les Juifs clandestins se voyaient contraints de modifier le jour de leur cérémonie sabbatique familiale, car on soumettait à une surveillance sourcilleuse les chrétiens soupçonnés d'être des Juifs secrets, surtout le vendredi soir, pour les prendre « *in flagrante delicto* (1) » de célébration judaïque.

---

1 — En flagrant délit, sur le fait.

La famille juive est un modèle d'unité ; on inculque à ses membres la plus grande loyauté réciproque entre eux. La plupart des pères juifs sont des parents exemplaires, et les mères se montrent elles-mêmes parfaites dans leur rôle. Quant aux enfants, ce sont des parangons de piété filiale ; ils éprouvent respect et vénération pour leurs parents, qu'ils jugent dignes d'imitation grâce à la formation poussée qui leur a été dispensée à cet effet. Il existe certes, chez les Juifs, de mauvais parents, des mères dénaturées et des enfants indignes, mais leur proportion est faible.

Malheureusement, toutes ces vertus édifiantes sont axées sur les objectifs pervers d'ordre religieux et politique qu'assignent à ces gens leur religion impérialiste et leur haine pour tous les autres peuples, inculquée aux enfants juifs dès la petite enfance au sein même de la famille.

S'agissant des Juifs souterrains qui font semblant de pratiquer le christianisme, l'islam, le bouddhisme ou le brahmanisme, ces vertus familiales trompent les véritables croyants au point que quand, par exemple, un membre de ce judaïsme clandestin est chargé — en tant que prétendu chrétien — d'infiltrer l'Église catholique ou une obédience protestante afin de saboter la défense du christianisme et de jouer le jeu de la franc-maçonnerie ou du communisme — sous la conduite de Moscou ou des Juifs new-yorkais —, l'intéressé joue si bien son rôle que s'il est démasqué, la plupart des gens doutent de sa trahison, considérant qu'un père aussi exemplaire, un mari aussi honnête est incapable d'entretenir des relations avec les sombres forces ennemies qui sévissent au sein de la nation en pervertissant et en détruisant les familles non juives.

Une telle situation semble incompréhensible à ceux qui ne sont pas au courant des dimensions tragiques du problème et qui ignorent que le Juif s'efforçant publiquement ou secrètement de détruire l'unité des familles de gentils — à seule fin d'affaiblir les peuples dont il a entrepris la conquête — garde sa famille à lui dans l'état d'unité et de loyauté morale nécessaire pour maintenir cette cellule de base de la vitalité israélite. Il sait qu'un peuple aux familles saines et fortes — tant matériellement que moralement — sera mieux à même de dominer tout peuple dont les familles sont déséquilibrées par l'immoralité et la désunion. C'est pourquoi il l'épand exprès des idées visant à dissoudre l'attachement des gentils au mariage et à la loyauté des enfants les uns envers les autres.

Les Juifs constituent partout une société secrète appelée « communauté », dont font partie les familles israélites de la localité et au sein de laquelle les chefs de famille ou patriarches sont représentés à la *kehilla* ou au Conseil suprême de la communauté juive en question.

Les Juifs sont fortement organisés aussi en fraternités et autres organisations, dont le but est de s'emparer des associations et institutions politiques, syndicales, économiques et religieuses de toutes natures des peuples sur le territoire desquels les communautés juives opèrent ouvertement ou clandestinement. J'emploie l'adverbe « **clandestinement** » à dessein, parce qu'on le rencontre souvent dans les écrits juifs sur la question.

Autrefois, ces fraternités s'appelaient simplement des synagogues, mot qui signifie « **assemblée** ». Il convient du reste d'établir une distinction entre la synagogue-assemblée, ou fraternité, et le temple, ou lieu dans lequel opère cette assemblée, appelé également synagogue. Il arrive que chaque fraternité, c'est-à-dire chaque synagogue-assemblée, dispose de son propre local, de sa propre synagogue-temple, mais plusieurs fraternités ou synagogues-assemblées peuvent aussi opérer au sein d'une seule et même synagogue-temple.

Les synagogues-assemblées sont des réunions à caractère religieux, politique et social. La synagogue a des rites et des cérémonies d'une grande solennité, dont le cérémonial maçonnique n'offre qu'un pâle reflet. On y fait alterner des prières rituelles avec des discussions sur toutes les affaires politiques, économiques et sociales liées au contrôle de la localité où se situe la fraternité, de même que sur les autres questions que les fraternités juives unies présentes dans toute la nation « *goy* » jugent importantes pour la conquête impérialiste et la domination de cette malheureuse nation qui, des années ou des siècles auparavant, a commis l'erreur d'autoriser les Juifs à s'installer sur son territoire.

En dehors du fait qu'elle possède un rituel et de cérémonies plus impressionnantes que ceux des loges maçonniques, la synagogue-assemblée opère de manière analogue à celle des cellules communistes.

Les fraternités sont représentées aussi au Conseil qui, comme on l'a indiqué ci-dessus, est l'organe suprême local de la communauté, agissant en collaboration avec le tribunal secret, ou *Bet-Din*.

En ce qui concerne le judaïsme souterrain, dont les communautés ultra-secrètes se composent de Juifs pratiquant en public le christianisme ou toute autre religion, l'assemblée secrète ou synagogue opère soit dans une demeure privée, soit en un lieu public soigneusement camouflé, de sorte que les membres non juifs de la population restent ignorants de l'existence et du fonctionnement de ce local.

Ainsi, aux temps de l'Inquisition, lorsque cette dernière se relâchait quelque peu, les synagogues secrètes opéraient avec une certaine régularité, mais quand la persécution se durcissait, les Juifs allaient jusqu'à les supprimer de peur que des enquêteurs ne les découvrent. Le judaïsme clandestin ne pouvait alors trouver de refuge qu'au sein de l'organisation familiale, car une réunion de famille ne saurait sembler suspecte, et c'est grâce à cette ruse que le judaïsme clandestin a pu survivre même aux périodes d'extrême vigilance inquisitoriale. La même chose s'est produite en Allemagne et dans d'autres pays européens lors de la persécution des Juifs par le national-socialisme.

Le mot synagogue est parfois utilisé pour désigner le Judaïsme comme un ensemble, tout comme le mot Église est utilisé pour désigner une institution ecclésiastique dans son ensemble.

Le judaïsme — comme la franc-maçonnerie — est doté de différents rites souvent porteurs d'une signification racialement identitaire. Par exemple, le rite sépharade est pratiqué par les Juifs dispersés dans le monde qui descendent de ceux chassés d'Espagne en 1492 et du Portugal sous le règne du Roi Manuel, ainsi que par les crypto-Juifs pseudo-chrétiens expulsés d'Espagne et du Portugal à l'époque de Philipe IV, au XVIIe siècle.

Le rite ashkénaze est pratiqué par les Juifs d'ascendance allemande qui sont, eux aussi, répandus dans le monde.

Le rite *Beni-Israël*[1] est pratiqué par les Juifs qui, arrivés il y a dix-

---

1 — Bene Israël (également Beni Israël, Benai Israël, B'nai Israël ou Bani Israël

huit siècles en Inde, y avaient infiltré toutes les castes avant d'émigrer dans plusieurs pays d'Afrique et d'Asie, et même en Angleterre. On les prend pour des hindous, mais beaucoup d'entre eux sont des Juifs clandestins du rite *Beni-Israël* qui contrôlent à présent le Parti du Congrès et le gouvernement indien. Ce dernier a été placé sous le joug de l'impérialisme israélite qui, depuis l'époque du Premier Ministre britannique juif Benjamin Disraeli, au siècle dernier, a fait du gouvernement britannique un instrument de l'impérialisme en question. En Afrique et ailleurs, ces Juifs clandestins venus d'Inde avec la protection et l'assistance de Londres ont aujourd'hui la mainmise sur le commerce de nombreuses nations noires, dont elles exploitent les membres d'une manière parfois impitoyable.

Le rite *Beni-Israël*, né en Inde, œuvre dans le plus grand secret, et il exerce une influence considérable sur la destinée de ce pays. Beaucoup de ses zélateurs s'y comportent extérieurement en Brahmans ou en membres d'autres religions que l'hindouisme, et ils ont acquis au fil des siècles les caractéristiques raciales hindoues, à tel point qu'il est souvent difficile de les distinguer des vrais hindous. Ils facilitèrent la conquête de l'Inde par les Britanniques, qu'ils aidèrent à y maintenir la domination de Londres, et durant un siècle et demi, ils travaillèrent contre les vrais Hindous qui luttaient pour l'indépendance de leur pays. Cela dura jusqu'à ce que l'élan des vrais patriotes ayant été brisé, les juifs secrets du rite *Beni-Israël* et leurs chefs, le soi-disant Mahatma Gandhi et Jawaharlal Nehru, eurent pris le contrôle du mouvement pour l'indépendance. Celle-ci fut alors accordée à l'Inde par les Juifs du gouvernement britannique, ce qui laissa le gouvernement indien aux mains des Juifs secrets faussement hindous du rite *Beni-Israël*, tout naturellement alliés à leurs coreligionnaires dirigeant l'Union Soviétique, de même qu'à ceux de Washington et de Londres. Je parlerai plus tard de ces Juifs clandestins de l'Inde.

Un autre rite est celui des Juifs chinois clandestins arrivés il y a environ dix-sept siècles en Chine, où ils se sont mélangés avec la population autochtone et les tribus guerrière mongoles du Nord, acquérant au fil du temps un type chinois presque parfait.

, les enfants d'Israël.)

Beaucoup embrassèrent fictivement le bouddhisme tout en conservant le judaïsme en secret, selon leur habitude. Ces Juifs chinois sont connus au sein du judaïsme sous le nom de « Tiao-Kiu-Kiaou », ce qui signifie : « la secte qui extrait le tendon », par allusion à l'opération que prescrit la Bible (*Genèse* 37-33) dans le cadre de l'abattage rituel.

Ces Juifs secrets chinois se répartissent entre toutes les provinces de la Chine continentale actuelle. Ils dissimulent leur judaïsme et se prétendent loyaux envers le maoïsme. Mais ils souhaitent mettre fin à ce dernier, parce que Mao est un « *goy* », non un Juif ; le judaïsme cherche donc à le renverser pour contrôler sa succession en le remplaçant par un gouvernement communiste composé de JUIFS TIAO-KIU-KIAOU, dont je parlerai en détail ci-après.

Beaucoup de rites juifs sont particuliers à l'État gentil dans lequel on les pratique. Mais parmi tous ces rites observés dans les différentes régions du monde, les plus manifestement importants sont ceux des Juifs clandestins de tous pays qui pratiquent en apparence une religion non juive et dont les communautés secrètes constituent la cinquième colonne juive. Ils fonctionnent séparément des communautés ouvertement juives, avec lesquelles ils entretiennent toutefois des contacts étroits, efficaces et très secrets. Les encyclopédies et autres ouvrages juifs de publication générale ne les mentionnent que dans des cas inhabituels. Lorsque, dans une localité quelconque, il existe une seule congrégation juive observant un même rite, son conseil ne comprend que des représentants de cette congrégation ; mais quand il y deux ou trois congrégations de rites différents, la *kehilla* se compose des représentants de chacune en proportion du nombre de familles de celle-ci. Il y a cependant des cas où chaque congrégation de la *kehilla* est représentée en fonction non du nombre de ses familles, mais de la somme qu'elle verse pour soutenir les activités de la communauté juive locale ; cela s'apparente au principe de la société anonyme qui, comme chacun sait, est d'origine juive. On a ainsi une idée de la grande importance que les Juifs accordent à la collaboration économique entre coreligionnaires dans l'optique de l'idéal commun, car ils savent fort bien que la force politique de tout organisation dépend en grande partie de l'idéalisme de ses membres tel qu'il s'exprime de diverses manières, mais surtout par le sacrifice d'une partie de leur propre patrimoine, versée non pas en tant que don, mais comme un impôt obligatoire équivalant aux impôts perçus par les États.

Outre la *Kehilla* (ou le conseil), il y a le *Bet-Din*. Ce tribunal juif secret juge et condamne les traîtres et ceux qui ont commis un crime quelconque contre leurs frères de race ; il tranche les différends, s'efforce de réconcilier les parties et inflige des sanctions — tous les Juifs de la communauté sont tenus de se conformer à ses arrêts.

Diverses organisations culturelles et bénévoles dépendent aussi de la *kehilla* ou du conseil de chaque communauté. En certains endroits, les écoles israélites et, dans d'autres, les écoles dites « *Talmud-Thora* » ou *yeshivas* empoisonnent — comme cette appellation l'indique — les esprits des enfants juifs avec les enseignements déformés du *Talmud* et les fausses interprétations de la Bible de l'Ancien Testament.

La brièveté du présent ouvrage nous empêche d'exposer en détail les différentes sortes d'organisations culturelles et bénévoles que les diverses *kehilla*s disséminées dans le monde ont créées en fonction de leur importance. Il nous suffira ici de dire que la culture et la charité ne sont accordées qu'aux Juifs, et non aux peuples les ayant accueillis sur leur territoire. Ce n'est que quand il est avantageux pour eux de s'attirer la sympathie du peuple autochtone que les Juifs accomplissent des actes altruistes en faveur des gentils, actes auxquels ils donnent dans ce but une large publicité. En cela comme en tout, les Juifs se montrent très pragmatiques.

Ces fraternités juives secrètes de caractère professionnel ont pour devoir de capter et de contrôler les associations et institutions correspondantes du peuple gentil, de même que les activités commerciales, industrielles ou professionnelles dont s'occupent ces associations. Ainsi, par exemple, la fraternité secrète des fabricants juifs de chaussures aura pour tâche de s'assurer la mainmise sur la manufacture et la vente de ces articles en éliminant — par une concurrence ruineuse et parfois déloyale les fabricants et marchands « *goyim* » de chaussures du pays que les Juifs cherchent secrètement à conquérir. Les fraternités de commerçants juifs s'efforcent donc de contrôler les branches dont ils relèvent en éliminant leurs concurrents « *goyim* », et les fraternités juives de banquiers, d'industriels, d'importateurs-exportateurs et autres n'agissent pas autrement.

Les fraternités secrètes de médecins juifs[1] s'efforcent de dominer leurs concurrents dans cette profession et d'accéder aux postes-clés des hôpitaux, des facultés de médecine et des autres institutions médicales. Quant aux fraternités secrètes de travailleurs et d'agriculteurs, elles essaient de mettre la main sur la gestion de leurs syndicats respectifs.

Pour compléter le tableau de la manière dont s'organise la cinquième colonne de la nation israélite qui s'infiltre silencieusement dans les autres nations du monde, je dois signaler des organismes directeurs très importants qui sont très analogues aux cellules communistes, car celles-ci sont copiées en partie sur les cellules ou comités directeurs juifs dont la tâche consiste à rassembler tous les Juifs publics et secrets opérant au sein de n'importe quelle institution « *goy* », à seule fin de contrôler et de conquérir l'organisme qui la dirige. Lorsque, par exemple, des juifs se sont introduits dans l'organisation locale d'un parti politique de la nation d'accueil, ils y forment une cellule juive secrète destinée à contrôler la direction de cette branche particulière du parti en question. Ladite cellule va collaborer secrètement avec ses homologues des autres branches locales du parti afin de mettre successivement la main sur l'organisation provinciale, puis sur la direction nationale de ce dernier. De même, lorsque des Juifs avoués ou clandestins occupent des positions dans les banques locales, ils vont y constituer une cellule qui aura pour tâche d'œuvrer infatigablement en vue de mettre la main sur les positions-clés de ces banques, surtout celles dont les avoirs appartiennent à des gentils. Le même travail de conquête est à accomplir par tous les Juifs avoués ou clandestins qui se sont infiltrés au sein des organisations industrielles, commerciales, sportives, etc., mais principalement dans la totalité des partis politiques, de l'extrême droite à l'extrême gauche, jusqu'à finir par tout dominer.

---

1 — A lire pour comprendre la technique employée : Les juifs en France - Dr Fernand Querrioux ; *La médecine et les juifs*.

Sous le masque d'un faux christianisme, les communautés de juifs clandestins doivent ainsi chercher à mettre la main sur les organisations chrétiennes, y compris en infiltrant le clergé des Églises à seule fin d'en prendre la direction, ce qu'elles font du reste depuis longtemps. Les communautés de crypto-Juifs infiltrées dans l'islam, le bouddhisme et d'autres religions agissent de même.

L'impérialisme juif se maintient en Union Soviétique également par le recours aux cellules secrètes ou groupes de pression juifs qui opèrent de façon ultra-secrète derrière le Comité central du Parti Communiste, le Soviet Suprême et les autres organismes du gouvernement soviétique, et qui visent à contrôler toutes les branches de la police secrète, l'armée, les syndicats et autres institutions. Il en va de même dans les autres États communistes.

Eu égard à la domination secrète du judaïsme dans le monde capitaliste comme dans le monde communiste, les membres de ces cellules ou groupes de pression juifs peuvent exercer un grand pouvoir, car ils font partie aussi des conseils ou organes directeurs des organisations qu'ils ont pour tâche de placer sous contrôle juif. Or, étant donné que la plupart de ceux chargés de cette besogne sont des Juifs clandestins et que les autres membres, des organisations non juives qu'ils contrôlent ne connaissent pas leur judaïté, les gentils sont incapables de se rendre compte que leur parti politique, leur loge maçonnique, leur syndicat ou autre organisme est sous la domination juive, et ils le croient dirigé par leurs compatriotes parce qu'ils ignorent que ceux qu'ils considèrent comme tels sont en fait des crypto-Juifs

S'agissant de la franc-maçonnerie, il faut se rappeler que certains de ses plus hauts dirigeants non juifs — par exemple le Duc d'Orléans (« Philippe Égalité ») et le Duc de Brunswick — subodoraient et dénonçaient déjà l'existence d'un pouvoir caché derrière les conseils maçonniques supérieurs, mais qu'ils ne pouvaient en aucun cas connaître la nature de ce mystérieux pouvoir caché. Or, il est très difficile de lutter contre un pouvoir caché comme celui qu'exerce le judaïsme clandestin.

C'est grâce à ce système que l'impérialisme israélite a pu conquérir bien des nations sans que ces dernières se rendent compte qu'elles devenaient ses colonies. Les chefs des cellules ou groupes de pression juifs obéissent aveuglément aux ordres que leur donne la haute hiérarchie judaïque.

Il y a lieu de bien préciser que l'impérialisme juif, qui s'introduit dans les nations des « *Goyim* » au moyen de ses cinquièmes colonnes — constituées par les communautés israélites souterraines — crée parfois sur place des partis politiques et toutes sortes d'organisations financières, commerciales, religieuses et culturelles dans le but de dominer le pays en s'assurant la haute main sur tous ces organismes au moyen des cellules secrètes susmentionnées, de même qu'en contrôlant l'argent des sociétés financières et commerciales. Pendant ce temps, les Israélites s'efforcent de mettre la main sur les partis politiques et autres organisations et institutions créées par les éléments «*goyim*» de la nation considérée, en infiltrant des Juifs organisés en cellules directrices secrètes qui parviennent à prendre progressivement la tête de chaque organisation ou institution non juive au moyen de méthodes très efficaces et souvent peu recommandables.

Tout au long des siècles, chaque fois qu'un peuple a appris que les Juifs — autorisés par ses ancêtres à s'installer sur son territoire — étaient en train de mettre le pays en coupe réglée, il a naturellement réagi à cela, par le biais de son gouvernement, en prenant des mesures défensives variant selon les circonstances. Certains gouvernements ont promulgué des lois interdisant aux Juifs d'occuper des charges publiques, d'accéder à des grades militaires de commandement, d'acheter des terres ou des bâtiments, ainsi que d'exercer les moindres droits politiques. Dans d'autres cas, face aux tentatives incessantes faites par les Juifs pour conquérir le pays par l'infiltration ou même la violence, certains chefs civils et religieux ont jugé nécessaire d'éliminer la cinquième colonne de cette nation étrangère en expulsant tous les Juifs. De ce fait, les Juifs se plaignent bruyamment que la plupart des peuples les aient persécutés de différentes manières. Ils parlent de la discrimination raciale ou religieuse ainsi que des atrocités et injustices dont ils seraient l'objet.

Ils dépensent à cette fin des sommes considérables en livres, en films, en propagande écrite et télévisée, etc. Ils essaient de tromper les nations en se posant en victimes de la méchanceté des autres peuples ainsi que des organisations politiques et religieuses « *goyim* », masquant de la sorte ce qui s'est réellement passé au long des siècles, à savoir que si les peuples en question et leurs dirigeants ont été contraints d'expulser les Juifs ou de prendre diverses mesures de répression à leur encontre, c'était pour empêcher les Juifs publics ou souterrains de conquérir de l'intérieur le pays sur le territoire duquel ils avaient naïvement permis à ceux-ci de s'installer.

Étant donné le secret absolu qui entoure les organisations juives cachées et leurs activités clandestines, il est très difficile à ceux qui étudient le problème juif de tout passer en revue à son sujet.

La plupart n'ont mis en lumière qu'une petite partie de la question, d'autres ont pu glaner des informations nouvelles, mais ceux d'entre nous qui ont réussi à pénétrer quelque peu les arcanes du judaïsme sont conscients qu'il reste beaucoup à apprendre et à éclaircir à leur sujet et que des investigations plus approfondies s'imposent pour découvrir les mystères sur lesquels aucun gentil n'a obtenu de renseignements jusqu'ici. Les Juifs ont raison de dire que le judaïsme est un réseau englobant plus de sociétés secrètes qu'il n'en a existé dans toute l'histoire de l'humanité.

Les Inquisitions de l'Église et de certains rois catholiques furent contraintes de recourir à la torture pour découvrir les secrets du judaïsme qu'elles ne pouvaient connaître autrement, en forçant les Juifs clandestins à se dénoncer entre eux et à livrer les noms de leurs dirigeants cachés. Lorsque — par la torture ou autres moyens efficaces — un Juif clandestin révélait ainsi des noms, on arrêtait les intéressés, on poursuivait l'opération en les torturant à leur tour, et ainsi de suite jusqu'à ce que l'on finisse par connaître toute l'organisation juive clandestine. C'étaient les femmes qui, plus sensibles, parlaient le plus tôt. L'Inquisition réussit, par la torture également, à apprendre les secrets des organisations cachées du judaïsme et leurs activités subversives clandestines. C'est ainsi qu'elle parvint mieux que quiconque à pénétrer les plus profonds secrets du judaïsme.

Comme l'ont reconnu certains auteurs juifs, l'Inquisition aurait pu détruire le judaïsme souterrain et tout le système qui allait avec, mais quand ses geôles furent pleines de Juifs clandestins, les dirigeants du judaïsme mondial obtinrent des décrets d'amnistie générale en sollicitant la pitié du Pape ou des Rois, ou bien en les soudoyant avec de grosses sommes d'argent. Ces décrets signifiaient la remise en liberté des Juifs emprisonnés, même ceux condamnés à mort, réduisant de la sorte à néant — et en un rien de temps — les rudes efforts accomplis par l'Inquisition durant de nombreuses années.

En raison de cela, ainsi que d'une série d'astucieuses mesures défensives, le judaïsme fut sauvé de la destruction, grâce à quoi il put prendre le contrôle de maints gouvernements, voire de l'Église et même de l'Inquisition. Cela devait durer jusqu'à ce que le judaïsme réussisse enfin à détruire l'Église dans de nombreux psys, par le biais de la Réforme protestante qu'il y avait promue, ainsi qu'en affaiblissant encore les nations européennes par les évolutions individualistes, libérales et bourgeoises des dix-huitième, dix-neuvième et vingtième siècles, toutes conduites par des Juifs clandestins aidés de leur satellite, la franc-maçonnerie, au tom de la prétendue liberté religieuse, de la soi-disant tolérance et du « *progrès de l'humanité* ».

Le pouvoir que les Juifs détiennent à présent dans le monde leur a permis de paralyser les défenses des nations hôtes, et c'est pourquoi nous manquons de moyens suffisants pour mettre au jour les réseaux cachés du judaïsme clandestin, les arcanes du peuple juif et les organisations secrètes qui œuvrent à la conquête du monde par des moyens aussi bien révolutionnaires que pacifiques.

Les Juifs se montrent hypocrites quand ils condamnent les tortures pratiquées jadis par l'Inquisition et certains pays, car non seulement ils usent eux-mêmes de torture en Union Soviétique et dans ses État satellites, mais ils le font de manière plus cruelle et plus impitoyable que ne le faisait l'Inquisition ou tout pays gentil.

Afin de dissimuler la terreur et la domination juives exercées en Union Soviétique comme dans ses États satellites, dont la révélation susciterait des réactions antisémites dans le monde entier et comprometrait de la sorte leur conquête des autres nations, les Juifs ont consacré des ressources et une énergie considérables à leur propagande visant les persécutions supposées des Juifs de Russie et d'autres États communistes d'Europe orientale.

Mais nous autres, qui avons vécu sous la dictature et la terreur juives dans ces États où les Juifs se servent de la dictature socialiste pour exploiter et réduire en servitude les non-Juifs, nous savons qu'il s'agit là d'une bruyante comédie à laquelle ils se livrent devant le monde afin de parvenir au but exposé précédemment.

Il convient toutefois d'établir une distinction entre, d'une part les plaintes ridicules émises par les Juifs au sujet des persécutions qu'ils auraient subies, d'autre part les querelles bien réelles entre Juifs, d'un côté ceux qui dirigent l'Union Soviétique et ses États satellites, de l'autre ceux qui — mus par l'ambition ou des dissensions intestines — s'opposent aux premiers. Ces querelles se sont parfois soldées, comme au temps de Staline, par un massacre d'opposants juifs, mais je reviendrai plus tard sur ces conflits internes.

Dans chaque capitale ou localité principale d'une province, il est établi un grand Kahal ou Conseil suprême de la Fédération des Kahals locaux de la province, qui est chargé de coordonner les activités de ceux-ci.

Kahal, *Kehilla* et Grand Kahal sont des dénominations classiques datant de l'époque des Croisades. Elles s'appliquent à une institution juive ou à un gouvernement juif local ou provincial, mais le nom de ces organes varie en fait selon les pays. En France, par exemple, on parle de consistoires, alors que dans d'autres pays, on parle de conseils locaux ou régionaux, dénomination tout à fait appropriée dans la mesure où le judaïsme est structuré depuis des siècles sur la base d'une hiérarchie de conseils.

L'organisation soviétique n'est rien d'autre qu'une copie certes de qualité inférieure — de l'organisation que les Juifs ont adoptée il y a bien des siècles déjà. Rappelons-nous aussi que le mot « Soviet » signifie très exactement « Conseil ».

Les grands Kahals provinciaux sont regroupés en un Conseil national secret dont le nom varie selon les pays. Dans certains, il est appelé Comité israélite central, dans d'autre Congrès juif ; aux États-Unis, il a pour nom « **American Jewish Committee** ».

Ce conseil suprême coordonne les activités des grands Kahals régionaux, mais il les laisse autonomes sur leurs territoires respectifs, où chacun est responsable des efforts visant à conquérir la nation où il opère.

Les organisations juives établies dans une nation non juive et coordonnées par un Comité central sont appelées conseils ou congrès nationaux. Elles ont aussi pour nom, selon le cas, Communauté juive de France, Communauté juive d'Argentine ou Communauté juive de Chine. Elles opèrent en secret, à l'insu des profanes, dans tous les pays qui, à un moment ou à un autre, ont proscrit le judaïsme et interdit son fonctionnement. Les communautés de Juifs clandestins continuent à opérer en grand secret dans le monde entier et à faire semblant de pratiquer la religion dominante du pays où chacune se trouve.

Les grands Kahals, conseils régionaux et conseils suprêmes nationaux, outre qu'ils sont chargés de gouverner les organisations juives de leurs provinces ou régions respectives, ont aussi le devoir de conquérir le pays sur le territoire duquel ils opèrent, en y prenant le contrôle des partis politiques, de la presse, des banques, des syndicats, des industriels, des professions dominantes, des universités, des organisations religieuses et des églises par le biais de la cinquième colonne juive ; mais ils ont pour principale obligation de conquérir le gouvernement central, y compris les pouvoirs exécutif ; législatif et judiciaire.

Pour accomplir la conquête du peuple qui l'a accueilli avec générosité et non sans naïveté, le Juif se livre inlassablement à toutes sortes de manœuvres allant de l'infiltration aux tentatives de monopoliser la direction des révolutions et des coups d'État, quand ces opérations s'imposent. Il instrumentalise aussi les organisations, maçonniques et communistes, les partis politiques, les syndicats et les autres associations qu'il contrôle secrètement.

Le plus grave, en l'espèce, c'est que les Juifs croient sincèrement accomplir là les commandements adressés par Dieu A son peuple élu, ainsi que les principes les plus sacrés du *Talmud*, qu'ils pensent être l'interprétation de la volonté de Dieu : « **Partout où les Juifs s'installent, il** leur faut devenir les maîtres ; et tant qu'ils n'ont pas la domination absolue, ils doivent se considérer comme exilés et prisonniers. Quand bien même ils domineraient de nombreuses nations, tant qu'ils ne les domineront pas toutes, ils ne devront cesser de proclamer : "Quel tourment ! Quelle indignité !" ».

Dans les nations où ils se sont introduits il y a des siècles, les juifs n'ont cessé d'entretenir un état chronique de guerre civile : intrigues des cours royales, émeutes, schismes religieux, hérésies, guerres religieuses, conspirations, révoltes et révolutions de toutes sortes.

Depuis que les nations ont permis à un tel cancer de se développer en leur sein, elles n'ont pas connu un seul instant de paix intérieure, et elles ne jouiront de celle-ci que lorsqu'elles auront excisé le terrible mal. Nous avons la certitude absolue que les peuples de la terre ne retrouveront durablement la paix intérieure que s'ils réussissent à éliminer ces parasites étrangers qui tentent de les dominer et de les asservir sur leur propre territoire. Toute nation a droit à la légitime défense contre de telles agressions, ainsi que le droit de vivre en paix, à l'abri de ces menaces et intrigues étrangères.

Le Gouvernement juif mondial, qui a toujours existé, fonctionnait dans l'antiquité comme une monarchie héréditaire, le Grand Sanhédrin faisant office d'organe directeur du peuple hébreu. Lorsque les Romains, au temps de Vespasien et de Titus — en l'an 70 de l'ère chrétienne — eurent détruit l'État d'Israël, les Juifs de la diaspora passèrent sous la direction du Sanhédrin de Yabné. Celui-ci se transféra ensuite dans d'autres villes sous la présidence du Patriarche de Babylone[1] ; puis il passa sous la direction de l'« Exilarque » ou Prince de l'Exil, qui avait la haute main sur tous les Juifs de la diaspora, sauf quelques tribus perdues comme celles de Chine et d'Inde, qui se gouvernaient elles-mêmes après avoir perdu le contact avec ces centres juifs.

---

1 — Une distinction s'impose entre la ville antique de Babylone, détruite par les Mèdes et les Perses, et cette Babylone-ci, qui était une région de l'empire perse habitée surtout par des Juifs.

Une fois disparue le Patriarche, au Xe siècle de l'ère chrétienne, puis le Prince de l'Exil, au XVIIe siècle, les Communautés juives régionales et leurs Conseils assurèrent la coordination des activités juives par le biais d'un Synode rabbinique continental ou universel comme celui qui se réunit à Tolède, Espagne, à l'époque du Roi Pierre le Cruel et qui était organisé par le Juif Samuel Ha-Levi, Grand Rabbin de Castille et Premier Ministre du Roi de Castille.

D'intéressantes archives traitant du Synodus juif universel, qui s'est tenue au XIVe siècle de l'ère chrétienne, sont encore conservés dans l'une des vieilles synagogues de Tolède.

Beaucoup de chercheurs enquêtant sur l'impérialisme juif soupçonnent néanmoins que le Sanhédrin a continué d'opérer en secret, car, lorsqu'en 1808, l'empereur français Napoléon Bonaparte approcha les Juifs pour négocier directement avec leur gouvernement mondial, le Sanhédrin. Cet organisme sorti de la clandestinité pour séduire Napoléon afin de gagner des avantages pour les Juifs vivant dans son Empire.(1)

Cet organisme est sorti de la clandestinité pour plaire à Napoléon afin de gagner des avantages pour les Juifs vivant dans l'Empire de Napoléon. À l'heure actuelle, en plus de ces synodes ou congrès universels, qui se réunissent assez souvent avec des représentants des communautés juives de toutes les parties du monde, il semble exister un organe permanent à la tête du judaïsme international. Il s'agit du « Congrès Juif Mondial », dont le siège est à New York. Mais dans la mesure où ses membres ne représentent qu'une partie des communautés juives du monde et où il exclut ouvertement les autres, cet organisme mondial ne constitue à l'évidence qu'un élément du gouvernement mondial du peuple israélite, les autres étant tenus secrets.

1 — « Quelque immense et absolu que soit son pouvoir, l'Empereur a compris que, pour transformer un peuple tenace et immobilisé comme le sont les descendants d'Abraham, il aboutira à l'impuissance s'il s'en tient uniquement à l'emploi de forces modernes. Armé d'un coup d'œil sûr, il en appelle également aux forces juives elles-mêmes. « *Aidez-vous* », dit-il à ceux qu'il veut régénérer, « *et Napoléon vous aidera* ». Voilà pourquoi il convoquait successivement deux sortes d'Assemblées. » Abbé Joseph Lemann, *Napoléon et les juifs* ; p. 19 - 1891.

Certains chercheurs ayant étudié le problème juif ont déclaré que le Sanhédrin opérait dans la clandestinité sous la conduite de son Patriarche, et l'on a même laissé entendre que cette fonction avait été occupée par Bernard Baruch, un Juif américain. Baruch fut l'éminence grise de plusieurs présidents des États-Unis : Woodrow Wilson, Frank Delano Roosevelt, Truman, Eisenhower et Kennedy ; mais nous n'avons pas la preuve qu'il eût été Patriarche. Ce qui est évident, en revanche, c'est qu'il fut la locomotive du judaïsme international, bien qu'il ne possédât pas le titre en question. Les grands honneurs qu'il reçut des Juifs du monde entier, y compris les Juifs soviétiques, semblent le confirmer. Le Juif Nikita Salomon Khrouchtchev (Nikita Solomon Khrouchtchev Kruschev), alors dictateur de l'Union Soviétique, n'a-t-il pas déclaré à la presse mondiale que M. Bernard Baruch était le citoyen américain le plus apprécié en Union Soviétique ?

Toute cette structure — communautés urbaines, conseils locaux ou *Kehillas*, fédérations régionales de communautés juives de différents rites, avec leurs grands Kahals ou conseils régionaux, fédérations ou confédérations de grands Kahals coiffées par les Conseils suprêmes du judaïsme de chaque pays, Congrès Juif Mondial et Synode secret universel, ces deux dernières institutions coordonnant et dirigeant tous les organismes susmentionnés — constitue une organisation universelle du peuple juif fondée sur le « *Jus Sanguinis* », et non pas sur le « *Jus Solis* », car à la seule exception du minuscule État d'Israël et d'un autre État que l'Union Soviétique a attribué aux Juifs la République du Birobidjan, la nation juive est dénuée de territoire et se répartit entre ceux des autres peuples.

L'organisation du peuple juif correspond à celle des peuples gentils, puisqu'elle repose sur des gouvernements locaux, sur des provinces ou États autonomes dotés chacun de son gouvernement, ainsi que sur l'État national doté de son gouvernement suprême.

Mais au-dessus de cette infrastructure, il y a une superstructure secrète fondée sur des degrés d'initiation et au sein de laquelle ne sont invités à entrer que ceux jugés dignes de connaître les grands secrets du judaïsme. Cette superstructure se compose de sociétés secrètes internes au judaïsme, telles que le B'nai B'rith, qui contrôlent à l'insu des gentils tout le mécanisme de l'infrastructure susmentionnée. Ce sont de telles sectes cachées qui gouvernent vraiment le judaïsme moderne.

Ce mode d'organisation du judaïsme est en place depuis l'époque du Christ, où — en plus de l'organisation nationale du peuple hébreu — il existait des sociétés secrètes comme celles des Pharisiens, des Sadducéens et des Esséniens, qui se disputaient la domination d'Israël.

Israël, le peuple élu, est une entité beaucoup plus complexe que ne le supposent ceux qui n'ont pas étudié la question en profondeur. C'est pourquoi un grand danger surgit lorsque les dirigeants civils ou ecclésiastiques, soumis aux pressions de ce peuple et trompés par ses agents infiltrés dans les institutions chrétiennes, adoptent des dispositions favorables aux Juifs sans avoir bien examiné le problème. Avant de prendre toute décision en la matière, il serait donc sage de procéder à un tel examen pour éviter le risque de conclure des accords potentiellement nocifs, voire tragiques pour l'Église et l'humanité tout entière.

Pour conclure la description de l'organisation juive, force est l'ajouter qu'en dehors de l'organisation nationale proprement dite, il existe des divergences d'ordre religieux qui, en d'autres temps, ont provoqué des luttes intestines au sein du peuple juif, comme par exemple les dissensions entre Karaïtes et Talmudistes, ou encore entre Orthodoxes et Réformateurs.

Pour empêcher ces divergences et conflits religieux d'affaiblir le judaïsme, un Synode ou Congrès universel fut convoqué à Berlin en 1889. Les négociations ardues qui eurent lieu alors entre les parties antagonistes débouchèrent sur un accord tendant à l'établissement d'un régime de liberté religieuse au sein du judaïsme mondial. Cet accord consistait à autoriser différentes manières de concevoir la religion d'Israël, tout en faisant une place à toutes les factions juives au sein des gouvernements juifs locaux, régionaux, nationaux ou internationaux.

C'est ainsi que malgré l'antagonisme entre ses différentes factions — le judaïsme mondial parvient à conserver son unité — grâce au mode de gouvernement en question, dans le cadre duquel les Kahals sont devenus de véritables parlements représentatifs de toutes les factions religieuses et politiques. Les Juifs y vident leurs querelles et s'y livrent à leurs controverses, et ils présentent un front uni contre ce qu'ils appellent leurs ennemis *goyim*, à savoir tous les autres peuples de la terre, auxquels le judaïsme a déclaré la guerre il y a bien des siècles et contre lesquels il est en état de guerre permanent — une guerre de conquête larvée dans laquelle, la plupart du temps, les victimes de l'agression juive ne voient même pas cet ennemi secret qui leur a déclaré la guerre, les exploite sans pitié et s'efforce de les conquérir et de les asservir, conformément à ce qu'ordonnent le *Talmud* et les interprétations juives de la Bible.

Les juifs sont certes divisés selon leurs différentes obédiences religieuses, mais qu'ils soient : orthodoxes, conservateurs, réformateurs, libéraux, karaïtes ou membres de sectes mineures, il n'en sont pas moins unis dans leur nationalisme et leur impérialisme fanatiques, au grand dam des autres nations.

Même les israélites devenus athées et matérialistes sont maintenus dans la nationalité juive, leurs convictions étant respectées tant qu'ils se soumettent absolument aux résolutions politiques et économiques des conseils locaux et régionaux et des plus hautes autorités du judaïsme.

Il faut savoir que les Juifs matérialistes et athées, très minoritaires, diffèrent des non-croyants issus d'autres religions en ce qu'ils ne cherchent pas à faire de prosélytisme pour leur façon de penser auprès des israélites religieux, très majoritaires, car ils continuent à soutenir les idéaux impérialistes de leur peuple et veillent à ce que la religion d'Israël apporte un soutien fanatique à ces idéaux. C'est pourquoi, dans l'intérêt de leurs desseins nationalistes, ils s'abstiennent de pousser d'autres Juifs à l'incrédulité. Ces juifs minoritaires — agnostiques, voire souvent athées — prennent part à la vie de leurs communautés et aux activités des divers conseils, et nul ne leur reproche leur scepticisme en matière religieuse.

Il est cependant incontestable que les israélites religieux se montrent les plus fanatiques dans la conduite des activités impérialistes du peuple juif, car chez eux, l'activisme est exacerbé par leur foi religieuse, qui leur procure un motif plus puissant que le simple nationalisme dont ils sont aussi complètement imprégnés.

Les Juifs sont donc une nation répandue et infiltrée au sein des autres nations du monde. Dans la nation juive comme dans beaucoup d'autres nations modernes, il existe une liberté de culte, mais cette liberté s'arrête à la diversité des obédiences de la seule religion juive. Autrement dit, le Juif ne peut être un chrétien, un musulman ou un bouddhiste sincère, ni un véritable fidèle de toute autre religion que le judaïsme. En revanche, il peut pratiquer celui-ci dans le style karaïte, selon lequel la Bible est l'unique source de révélation divine, dans le style orthodoxe, dans le style réformiste, ou encore à la manière de toute autre secte existante. Ces sectes rivalisaient entre elles sur le plan politique — durement parfois — jusqu'à la fin du dix-neuvième siècle, où le Synode ou Congrès universel de Berlin a réalisé une synthèse de l'unité et de la diversité en établissant la liberté de croyance et de religion dans les limites mentionnées ci-dessus.

Malgré cela, il arrive encore souvent que des rivalités d'origine plus ou moins politique apparaissent entre les différentes obédiences et branches religieuses de la diaspora juive. La plupart sont tues par les organisations juives et leurs gouvernements parlementaires secrets, surtout lorsqu'une solution amiable leur a été trouvée au moyen de compromis et de transactions. Mais la lutte peut devenir féroce au point de filtrer à travers le mur de silence construit par Israël et de parvenir à la connaissance du monde extérieur, où les « *goyim* » assistent alors — sans le comprendre — au spectacle du Juif attaquant le Juif. Cela dure jusqu'à ce que la sage institution établie par le judaïsme pour régler ce genre de querelle parvienne à un accord après des mois ou même des années de tractations diplomatiques, comme cela s'est produit avec le schisme qui a déchiré le judaïsme à l'époque de Staline et qu'a réglé avec l'aide d'autres négociateurs le Juif Salomon Pearlmutter, dictateur de l'Union Soviétique plus connu sous son nom russe de Nikita Khrouchtchev.(1)

---

1 — Nikolaus Salomon Khrouchtchev, le chef du parti communiste soviétique 1963, était un membre du Bureau politique depuis 1939, et était le frère de Ma-

Nikita Khrouchtchev a rétabli l'axe secret qui reliait l'impérialisme juif des États-Unis à l'impérialisme social de l'Union Soviétique et qui avait été mis en place secrètement pour l'exploitation et la domination de toute l'espèce humaine. À cette fin, Krouchtchev a naturellement libéré tous les Juifs emprisonnés sur l'ordre de Staline, y compris les médecins qui avaient tenté d'empoisonner celui-ci ; il s'est même retourné contre la mémoire de son ancien mentor et patron Staline en le privant de l'honneur posthume d'avoir été l'un des quatre fondateurs du communisme avec Marx, Engels et Lénine ; enfin, il a entrepris de déstaliniser l'Union Soviétique et ses États satellites à seule fin de plaire aux dirigeants juifs mondiaux de New York et de réunifier le judaïsme mondial, provisoirement divisé par la révolte de Staline et de ses partisans contre l'univers secret du judaïsme(1).

---

dame Malenkov, c'est à dire de la dynastie hébreu Pearlmutter. Khrouchtchev était un hébreu, et son vrai nom était Pearlmutter.
L'épouse de Malenkov : La femme actuelle de Malenkov est la juive Pearlmutter, connu sous le nom « *Comrade Schans chuschne* », qui a été ministre (commissaire) pour l'industrie de la pêche dans le gouvernement soviétique en 1938. Si Malenkov n'avait pas été un Juif, il est extrêmement peu probable qu'il aurait épousé une juive, et celle-ci l'aurait pas non plus épouser.

1 — Ce que j'avance dans ce chapitre repose non seulement sur mes informations personnelles, mais aussi sur les travaux autorisés de deux auteurs juifs :
    I. « *Local and World Jewish Brotherhoods* » (fraternités juives locales et mondiales), par le Juif russe Jacob Alexandrovitch Brafman, qui fut assassiné pour avoir révélé les secrets du judaïsme. Éditions russes en russe et français — Saint-Pétersbourg 1880 et Odessa 1885.
    II. « *Kniga Kagala* » ou « *The Book of Kahal* » (le livre de Kahal), du même auteur juif russe. Plusieurs éditions russes au dix-neuvième siècle. Une édition russe d'Odessa en français et l'édition allemande au vingtième siècle des éditions « Hammer Verlag » de Leipzig, 1928.
    III. « *Jewish Traditions and Customs* » (traditions et coutumes juives), par l'écrivain israélite Erna C. Schlesinger. Israel Publishing House of Buenos Aires, 2ème édition, 1946.

CHAPITRE III

Les prosélytes de la porte

Avant la venue du Christ, les Juifs avaient déjà fixé les règles d'admission des «*prosélytes de la Porte*». En matière de prosélytisme, les Juifs — foncièrement racistes — avaient à résoudre un grave problème : d'une part, leur interprétation fausse et raciste des Saintes Écritures représentait à leurs yeux un empêchement rédhibitoire de convertir les gentils à leur religion, car selon eux, le « pacte d'Abraham » n'avait été conclu par Dieu qu'avec le Patriarche et les descendants de son sang, considérés comme le peuple élu de Dieu. Dans ces conditions, l'entrée dans le judaïsme ou, comme disent les Juifs, l'admission au pacte d'Abraham n'était accessible qu'à ceux qui descendaient d'Abraham par le sang, car Dieu en avait décidé ainsi. La véritable religion des Hébreux était donc l'apanage du peuple élu de Dieu.

En revanche, plusieurs passages de la Bible parlent de la conversion des gentils à la religion du Dieu d'Israël, et les Hébreux voyaient un intérêt à contrôler ainsi les peuples qu'ils s'efforçaient de dominer. Pour les Juifs racistes et impérialistes, il y avait là, en tout état de cause, de sérieuses difficultés d'ordre Rhéologique, qu'ils cherchèrent à résoudre en créant l'institution des prosélytes de la Porte, car ils reconnaissaient que le pacte d'Abraham était valide uniquement pour ceux du sang d'Abraham cet que seuls les membres et descendants du peuple élu pouvaient être admis au judaïsme authentique. Ainsi fut créée une organisation spéciale de gentils convertis à la religion juive, qui, acceptaient le monothéisme et l'essentiel du mosaïsme et qui, placés sous le contrôle étroit des vrais israélites (ceux de sang juif), étaient maintenus dans l'ignorance des secrets entourant les véritables organisations juives.

Les vrais Juifs soumettaient ces prosélytes à une discrimination tellement criante qu'ils ne les autorisaient même pas à entrer dans le Temple et que les malheureux devaient rester à la porte de ce dernier[1], car seuls les descendants d'Abraham selon le sang étaient autorisés à y pénétrer. C'est pourquoi on les appelait « *prosélytes de la Porte* » : ils pouvaient assister au culte divin depuis la porte d'entrée du Temple, mais non pas à l'intérieur, et l'on comprend que quelques-uns d'entre eux seulement aient pu tolérer sans résistance une telle humiliation.

Après la destruction du Temple de Jérusalem et de l'État juif par les Romains, le peuple israélite dispersé dans le monde — dispersion que les Juifs appellent diaspora — cessa d'observer une politique constante ou uniforme. Il y eut donc des temps et des lieux où il abandonna la pratique consistant à recruter des prosélytes de cette nature. Mais il y eut aussi des époques et des circonstances dans lesquelles se fit sentir la nécessité de remettre cette institution en honneur. Ainsi, lorsque les progrès gigantesques du christianisme (qui tenait sa force de son prosélytisme) firent peser un danger sur les rêves judaïques de domination mondiale, les Juifs jugèrent possible de contrer le christianisme en ressuscitant le prosélytisme de la Porte, mais avec un discernement plus subtil, cette fois, car ils comprirent que la pratique humiliante consistant à cantonner les prosélytes à la porte des synagogues empêcherait le judaïsme d'en recruter davantage pour l'aider dans sa lutte contre le christianisme.

Ils trouvèrent donc un moyen astucieux de maintenir les prosélytes à la porte du judaïsme sans leur permettre d'y entrer et d'en apprendre les véritables secrets : ils créèrent une organisation périphérique dotée de synagogues et de communautés spécialement conçues pour les prosélytes de la Porte, mais ces institutions nouvelles n'avaient rien de vraiment judaïque, si ce n'est leurs noms ainsi que quelques rituels, fêtes, cérémonies et manifestations. Ainsi le pacte d'Abraham — au sens le plus raciste de

---

1 — Sauf le jour où ils embrassaient la religion d'Israël et où ils étaient censés y offrir un sacrifice. (Sifre 108 et Ker 9ème).

l'expression — demeura-t-il l'apanage du peuple élu ; en même temps, on s'assurait le contrôle de ces gentils en les amenant à croire qu'ils étaient de vrais Juifs, afin de pouvoir solliciter leurs convictions et leur fanatisme, ce qui faisait d'eux des instruments aveugles de la Synagogue.

Depuis Constantin, la législation catholique et ecclésiastique a pour but de prévenir le prosélytisme, ce à quoi le Saint Office n'a cessé de s'employer ensuite. Il convient cependant de souligner que, comme nous l'avons dit, le prosélytisme de la Porte n'a pas été un phénomène permanent ou généralisé après la destruction du Temple, parce que la plupart des convertis au judaïsme contre lesquels devait lutter l'Église étaient des descendants chrétiens de Juifs qui pratiquaient le judaïsme en cachette. Durant leur enfance, ces individus avaient été baptisés et éduqués dans le christianisme (car les enfants ne savent pas garder des secrets), mais une fois qu'ils avaient atteint un âge suffisant, leurs parents les initiaient secrètement au pacte d'Abraham, et ils recevaient la lumière de Moïse. La « lumière » des francs-maçons n'est du reste rien d'autre qu'une idée judaïque que les Juifs ont adaptée à leur golem : la franc-maçonnerie.

Ce qui venait parfois compliquer le problème des prosélytes de la Porte, c'était l'apparition d'une tribu de gentils qui, séduits par les dehors du monothéisme juif, se convertissaient spontanément à la religion mosaïque sans que personne le leur ait demandé. On trouve un parfait exemple de cette situation avec le royaume des Khazars, ces païens dont le roi avait converti tout son peuple à un judaïsme *sui generis* et qui se gouvernaient à leur propre manière, ne connaissant de la religion du peuple élu que ce qu'ils avaient pu en apprendre.

Les auteurs israélites révèlent qu'à la cour du Calife de Cordoue Abd-er-Rahmane III, le Juif Abou Joseph Aben Hasdaï avait gagné la confiance du souverain grâce à ses aptitudes médicales, au point d'accéder à une très haute position au sein du gouvernement[1]. Lorsque Aben Hasdaï apprit l'existence d'un royaume juif ayant à sa tête un monarque

---

1 — « *Historia social, politica y religiosa de los judios de España y Portugal* », Madrid, Fortanet, 1875-76, tome 1. Aben Hasaï devint même le véritable dirigeant du califat.

hébreu, il en fut si enthousiasmé qu'usant de tous les moyens possibles, il fit parvenir une lettre à Joseph, roi des Khazars, qui répondit en lui donnant une information désolante : son peuple, initialement païen, s'était en fait converti au judaïsme. Cela causa un immense chagrin à Aben Hasdaï et aux autres Juifs, qui avaient cru voir dans le peuple en question l'une des tribus perdues d'Israël.

Bien qu'ils eussent été chassés de leurs terres par Sviatoslav, prince russe de Kiev, les Khazars restèrent loyaux à la religion adoptée et se répandirent en Ukraine comme dans les régions voisines, mais ils subirent une discrimination systématique de la part des Juifs, qui ne voulurent jamais les reconnaître comme étant vraiment des leurs parce qu'ils n'avaient pas de sang juif dans les veines ; en définitive, ils furent admis simplement comme prosélytes de la Porte.

Aux XIXe et XXe siècles, le prosélytisme de la Porte s'est développé dans les États où, pour des raisons particulières, le judaïsme jugeait opportun de l'encourager en vue de faciliter leur conquête. C'est ainsi qu'on l'a vu prospérer aux États-Unis depuis le dix-neuvième siècle. Lors d'une conférence rabbinique organisée à Philadelphie en 1869, les participants admirent qu'aux USA, le judaïsme avait une occasion en or de s'attirer des convertis en se bornant à supprimer l'obstacle de la circoncision, et il jeta les bases d'une organisation des prosélytes afin de renforcer sa domination du pays.

S'agissant du racisme et du prosélytisme judaïques, on doit établir une distinction entre deux types de littérature d'origine juive, de même qu'il faut faire montre de discernement avec tout ce qui touche au judaïsme. La première littérature est à l'usage des chrétiens et des gentils en général et ne sert que de moyen de propagande pour susciter la sympathie de tous envers le judaïsme. Elle présente le judaïsme non pas tel qu'il est en réalité, mais seulement comme les Juifs veulent que les chrétiens et autres gentils le perçoivent, en exposant des problèmes dissociés de la réalité, en taisant tout ce qui risque de révéler l'impérialisme politique, le racisme forcené et le fanatisme religieux en lesquels il faut voir l'essence même du judaïsme moderne. Les auteurs de ces ouvrages veillent soigneusement à éluder

toute question dangereuse risquant de provoquer des réactions antijuives naturelles. Les encyclopédies juives font partie de ce genre de littérature ; bien qu'elles abordent certaines questions avec une relative clarté, elles sont toujours conçues pour masquer la vérité pure sous des dehors visant à désorienter les chrétiens et autres gentils sans désorienter pour autant le lecteur juif, qui est habitué à ces astuces et sait lire entre les lignes.

Toutefois, il arrive souvent aux auteurs en question de commettre d'importantes indiscrétions en révélant des secrets qu'ils se sont efforcés de couvrir dans d'autres passages de leur même ouvrage.

En revanche, la littérature réservée aux lecteurs juifs s'exprime avec plus de clarté, et son contenu est plus véridique. En écrivant le présent ouvrage, nous avons eu la chance d'accéder à quelques-uns de ses plus précieux éléments.

Pour en revenir au prosélytisme, il nous faut signaler que selon une critique adressée au judaïsme par les auteurs dits antisémites — que l'on ferait mieux d'appeler « défenseurs de l'humanité » — les Juifs sont un peuple religieux tellement exclusif qu'ils doivent être tenus pour racistes. La littérature juive destinée à la propagande, y compris les encyclopédies, a pour objet de désorienter les lecteurs gentils, et notamment chrétiens au sujet de cette question prêtant à controverse, mais il arrive même au pire menteur de dire la vérité pour peu qu'elle lui échappe. Ainsi, après avoir longuement traité du prosélytisme tout en essayant d'en masquer le sens, l'« *Encyclopédie juive castillane* » se livre à cette confession fort révélatrice : « En pratique, la position du prosélyte était loin d'être identique à celle de l'israélite de naissance. La classe des prosélytes fut ajoutée à la classification traditionnelle des Cohanites (prêtres), Lévites et Israélites (*Tos. Kid.* 6.1) de telle sorte que dans l'ordre de préséance, certaines énumérations rabbiniques les relèguent même après les bâtards et les netinim, ou esclaves du Temple (*Hor.* 13a) »[1]. Étant donné la situation terrible des femmes adultères et des bâtards dans le judaïsme, un tel aveu illustre abondamment l'humiliation et la discrimination subies par les prosélytes, jugés inférieurs aux bâtards (ou enfants adultérins) et même aux esclaves.

---

1 — « *Encyclopédie juive castillane* », tome 8. Entrée : Prosélyte.

Concernant la répugnance des Juifs à susciter de vrais prosélytes, le Christ, autorité suprême des chrétiens, en a laissé un témoignage indiscutable lorsqu'il a accusé les dirigeants juifs de son temps en leur disant : « Malheur à vous, Scribes et Pharisiens hypocrites, parce que vous courez les mers et la terre pour faire un prosélyte, et, quand il l'est devenu, vous faites de lui un fils de la géhenne, deux fois plus que vous ! »(1)

Mais pour connaître la situation véritable des prosélytes dans le judaïsme moderne, il faut consulter le *Talmud*, ce livre secret qui fait si hautement autorité parmi les israélites(2).

À cet égard, le *Talmud* établit la règle suivante dans deux de ses principaux traités : « **Ne faites pas confiance à un prosélyte, même à la vingt-quatrième génération** »(3). Cette règle est à considérer comme définitive, car le *Talmud* a aux yeux des Juifs l'autorité de la « vérité révélée par Dieu » et ne saurait donc être modifié par les hommes.

On est donc un opportuniste naïf cédant à une pure illusion lorsqu'on se convertit au judaïsme et qu'on entre dans les communautés et synagogues des prosélytes de la Porte, désormais appelés « **Juifs spirituels** », car ces institutions sont créées dans des pays où les Juifs de sang, les vrais Juifs, jugent profitable d'élargir le cercle de leurs instruments aveugles et inconditionnels afin d'asseoir leur conquête des pays en question, comme ils l'ont fait aux États-Unis, par exemple.

Les descendants de ces gogos pourront bien attendre 600 ou 700 ans, soit largement après leur vingt-quatrième génération, aucun d'eux ne sera jamais autorisé à pénétrer dans la v raie synagogue. Ils sont les parias du judaïsme, et leur organisation — inférieure à celles des Juifs de sang — peut se comparer à la franc-maçonnerie et aux autres sociétés secrètes bourgeoises, ou encore aux partis communistes à la botte de Moscou, en ce qu'elle sert uniquement à recruter des animaux « *goy* » comme instruments des plans révolutionnaires et impérialistes du judaïsme.

---

1 — *Évangile selon saint Matthieu*, Chapitre 23, Verset 15.
2 — Sauf aux yeux des Karaïtes, cette petite minorité qui ne croit qu'en la Bible.
3 — « *Talmud de Babylone* ». Traité *Sanhédrin* 106a et traité *Niddah* 61a.

La seule différence avec ces organisations, c'est que les prosélytes — qui se prennent pour de vrais Juifs — sont victimes d'une tromperie encore plus grande, parce que se croyant recrutés dans les véritables organisations de la synagogue, ils n'en sont que mieux manipulés par celle-ci.

L'un de ces prosélytes qui voulaient apprendre les secrets du judaïsme en a été vivement échaudé. Nous voulons parler du célèbre Français Aimé Pallière, qui aimait et admirait tant la religion d'Israël qu'il devint un apostat du christianisme et ne cessa de solliciter son admission à la synagogue.

Démontrant son attachement à sa nouvelle religion, il se livra à un activisme forcené en faveur du sionisme et publia des écrits à la gloire de la cause juive, ce en quoi il fit preuve d'une ferveur et d'une loyauté dignes d'un meilleur combat. Mais lorsqu'il remarqua que certaines choses restaient dissimulées en coulisses et qu'il voulut se renseigner sur l'organisation réelle de la synagogue, il fut brutalement désillusionné par ses nouveaux frères, qui lui firent comprendre qu'« il n'avait pas de sang juif et que le judaïsme est une question de sang ». Cet admirateur de la religion juive en fut cruellement déçu et l'écrivit dans un livre intitulé « Le Sanctuaire Inconnu ».

Mais dans le numéro du 1er juin 1928 du journal français « Jeunesse Juive » (*Jewish Youte*), l'israélite Simon Goldberg tint ces propos terribles à l'adresse de l'ancien catholique converti au judaïsme : « M. Pallière, vous n'êtes pas juif, le peuple juif a des traits physiques et psychiques qui ne peuvent s'acquérir [...] Aucun de vos ancêtres ne vous a transmis le sang de notre peuple [...] Ne devenez pas haineux, et poursuivez votre chemin. Restez simplement dans l'ombre d'un sanctuaire inconnu de vous. »(1)

Voilà donc quelle est la triste situation des prosélytes de la Porte, appelés aujourd'hui « Juifs spirituels », c'est-à-dire ces individus qui veulent devenir juifs bien qu'ils n'aient aucun sang juif dans leurs veines. Ils sont cantonnés dans l'ombre d'un sanctuaire inconnu d'eux et ne servent que d'instruments aveugles.

---

1 — « *Le Sanctuaire Inconnu* », par Aimé Panière, auteur français, prosélyte de la Porte juif ou Juif spirituel. On trouvera des informations complémentaires à ce sujet dans le journal juif français « *Jeunesse Juive* » du 1er juin 1928.

CHAPITRE IV

Existe-t-il une race juive ?

Les cercles juifs secrets — où le sang pur est requis constituent une sorte d'aristocratie d'Israël qui opère de façon cachée au sein du judaïsme, de sorte que les Juifs d'ascendance impure et les plébéiens ne se sentent ni offensés, ni victimes de discrimination. Appartiennent à ces milieux les familles où l'on veille soigneusement sur son arbre généalogique, lequel remonte aux rois d'Israël et autres personnages bibliques. La division entre Juifs de sang pur et Juifs de sang mêlé — c'est-à-dire ayant dans leur ascendance des « *porcs goyim* » — apparaît dans certaines communautés israélites, mais faute de preuves, je ne puis ni affirmer ni démentir qu'elle corresponde à une règle générale du judaïsme.

Les plus éminentes de ces lignées aristocratiques sont celles qui prétendent remonter directement au Roi David. Leurs arbres généalogiques sont soigneusement conservés par la synagogue, car on suppose que le Messie appelé à conquérir l'univers en sera le fruit ultime. Selon le judaïsme orthodoxe, ce Messie établira définitivement la domination d'Israël sur le monde entier. Le judaïsme réformiste et les autres milieux juifs pensent, eux, que le Messie est un simple symbole et qu'il n'est autre que le peuple juif lui-même, qui, par ses propres efforts et avec l'aide de Dieu, opérera la conquête en question.

Il existe d'autres lignées aristocratiques de premier plan : les Cohanim et les Lévites, qui descendent directement de l'antique caste sacerdotale. Force est cependant d'ajouter que beaucoup de juifs ont tenté de falsifier leur arbre généalogique pour conférer à leur nom une fausse ascendance. Ils peuvent tromper ainsi les gentils et les Juifs plébéiens, mais non les initiés qui dirigent la synagogue — ces milieux très secrets où l'on ne tolère pas que le sang juif soit souillé par le moindre apport allogène.

Le mélange d'israélites avec d'autres peuples a abouti à des mariages mixtes considérés comme une menace mortelle pour le judaïsme par des autorités juives aussi éminentes que le rabbin David Kirshenbaum, membre de la « B'nai Moses Bem Jehuda Congregation » de London (Ontario, Canada), qui, dans son intéressant ouvrage intitulé « *Mixed Marriage and the Jewish Future* » (les mariages mixtes et l'avenir des Juifs), dit aux parents qu'en pratiquant scrupuleusement les cérémonies et rites religieux familiaux, ils font éprouver à leurs enfants une aversion naturelle pour les mariages mixtes, préservant ainsi l'intégrité et la vigueur du peuple juif. Cela fait peser sur les parents la responsabilité du cancer que constitue le mariage mixte, car s'ils consentent à ce dernier, ils négligent l'accomplissement du rituel familial et attirent sur eux les foudres du ciel quand leur enfant épouse un gentil, et notamment un chrétien. Il n'est alors plus temps pour eux d'aller se plaindre au rabbin de l'horrible trahison que leur enfant a l'intention de commettre, car tout ce que le rabbin peut faire dans un tel cas, c'est leur dire que la véritable cause du comportement de l'enfant tient à leur négligence et à leur mépris de la vie de famille strictement juive[1]. La *Bible* et le *Talmud* soulignent que dans le judaïsme, le mariage d'un israélite et d'un gentil est prohibé, sauf dans les cas où il a pour but de donner aux Juifs un accès à des positions importantes d'ordre politique, économique ou social.

Mais le croisement racial avec tous les autres peuples du monde, qui a bien eu lieu en dépit de cet interdit, a rendu les Juifs génétiquement similaires aux populations autochtones, et il est donc apparu au fil des millénaires autant de types juifs locaux distincts que de peuples

1 — Rabbi David Kirschenbaum, « *Mixed Marriage and the Jewish Future* », Bloch Publishing Co., editions. *The Jewish Book Concern*, New York, année juive 5718, année chrétienne 1958.

autochtones. C'est ainsi qu'il se trouve des Juifs blancs, blonds, bruns, mongoloïdes, noirs, etc., selon les pays où ils vivent depuis 500 ans, 1000 ans, 2000 ans et davantage.

D'innombrables commerçants ou aventuriers juifs célibataires ont accompli de très longs voyages et, ne trouvant pas de femmes juives, ont dû épouser des femmes du pays où ils s'étaient installés. De même, en raison des échecs et des défaites qu'ils n'ont cessé d'essuyer durant des milliers d'années de guerres, de révoltes et de conspirations, les Juifs ont été contraints à fuir leurs vainqueurs gentils et à se disperser entre de lointains pays, où faute de coreligionnaires ; il leur fallait épouser sur place des non-Juives.

Les enfants nés de ces unions étaient initiés au judaïsme par leur père et admis dans le pacte d'Abraham, mais afin d'éviter les mariages entre frère et sœur, à titre exceptionnel et pour une raison de force majeure, ces sang-mêlé avaient l'autorisation de prendre des conjoints de souche autochtone, de sorte que les petits-enfants du couple mixte initial — quoique initiés au judaïsme — avaient en eux plus de sang et de traits physiques autochtones que leurs ancêtres juifs. Selon la loi israélite, la transmission du judaïsme ne peut se faire que par la mère, mais les cas susmentionnés, qu'évoquent les historiens juifs, prouvent que pendant des siècles, il s'est pratiqué des exceptions à la règle initiale, ce qui se fait encore de nos jours.

Ainsi se sont formées les communautés juives des régions reculées d'Asie, d'Afrique, d'Océanie, ou encore d'Amérique latine (espagnole et portugaise), où les « *marranos* » (marranes) d'origine espagnole ou portugaise ; qui étaient publiquement catholiques, mais pratiquaient le judaïsme en secret et avaient été démasqués par l'Inquisition — avaient dû fuir dans les montagnes pour échapper au bûcher.

En ces endroits éloignés de tout, où ils ne trouvaient aucun outre marrane, les fugitifs durent se résoudre à épouser des Indiens, comme leurs coreligionnaires de Californie furent contraints de le faire en Patagonie. C'est pourquoi l'on trouve dans les pays d'Amérique latine des communautés que les israélites appellent « Indiens juifs ». Ceux-ci pratiquent ouvertement le catholicisme, mais exercèrent une influence décisive dans les révolutions maçonniques des XIXe et XXe siècles. Le plus souvent, ils furent à l'origine de l'état de guerre civile que l'Amérique latine n'a presque jamais cessé de subir depuis son indépendance.

Il convient toutefois de souligner qu'un grand nombre des communautés *marranes* de Juifs clandestins qui existent en Amérique hispanique et au Brésil descendent des crypto-Juifs qui ont échappé aux persécutions inquisitoriales et ont réussi à se garder de tout mélange avec la population autochtone. Ils présentent le type juif classique, qui va du blanc et du blond au brun des *marranes* espagnols et portugais actuels.

L'*Encyclopédie juive castillane* indique que dans la formation des types juifs très différents observés partout sur la planète, d'autres causes importantes ont été à l'origine du métissage. « Toutefois, le produit final ne dépend pas uniquement de facteurs génétiques. Les traits physiques et anthropologiques sont tributaires aussi du climat et de bien d'autres facteurs. »(1). Cela explique peut-être pourquoi jusque dans les familles qui se vantent d'être de sang juif pur, il a pu se former au cours des millénaires différents types similaires à ceux des races qui leur avaient accordé l'hospitalité, bien que certains aspects distinctifs de ce que les israélites appellent le type racial juif soient mieux conservés ; ce type apparaît d'ailleurs souvent chez des Juifs de sang pourtant mêlé.

Les auteurs juifs divergent quant à savoir s'il existe ou non une race juive, selon que leur point de vue est plutôt politique ou plutôt scientifique(2). Ceux qui étudient le problème sous l'angle purement scientifique doutent qu'on puisse parler d'une race juive, quand ils ne le nient pas carrément ; ils invoquent pour cela l'existence des différents groupes raciaux composant le peuple juif disséminé à travers le monde. Nous tenons cependant à préciser que dans les ouvrages d'auteurs israélites qu'il nous a été donné de consulter, le point de vue politique prévaut, comme c'est souvent le cas chez les dirigeants du judaïsme, qui méprisent la réalité scientifique et tentent de communiquer aux communautés juives l'amour

---

1 — « *Encyclopédie juive castillane* », tome 9. Entrée : Race.
2 — Dans les encyclopédies juives publiées de nos jours, c'est le point de vue scientifique qui prévaut.

de la race et la loyauté envers elle, ainsi que la croyance en la supériorité des Juifs sur les autres races, créant de la sorte un racisme impérialiste fondé sur la théologie.

Les hauts initiés de la Kabbale juive transposent le racisme théologique en un racisme panthéiste et déifient la race juive. Ils portent à des hauteurs incroyables leurs illusions paranoïaques de grandeur, et ils ont fanatisé tout le peuple juif comme ses classes dirigeantes, au point de leur conférer une énergie et une persévérance surprenantes dans la lutte millénaire qu'ils livrent pour la domination du monde.

Afin de compléter les preuves déjà fournies aux chapitres précédents, nous citons intégralement ci-après ce qu'un Cohanim a dit à ce sujet. Étant un Cohanim, il était admis dans les cercles les plus secrets des hauts initiés de pur sang judaïque. Il s'agit de Kadmi Cohen, auteur prestigieux faisant autorité dans les milieux juifs, qui a écrit ceci dans son fameux ouvrage intitulé « *Nomades* » : « *Dans l'avenir de la race comme dans le caractère sémitique, il y a une fermeté et une immortalité surprenantes. Cette fermeté s'explique-t-elle par l'absence de mariages mixtes ? Mais où peut-on trouver la cause de cette méfiance vis-à-vis des hommes ou des femmes qui ne sont pas de la race ? Pourquoi cette négation permanente ? [...] Comme les consonances de leur langue, les Sémites dès la première apparition de leur race — semblent présenter un caractère nettement défini, avec des formes pauvres et sèches ne pouvant ni s'étoffer, ni se réduire, dures comme le diamant qui raye tout et que nul ne peut rayer. « Je suis celui qui suis », a dit l'Éternel. La race aussi est éternelle. L'essence de la race est une, indifférenciée. Une dans le temps, stable, éternelle [...] C'est pourquoi le sang qui coule dans leurs veines a conservé sa force primitive, c'est pourquoi le passage des siècles ne fera que réformer la valeur de la race, qui tient assurément à la prédominance du « jus sanguinis » sur le « jus colis ».* »(1).

Ici apparaît crûment, dans toute sa nudité, le racisme impérialiste du peuple juif. Ce racisme qui, dans les milieux juifs ordinaires, conserve les dehors du monothéisme impérialiste fondé sur la fausse interprétation de la Bible et du *Talmud*, mais qui — dans les cercles supérieurs de la Kabbale — revêt la forme d'un panthéisme impérialiste consistant

---

1 — Kadmi Cohen, « *Nomades* », pp. 14-19, édition française.

pratiquement à déifier le peuple hébreu et la race juive. Le monde n'a jamais connu un impérialisme totalitaire comme celui du peuple juif, qui est une véritable secte.

Dans la lutte qu'ils mènent contre les autres racismes, les Juifs font preuve d'hypocrisie, car s'ils cherchent à y mettre fin, c'est uniquement pour assurer le triomphe du leur.

Aux chapitres suivants, nous étudierons de plus près le racisme juif et la discrimination raciale que les Juifs se considérant comme de sang archi-pur imposent à leurs coreligionnaires de sang mêlé. Nous nous référerons dans ce but à des ouvrages autorisés écrits par des dirigeants du judaïsme et destinés non à la publicité ou à la propagande, mais uniquement aux cercles directeurs de la synagogue. Nous citerons notamment le rapport présenté au judaïsme occidental par le Chacham (sage) Israël Joseph Benjamin II à l'issue de sa tournée d'inspection dans les communautés israélites d'Afrique et d'Asie, le livre du dirigeant juif indien Haeem Samuel Kehimker, écrit pour demander aux judaïsme mondial d'aider à l'élévation culturelle des Bene-israélites (les Juifs natifs d'Inde), ainsi que d'autres sources. Ces ouvrages exposent les faits crûment et en toute clarté, sans essayer de se livrer à des dissimulations ou à des omissions, comme c'est le cas des livres destinés à être distribués dans les pays que l'impérialisme juif cherche à conquérir ou dans ceux qui ont déjà eu le malheur de tomber sous sa coupe.

ANNEXE

Le serment «*more judaïco*»

Dès le Haut Moyen Age, en pays chrétien d'Occident comme dans l'Empire byzantin, on avait imposé aux Juifs un serment original autant par la formule que par le cérémonial : ce serment était appelé *"more judaïco"*, c'est à dire conforme à la coutume juive. Au début du 9e siècle, Charlemagne avait décidé que dans tout procès opposant un Juif à un Chrétien, on ne pouvait se contenter, pour le Juif, de la prestation du serment banal. Pour mériter crédit, le Juif devait, avant le serment, ceindre une couronne d'épines et poser la main droite sur un rouleau de la Torah; pendant la prestation de serment il devait appeler sur soi – en cas de parjure – la lèpre de Naaman (*II Rois* 5:1-27) et le châtiment des fils de Koré (*Nombres* 16:32).

Plus tard, dans le Saint Empire Germanique, le serment *"more judaïco"* fut maintenu, mais sous des formes plus compliquées. Le serment juif ne devait être aboli en Allemagne que par les efforts tenaces de Moïse Mendelssohn.

Le serment *"more judaïco"* avait également poussé de profondes racines en France. Des documents anciens montrent qu'en Arles, vers le milieu du XIIe siècle, le Juif prêtant serment devait porter un collier d'épines au cou, des anneaux d'épines aux genoux et une longue chaîne d'épines autour des reins. Durant les siècles suivants, le serment subsiste en France sous des formes diverses, toujours humiliantes et qui s'inspirent visiblement de types allemands. Rien de surprenant donc à voir le serment solidement implanté en terre d'Alsace où les règles de droit français pénètrent progressivement la tradition germanique. Pourtant, le décret du 27 septembre 1791 supprime le serment *"more judaïco"* en même temps que toutes les autres mesures restrictives prises par l'Ancien Régime à l'encontre des Juifs. On comprendra donc que cette révolution fut orchestrée par le juif, dans le but de détruire les institutions françaises, la famille, par le divorce et d'autres subtiles mesures.

2

LE COMMUNISME CHINOIS ET LES JUIFS CHINOIS

Library of Political Secrets - 4

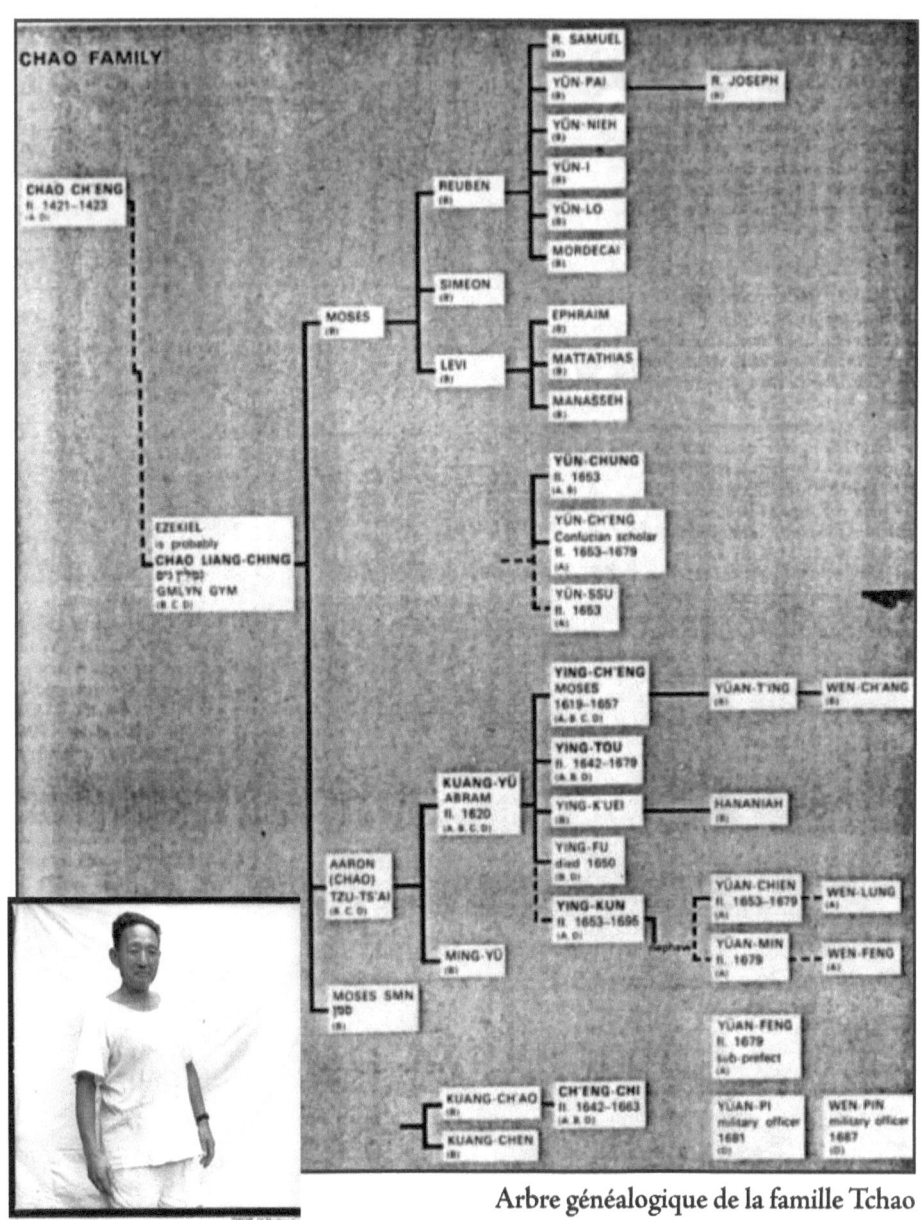

Arbre généalogique de la famille Tchao

M. Tchao dernier descendant du rabbin

2
LE COMMUNISME CHINOIS ET LES JUIFS CHINOIS

Au terme de la visite qu'il accomplit en Chine au milieu du XIXe siècle, le dirigeant juif Israël Joseph Benjamin II, sage d'Israël, porte à l'attention des dirigeants israélites occidentaux, dans son rapport sur le judaïsme clandestin chinois, qu'à une certaine époque, les Juifs chinois se sont mélangés avec la population autochtone de race mongoloïde en contractant mariages mixtes : « ils gardent leur foi avec la ténacité caractéristique de la race juive, et à présent, ils vont jusqu'à ne plus se marier qu'avec des femmes de leur religion [...] pendant la guerre entre Tartares et Chinois, une partie d'entre eux a émigré dans la province de Tché-Kiang, proche de celle où se trouve notre ville, et s'est installée à Kang Tchou, que j'ai l'intention de visiter. Les autres ont fait souche à Arnoy, dans la province de Fo-Kien. on trouve aussi des immigrés juifs à Pékin et dans toute la Chine. » Après quoi, se référant à l'article d'un magazine juif allemand, le laborieux « *Chacham* » écrit ceci au sujet d'un groupe de Juifs chinois : « Un seul d'entre eux présentait un vrai type juif, mais sauf en ce qui concerne la religion et la circoncision, leur langue, leur vêture, leurs us et coutumes les ont entièrement transformés en Chinois, et ils ont aussi des noms chinois [...] On dit que les Juifs sont venus en Chine par le nord-est de l'Inde, aux alentours du troisième siècle Après Jésus-Christ ; ils ont d'abord séjourné en secret à Ning-hia, Hantcheou et Pékin, puis ils se sont établis à Kai-Fung-fu » (1). Il est ainsi entré en Chine une véritable cinquième colonne de Juifs clandestins qui, au fil des siècles, par suite de leur complète adaptation aux caractéristiques raciales et sociales du peuple chinois, sont aujourd'hui dangereusement confondus et dilués dans la population du pays. On notera que bien que les Israélites de l'ex-Empire céleste soient considérés comme étant les plus mélangés à la population autochtone, ils observent scrupuleusement depuis le dix-neuvième siècle la coutume consistant à ne se marier qu'entre eux, et le dirigeant juif en question signale qu'ils ont conservé leur foi « avec la ténacité caractéristique de la race juive ».

Dans son très intéressant ouvrage intitulé « *Recherches sur l'existence des Juifs en Chine, depuis les temps les plus reculés jusqu'à nos jours* », Alexandre Wylie, historien des Juifs chinois, note que la présence des Juifs était cachée à la majorité locale, mais que néanmoins, « certaines remarques incidentes figurant dans le récit des voyages de Marco Polo montrent que les Juifs étaient assez influents pour exercer un poids politique en Chine et en Tartarie » (2). Il est naturel qu'un judaïsme clandestin aussi secret que celui qui fonctionne en Chine depuis mille huit cents ans ait été difficile à identifier par Marco Polo, mais les Juifs clandestins sont très au courant de la question et mieux placés que quiconque pour établir l'existence de cette communauté en consultant les écrits de Marco Polo.

---

1 — Israël Joseph Benjamin II, Chacham d'Israël. « *Eight Years in Asia and Africa from 1846 to 1855* » (huit ans en Asie et en Afrique de 1846 à 1855). Édité à Hanovre en 1863, pages 206 à 209.

2 — Alexandre Wylie, « *Recherches sur l'existence des Juifs en Chine, depuis les temps les plus reculés jusqu'à nos jours* ». Traduction française éditée à Paris en 1864.

Juifs clandestins chinois :

Mandarins, magistrats et militaires

Dans son *Histoire des Juifs*, le Révérend Henry Hart Milman (un protestant) écrit à propos des Juifs chinois : « Ils étaient cultivés, et comme en témoignent certaines inscriptions, certains d'entre eux ont été hautement honorés par la volonté impériale et ont accédé au mandarinat. L'une de ces inscriptions — datée de 1515 — félicite les Juifs pour leur intégrité et leur fidélité dans les domaines de l'agriculture, du commerce, de la magistrature et de l'armée, ainsi que pour leurs propres cérémonies religieuses ». Après avoir écrit que les Juifs chinois révéraient le nom de Confucius et observaient la coutume chinoise consistant à honorer religieusement les ancêtres, ce pasteur signale que : « À d'autres égards, ils sont strictement juifs [...] Ils ne se marient qu'entre eux [...] Ils n'essayent pas non plus de faire du prosélytisme » (1).

Dans son *Histoire des Juifs en Chine* (« History of the Jews in China »), publiée à Londres en 1913, l'historien juif S. M. Perlinann parle aussi de la présence des Juifs chinois dans l'armée comme au sein du mandarinat ; l'un d'eux, nommé Tchao-Ying Tcheng, commandait une section de l'armée et a reconstruit la ville de Kai-fung-fu. Les historiens juifs s'accordent à prêter un grand talent militaire aux Juifs chinois, tartares et mongols, ce qui peut expliquer leur infiltration dans l'armée communiste chinoise, où ils murmurent contre le Président Mao Tsé-Toung et plaident en faveur d'une réconciliation avec l'Union Soviétique, soi-disant pour travailler à l'unification du communisme mondial, mais en réalité pour faire de la

---

1 — H. H. Milman, « The History of the Jews », 3ème tome, édité à Londres en 1868, pages 166 et 167.

Chine Populaire un satellite dominé par les Juifs qui dirigent l'Union Soviétique. Les Juifs clandestins infiltrés au sein du Parti communiste chinois et des institutions dirigeantes et sociales du pays œuvrent dans la même direction.

JUIF CHINOIS

Photographie publiée en 1950 dans l'ouvrage juif officiel «*Jewish Encyclopedie Handbook*», de l'auteur israélite Pablo Link, publié par «*Israël Editorial*» à Buenos Aires en 1950 (année juive : 5710), page 205.
Entrée : JUIF. Cette photographie apparaît en même temps que celle de Juifs d'autres pays sous le titre «*Certains types juifs*».

Dans un autre passage du livre en question, l'auteur écrit que certains enfants juifs chinois lui ont demandé pourquoi les Européens s'intéressaient tant à eux, ce à quoi il leur a répondu : « Parce que nous sommes tous de la nation et de la foi juives, nous sommes tous des descendants d'Abraham » ; par ailleurs, il reconnaît pourtant ceci : « Les Juifs que j'ai interrogés étaient d'apparence entièrement chinoise », sauf un jeune homme de dix-sept ans qui « présentait vraiment des traits tout à fait juifs. [...] Leur apparence extérieure ne permet pas de les distinguer des autres Chinois. »

Cet aveu ne fait que confirmer des faits archiconnus, mais venant d'un aussi célèbre et éminent historien juif, il prouve avec une autorité particulière que la plupart du temps, on ne peut distinguer les Juifs clandestins chinois des autres Chinois — parce qu'ils portent des noms et des prénoms chinois et qu'ils ont des coutumes et un type physique chinois —, bien qu'ils semblent faire partie du peuple chinois, ils appartiennent en réalité à une nation et à un peuple étrangers : la nation et le peuple juifs. En d'autres termes, ce sont des infiltrés de la nation et de l'impérialisme juifs au cœur de la nation chinoise.

Il est très intéressant de relever une autre déclaration de cet historien juif, qui porte sur les Juifs chinois n'ayant pas masqué leur identité israélite : « Avant de conclure, je dois ajouter, par souci de justice envers la nation juive cultivée, qu'en Chine, les Juifs n'ont jamais eu à se plaindre d'intolérance, ils n'ont jamais été soumis à des lois d'exception, ils n'ont jamais été persécutés ou méprisés du fait de leur religion. Ils ont toujours joui des mêmes droits que le peuple chinois. » (1)

JUIF CHINOIS

Membre de la secte ultrasecrète Tiao-Kiu-Kiaou, répandue dans toute la Chine. Photographie publiée au milieu du vingtième siècle par l'Encyclopédie juive castillane ; cet ouvrage officiel, qui fait hautement autorité en matière de judaïsme, a été publié au Mexique en 1948. 3ème tome.
Entrée : CHINE. Page 326, 2ème colonne.

Cet aveu est capital de la part d'un israélite, et voici pourquoi. Selon les Juifs, les expulsions, persécutions et massacres pratiqués contre leurs coreligionnaires dans plusieurs pays de l'Europe chrétienne et du monde musulman pour les convertir de force au christianisme ou à l'is-

---

1 — M. Perlmann, « *The Histoy of the Jews in China* », édité à Londres en 1913, pages 24 à 37.

lam contraignaient les Juifs de ces pays européens ou mahométans de se convertir faussement à l'une ou l'autre religion pour échapper à de tels traitements et rester dans le pays où ils vivaient. Or, si telle était l'unique explication de ces fausses conversions et de la décision des Juifs clandestins de masquer leur judaïté, comment se fait-il qu'en Chine — où le célèbre historien israélite S. M. Perlmann reconnaît que les Juifs n'ont jamais été persécutés et nie volontiers qu'ils aient été victimes de la moindre intolérance — le phénomène du judaïsme clandestin ait pu exister de nombreux siècles durant jusqu'à nos jours, les Juifs y masquant leur identité pour apparaître comme faisant partie du peuple chinois ? Cet exemple parmi d'autres prouve que si, bien souvent, les Juifs ont été obligés de plonger dans la clandestinité pour échapper aux expulsions, aux persécutions et à la mort, dans la plupart des cas, ils ont manifestement choisi cette attitude en fonction d'une stratégie politique visant à leur permettre de s'infiltrer dans la société du pays où il vivaient afin d'y monopoliser les positions dominantes et d'y prendre le pouvoir.

Cette réalité a été reconnue également par d'autres auteurs juifs autorisés, qui ont même admis — avec une franchise inhabituelle — que le fonctionnement clandestin du judaïsme était motivé par un intérêt politico-stratégique ou pragmatique. Ainsi, l'*Encyclopédie juive castillane* — faisant montre d'une sincérité fort rare en d'aussi secrètes affaires — souligne ce qui suit : « **Des dirigeants et auteurs juifs tels que Daniel Israël Bonafou, Miguel Cardoso, José Querido, Mardoqueo Mojiaj et d'autres ont défendu le marranisme (c'est-à-dire le judaïsme masqué) COMME MOYEN DE MINER LES FONDATIONS DE L'ENNEMI ET DE CONFÉRER PLUS D'ÉLASTICITÉ À LA LUTTE CONTRE LUI** ». Dans un autre passage — où il est question aussi des Juifs clandestins — on apprend que selon les marranes d'Espagne, « **La Reine Esther, qui n'avait confessé ni sa race, ni sa naissance, semblait être leur modèle** » (1). À cet égard, il faut se rappeler que dans la *Bible*, le *Livre d'Esther* — dont l'étude s'impose à tous les israélites, fait l'apologie d'une jeune Juive qui, s'étant prétendue perse et ayant caché sa

---

1 — *Encyclopédie juive castillane*, publiée au Mexique en 1948. 4ème tome. Entrée : Espagne.

naissance, sa loyauté et sa religion juives, réussit à devenir Impératrice de Perse, à faire à nommer l'un de ses parents Premier Ministre de l'Empire perse — à soumettre la Perse à la domination juive et à faire exécuter tout Perse s'opposant à cette domination. Le fait que, comme le reconnaît l'important document juif cité ci-dessus — les Juifs clandestins prennent ouvertement la Reine Esther pour modèle indique qu'en cachant leur judaïté, ils cherchent surtout à s'infiltrer totalement dans les nations où ils vivent, afin d'y réaliser ce que la Reine Esther a accompli en Perse par les mêmes moyens — à savoir la domination des pays où fonctionnent les sectes du marranisme et du judaïsme clandestin. En Chine comme dans les autres pays du monde — les Juifs clandestins ainsi que l'admettent les sources autorisées que nous avons citées précédemment — ont accédé à de hautes positions comme mandarins, magistrats et officiers généraux de l'armée CHINOISE.

Le dirigeant juif Israël Joseph Benjamin II, écrivant à la fin du dix-neuvième siècle, expose la situation des Juifs tartares qui vivaient en Sibérie et dont il se dit informé qu'« ils se sont installés en Grande Tartarie, où ils vivent en liberté et sont dans les meilleurs termes avec les autochtones. Les dirigeants étaient choisis équitablement entre Juifs et Tartares, et les deux communautés partageaient les dangers de la guerre, mais les Juifs n'épousaient pas de Tartares et adhéraient strictement à leur propre culte religieux. Il vaut la peine de noter qu'il se considèrent comme des descendants de la tribu de Ruben » (1). Malgré cette ascendance, les Juifs de Tartarie présentent un type tartare qui leur permet de se fondre dans la population autochtone, comme c'est le cas de leurs coreligionnaires présents au sein des populations aborigènes de Chine, d'Inde, d'Afrique noire, etc. Mais depuis le XIXe siècle au moins, ils pratiquent envers leurs hôtes aimables et tolérants une discrimination raciale consistant à refuser de se marier avec eux, car ils pensent descendre de la tribu de Ruben. En outre, il est intéressant de mentionner la manière dont les Juifs soviétiques ont récompensé les Tartares de leur accueil cordial et de la liberté que ceux-ci leur avaient accordée : ils se sont livrés sur ce peuple

---

1 — Israël Joseph Benjamin II. *Op. cit.*, édition citée, page 218.

à de terribles massacres et ont réduit les survivants à l'esclavage communiste. Voilà une nouvelle preuve de l'ingratitude juive envers ceux qui leur accordent leur amitié !

L'historien juif S. M. Perlmann signale qu'une tribu tartare s'est donné des rois juifs issus d'un groupe d'immigrés qui venaient de Médie et de Perse et qui descendaient des tribus de Siméon, d'Ephraïm et de Manassé. Il signale également qu'en Tartarie, ces immigrés juifs sont devenus des nomades féroces et de grands guerriers (1). Ils sont à présent les bulldogs du régime juif soviétique en Sibérie, et chacun sait qu'il y a dans l'Armée Rouge beaucoup d'officiers juifs tartares, car les Juifs de Chine et de Tartarie se distinguent des Juifs d'autres pays par leurs talents militaires.

Ces Juifs qui, devenus chinois il y a bien des siècles, présentent des traits raciaux chinois, pratiquent des coutumes chinoises et portent des noms chinois, sont connus du judaïsme mondial, y compris de nos jours, sous la dénomination de Juifs chinois Tiao-Kiu-Kiaou (2). Un dirigeant

1 — S. M. Perlmann, « *The Histog of the Jews in China* », op. cit., pages 29 et 30.
2 — Lenculus, ce documentaliste de l'hébraïque, nous offre certainement l'origine de l'interprétation. Trouvé dans le document « *Les Juifs en Chine* » Henri Cordier ; Paris, Lib. Léopold Cerf, 13 rue de Médicis ; 1891. Page 11, et suivante.
[...]« L'évêque protestant Scherechewsky, juif converti, qui a voulu les visiter depuis, n'a pas obtenu des Chinois l'autorisation de résider parmi ses anciens frères.
Après cet historique des efforts tentés pour connaître quelque chose des Juifs en Chine, en voici le résultat : Les Juifs arrivèrent en Chine par la Perse, après la prise de Jérusalem par Titus, au premier siècle de notre ère, sous la dynastie des Han et sous l'empereur Ming-ti. On les a confondus, quelquefois, avec ceux qui pratiquaient les religions de l'Inde, Tian-tchou-kiao ; mais surtout et depuis des siècles, d'une façon presque absolue, avec les mahométans, *Houei-houei* ou *Houei-tseu* ; entre eux, ils s'appellent Tiao-kin-kiao, « *la religion qui extirpe les nerfs* ». Comme nous l'avons vu, ces Juifs possédaient des livres ; mais ils ne savaient pas plus l'hébreu que les musulmans chinois l'arabe du Coran, dont ils récitent les versets sans en comprendre le sens, comme, d ailleurs, beaucoup de gens chez nous disent leurs prières en latin, dont ils n'entendent pas un mot.
Lorsque les rebelles Taï-ping, quittant le Kiang, remontèrent vers le Nord en

israélite, le rabbin Jacob S. Raisin, écrit ceci à propos de l'origine du mot Tiao-Kiu-Kiaou : « Selon certains commentateurs médiévaux, lorsque Isaïe (le prophète de la Bible) a prédit la restauration du "pays des Sinim" par les Juifs, il avait en tête ceux qui, venus du Jourdain, franchissaient des milliers de kilomètres jusqu'au Fleuve Jaune, en Chine, à travers le Caucase, le Turkestan et le Tibet. Tout indique à l'évidence que des siècles avant l'ère chrétienne, les Juifs entretenaient des relations commerciales avec les « *hommes de la soie* » (les Chinois), qui les appelaient Tiao-Kiu-Kiaou, autrement dit « ceux qui extraient le tendon » (en référence au rite juif mentionné dans *Genèse* 32-33). Il est probable que le judaïsme a été diffusé là-bas par les Radanites qui, sur mer ou en caravanes, par la route conduisant de Samarcande au Khotan, s'en allaient échanger des marchandises d'Afrique et d'Europe contre du papier, du verre et des étoffes précieuses, en particulier de la soie, produits uniquement en Chine à l'époque. Ils ne cessèrent de se multiplier dans ce pays, où ils constituèrent un peuple sage et cultivé. » (1)

Les historiens juifs qui traitent le cas des israélites millénaires de Chine s'accordent généralement à dire que l'origine du nom donné à ceux-ci (Tiao-Kiu-Kiaou) vient de leur pratique du rite prescrit par la Bible pour l'abattage des animaux de boucherie ; tel était le nom donné en Chine à une certaine catégorie de Juifs locaux qui — comme nous le verrons ci-après — pratiquaient ouvertement le judaïsme. L'*Encyclopédie juive castillane* indique que cette référence à l'abattage rituel « révèle la date pré-rabbinique de leur entrée dans le pays » (2), c'est-à-dire que les Juifs chinois sont arrivés en Chine il y a plus de mille huit cents ans.

1867, la colonie juive de Kaï-foung fou fut, avec le reste de la population, dispersée, et ses membres se réfugièrent, dans plusieurs villes, jusque sur le littoral. J'en ai connu deux ou trois, dont l'un était mon tailleur ; ils avaient, comme les deux qui étaient venus à Chang-haï en 1851, les traits caractéristiques de leur race, quoiqu'ils fussent vêtus comme les autres Chinois et portassent la natte. [...]

1 — Rabbi Jacob S. Raisin : « *Gentile Reactions to Jewish Ideals* » (réactions des gentils aux idéaux juifs), édité à New York en 1953, page 417.
2 — *Encyclopédie juive castillane*, op. cit., 3ème tome.
Entrée : Chine. Page 325, 2ème colonne.

Le lecteur pourra consulter la version anglaise — établie par Hugh Murray — du « *Livre des Merveilles* », qui est le récit par Marco Polo lui-même de ses voyages. Il y trouvera des informations sur l'influence politique et commerciale que les Juifs chinois exerçaient en Chine en 1286. (1)

D'autre part, l'*Encyclopédie juive castillane* écrit ceci au sujet des Juifs pratiquant ouvertement leur religion : « Même souvent confondus avec les musulmans, ils sont mentionnés dans les annales chinoises (Yuan Shi : histoire de la dynastie Yuan) en 1329, à propos d'une loi relatives aux impôts perçus sur les hétérodoxes, et à nouveau en 1354, lorsqu'à la suite de plusieurs révoltes, les Juifs et mahométans riches furent convoqués à Pékin pour servir dans l'armée. Dans l'une et l'autre occasions, les Juifs furent appelés (dans le Yuan Shi) Dju-Hudu, ce qui est peut-être une déformation de Yehudim. » (2)

En plus des communautés de Juifs clandestins répandues à travers la Chine, auxquelles il a déjà été fait allusion, on trouve une autre communauté israélite dans la ville de Kai-Fung-Fu, ancienne capitale de la province du Henan (autrefois Honan), où elle vit depuis des siècles à visage plus ou moins découvert. Ce sont les missionnaires jésuites, en particulier le Père Matteo Ricci, qui ont parlé pour la première fois de ce groupe dans des comptes-rendus expédiés en Europe au XVIIe siècle.

Comme je l'ai indiqué précédemment, les encyclopédies juives ut autres ouvrages édités par les Juifs à l'intention des gentils fournissent de nombreuses informations quant à ce que les impérialistes israélites permettent aux gentils d'apprendre sur le judaïsme, mais elles cachent, minimisent ou déforment d'autres faits que ce dernier considère comme des SECRETS POLITIQUES À CACHER ABSOLUMENT aux lecteurs gentils. C'est pourquoi il ne faut pas s'étonner que lorsqu'ils traitent du très ancien judaïsme chinois, tous ces ouvrages ne mentionnent généralement que les communautés qui vivaient en Chine à visage découvert, surtout celle de la ville de Kai-Fung-Foo. Concernant cette communauté, ils ont fourni

---

1 — « *Marco Polo's Trips* », traduit et édité par Hugh Murray, page 99.
2 — *Encyclopédie juive castillane, op. cit.*, 3ème tome.
Entrée : Chine. Page 325, 2e colonne.

une information du plus haut intérêt : elle fut florissante, mais affiche aujourd'hui un navrant dépérissement. L'*Encyclopédie juive*, outre qu'elle fait état de la communauté en question, indique également que les missionnaires catholiques du XVIIIe siècle ont découvert d'autres communautés Israélites à Hangchao-Foo et dans d'AUTRES VILLES CHINOISES, mais elle ne précise pas combien (1). L'*Encyclopédie* ajoute que si les historiens israélites ont concentré leur attention sur la communauté de Kai-Fung-Foo et non sur d'autres, c'est à cause des vestiges archéologiques trouvés dans l'ancienne synagogue, parmi lesquels des tablettes de marbre portant des inscriptions gravées en chinois, qui aident à éclaircir divers aspects inconnus de l'histoire du judaïsme chinois. Ces tablettes sont datées respectivement de 1489, 1512 et 1663. Celle de 1489, qui a trait à l'immigration juive, dit ceci : « Soixante-dix familles vinrent de l'Ouest et offrirent à l'Empereur des tributs d'étoffes de coton ; il leur permit de s'installer à Peen-Lang, c'est-à-dire Kai-Fung-Foo. En 1663, la synagogue fut construite par un certain Yen-Too-La, et en 1279, on la rebattit en plus grand. En 1390, Tai-tsou, fondateur de la dynastie des Ming conféra à ces Juifs des terres et des privilèges. En 1421, l'Empereur autorisa un médecin juif, qu'il tenait en haute estime, à réparer la synagogue »... L'*Encyclopédie juive* fournit, au sujet des inscriptions trouvées sur ces sites archéologiques, des informations qu'il serait trop long de reproduire dans le présent ouvrage. Parmi ces inscriptions, il en est pourtant une qui mentionne les Juifs chinois et qui dit ceci : « Ils sont éminents dans l'agriculture, le commerce, les positions sociales (la magistrature) et l'art de la guerre (l'armée) ». On se doute bien, en fait, qu'à l'instar de leurs coreligionnaires présents dans d'autres nations gentilles, les Juifs chinois ont parfaitement réussi dans le commerce et ont accédé à des positions dominantes au sein du gouvernement. Mais, ainsi que l'ont fait observer bien des historiens israélites et que le confirment ces sites archéologiques, ces « Tiao-Kiu-Kiaou » se distinguent en ce qu'ils étaient aussi experts en agriculture. Cela leur permit de s'infiltrer dans le monde paysan, de même que les ta-

---

1 — *Jewish Encyclopedia*, publiée à New York et à Londres en 1903, 3ème tome. Entrée : Chine. Page 34, Ière colonne.

lents militaires dont ils étaient dotés leur permirent de s'introduire dans l'armée, installant ainsi une cinquième colonne juive à tous les niveaux de l'empire. Cela constitue indubitablement un grave danger pour la Chine populaire maoïste si elle ne parvient pas à démasquer et à extirper cette cinquième colonne, car qu'ils soient clandestins ou non, les Juifs chinois — comme tous les Juifs répandus dans le monde — sont en réalité des membres d'une nation étrangère et des agents d'un super-impérialisme millénaire. C'est sous cet angle que doit être perçue la complicité qui les lie à leurs coreligionnaires du Kremlin dans la lutte visant à faire de la Chine populaire un satellite de l'Union Soviétique analogue aux États socialistes satellites d'Europe orientale, à l'exception de l'Albanie et de la Roumanie.

Juifs chinois Tiao-Kiu-Kiaou

De Kai-Fung-Fu, dans la province du Henan. Photographie publiée au début du vingtième siècle dans la « *Jewish Encyclopedia* », monumental ouvrage officiel juif édité à New York et à Londres en 1903. 3ème tome.
Entrée : Chine. Page 36.

Pour en revenir aux inscriptions de la synagogue de Kai-FungFu, l'une d'elles fait état de la révolte ayant renversé la dynastie des Ming qui protégeait les Juifs. Elle est de la main d'un mandarin juif chinois qui devint ensuite ministre de l'Empereur et à qui l'on doit également des écrits sur les vertus d'Adam (que la Bible présente comme le premier homme créé par Dieu) ainsi que sur celles de Noé, du Patriarche Abraham, de tous les israélites et de Moïse, fondateur de la religion juive. Elle mentionne la chute de la ville de Kai-Fung-Fu durant la révolte en question, la destruction de la synagogue et le massacre de Juifs auquel se livrèrent les rebelles en 1642. Les inscriptions mises au jour indiquent que les Juifs avaient joui de la protection des empereurs Ming et accédé à des positions au sein du gouvernement impérial. Elles révèlent aussi qu'au beau milieu de ce désastre, un mandarin juif chinois parut à la tête d'une armée, qu'il sauva de la destruction les *Saintes Écritures* (la *Bible*), jetées à l'eau par les rebelles, qu'il reconstruisit la ville de Kai-Fung-Fu et qu'avec son frère, il rebâtit la synagogue en 1663. À l'instar des Juifs publics ou clandestins de cette ville, il portait un nom typiquement chinois : Chao-Yng-Cheng(1).

Juifs chinois

Photographie publiée en 1950 dans le « *Jewish Encyclopedia Handbook* » (manuel encyclopédique juif) de Link, édité par Israel Editorial à Buenos Aires, Argentine.
Année juive 5710. Page 97, 2ème colonne. Entrée : Chine.

Toutes ces inscriptions, qui présentent une valeur documentaire incontestable, révèlent la grande influence politique et militaire que les Juifs exerçaient en Chine au dix-septième siècle. Non seulement ils occupaient des postes élevés au sein du gouvernement impérial, mais ils commandaient des armées chinoises.

Selon la *Jewish Encyclopedia*, le Juif Chao-Yng-Cheng était mandarin de la province de Chen-Si, autrement dit gouverneur de cette province, ce qui prouve que les Juifs s'étaient infiltrés aux plus hauts niveaux du gouvernement chinois.

Le même ouvrage souligne que beaucoup de Juifs chinois de Kai-

---

1 — *Jewish Encyclopedia*, op. cit., 3ème tome. Entrée : Chine. Page 665, 2ème colonne.

Fung-Fu « émigrèrent — pendant la guerre entre Chinois et Tartares — à Kiang-su, Arnoy et Pékin ; mais ils n'y ont pas de synagogues, et certains Juifs sous protection anglaise émigrèrent à Shanghai et Hong Kong, où ils se livrèrent au trafic d'opium et de coton. » (1) Cette information fournie par la *Jewish Encyclopedia*, un document juif de valeur incontestable, révèle que le trafic d'opium, cause de la guerre criminelle menée contre la Chine par le gouvernement britannique, profitait non seulement aux Juifs britanniques et indiens, mais aussi aux Juifs chinois Tiao-Kiu-Kiaou, qui y participaient de leur côté à Shanghai et Hong Kong sous la protection du gouvernement britannique, celui-ci étant déjà — comme chacun sait — un satellite du super-impérialisme juif. Sous l'emprise des Juifs, le gouvernement britannique — trahissant les idéaux de la démocratie — alla jusqu'à envoyer ses hommes combattre et se faire tuer à seule fin de protéger et d'étendre le trafic juif d'opium, pour que les Juifs puissent s'enrichir en empoisonnant les Chinois ; quant aux Juifs de Chine, ils prirent part à ce trafic aux dépens du peuple qui les avait accueillis.

Étant donné que les Juifs indiens et d'autres communautés israélites du monde afro-asiatique accusaient un certain retard sur le judaïsme occidental pour ce qui était du progrès de leurs institutions religieuses et de leurs politiques internes, le judaïsme occidental entreprit au XIXe siècle la mise en œuvre d'un programme visant à adapter les sociétés secrètes juives d'Afrique et d'Asie du sud-est aux progrès du judaïsme européen et américain, en ce qui concernait non seulement l'évolution des institutions religieuses et sociales juives, mais aussi les nouvelles méthodes d'infiltration et d'emprise politique prenant pour cibles les nations gentilles, y compris les techniques révolutionnaires destinées à accélérer la domination juive. Le potentiel révolutionnaire des communautés israélites afro-asiatiques a commencé à se développer tout au long du XIXe, le judaïsme occidental leur envoyant des dirigeants expérimentés pour les former dans tous les domaines où elles étaient en retard sur lui. En ce qui concerne le judaïsme chinois et la communauté de Kai-Fung-Fu, la *Jewish*

---

1 — *Jewish Encylopedia, op. cit.*, 4ème tome. Entrée : Chine. Page 36, 2ème colonne.

Encyclopedia rapporte que les Juifs occidentaux ont créé une organisation spéciale appelée « Société pour le Sauvetage des Juifs chinois », dont la tâche était de revivifier la religion israélite parmi les Juifs chinois (1), cette religion étant — comme on l'a vu — le principal moteur de l'impérialisme juif en Chine.

La *Jewish Encyclopedia* ajoute que les Juifs de Shanghai coopérèrent avec cette société.

Selon les encyclopédies juives, La communauté israélite de Kai-Fung-Fu, anciennement florissante, tomba dans une navrante décadence, et le nombre de ses membres diminua au point qu'elle dut vendre son temple. Étant spécialisés dans l'histoire du judaïsme clandestin, nous avons découvert et pouvons prouver que lorsque des historiens juifs parlent de la décadence, voire de la disparition d'une communauté juive dans des ouvrages accessibles aux gentils (par exemple, les encyclopédies et autres écrits), ce qui se passe en réalité dans la plupart des cas où il est question d'un abandon massif du judaïsme (à quelques inévitables exceptions près), c'est que la majorité des « déserteurs » font seulement semblant d'embrasser une autre religion, alors qu'ils restent fidèles en secret à la nation et à la religion juives. Autrement dit, ils se contentent de passer du judaïsme public au judaïsme clandestin.

Outre les Juifs chinois millénaires Tiao-Kiu-Kiaou — tant les clandestins répandus dans toute la Chine que ceux de Kai-Fung-Fu qui pratiquaient ouvertement le judaïsme et ont émigré aussi vers d'autres régions de Chine, comme il est dit dans l'ouvrage précité —, cette grande nation a accueilli d'autres immigrations juives que nous ne mentionnerons qu'en passant, faute de place.

L'orientaliste Édouard Chavannes parle d'une autre colonie juive établie en Chine entre 960 et 1126 et composée de Juifs venus des Indes. L'historien israélite Elkan Nathan Adler évoque, de son côté, une autre pénétration juive en Chine, venue au XVIe de Bokhara (Ouzbékistan)

---

1 — *Jewish Encyclopedia, op. cit.*, 4ème tome. Entrée : Chine. Page 36, 1ère colonne.

en passant par la Perse(1). L'*Encyclopédie juive castillane* signale que les premiers immigrants « se sont installés dans plusieurs régions de Chine ».

Depuis 1840, la Chine a connu plusieurs autres immigrations de Juifs issus de divers pays, principalement européens. Toujours selon l'Encyclopédie juive castillane, l'ouverture cette année-là des « Ports du Traité » permit l'entrée en Chine d'un certain nombre de Juifs anglais issus de Hong Kong et des Indes. En 1850, Elias David Sassoon, riche commerçant juif installé à Bombay, en Inde, ouvrit une succursale de sa compagnie à Shanghai. Né à Bagdad, son père était le trésorier et le banquier du gouverneur turc de cette ville. À propos d'Elias David Sassoon, l'*Encyclopédie juive castillane* indique qu'« il se spécialisa dans le commerce de l'opium, entre autres », que lorsqu'il établit sa succursale à Shanghai, il y fut suivi par la famille Kadoorie, de riches capitalistes juifs de Bagdad, et que leurs grandes entreprises respectives — Sassoon et Kadoorie — construisirent une synagogue dans cette ville, où elles fondèrent une nouvelle communauté israélite qui demeura principalement sépharade jusqu'en 1905. Ainsi cette nouvelle communauté juive eut-elle l'honneur d'être fondée par l'entreprise d'un grand trafiquant international juif d'opium dont le fils, millionnaire comme lui, se faisait appeler Abdallah (prénom musulman) quand il était à Bagdad et Albert (prénom chrétien) quand il était à Londres. Son prénom juif (le vrai) était David. Au sujet de ce grand capitaliste international, l'*Encyclopédie juive castillane* écrit ceci : « Sassoon Albert (Abdallah, David), industriel, banquier et philanthrope. Né à Bagdad en 1817, mort à Brighton, Angleterre, en 1897. Fils aîné de David Sassoon et chef des entreprises commerciales et industrielles de la famille. Il fonda l'une des plus vastes manufactures textiles de Bombay, en Inde, fit don à la ville d'un grand barrage moderne et créa plusieurs écoles. Il fut membre du Conseil législatif de 1867 à 1871 et l'une des principales figures de la société de Bombay. Il fréquenta les Rois d'Angleterre, et l'audience qu'il obtint auprès du Shah d'Iran en 1889 fut, cette année-là, un événement dans la capitale anglaise. Il fut anobli en 1872. » En Angleterre,

---

1 — Chavannes et Elkan N. Adler, cités par l'*Encyclopédie juive castillane*, *op. cit.*, 3ème tome. Entrée : Chine. Page 325, 2ème colonne.

les Juifs se sont souvent vu accorder un titre de noblesse, surtout depuis le long règne de la Reine Victoria, à tel point que comme des enquêteurs ont pu l'établir, la plupart des titres de comte, de marquis, de vicomte et de Lord sont aujourd'hui aux mains de familles juives anoblies ou d'anciennes familles anglaises aristocratiques liées à des familles juives. Des duchés ont ainsi été judaïsés au moyen de mariages entre des Juives et des ducs de vieille noblesse, et ces Juives, avec l'aide des puissantes communautés israélites, ont secrètement initié au judaïsme les fils aînés des unions en question, c'est-à-dire de futurs ducs. Il ne faut donc pas s'étonner que le judaïsme international ne soit nullement pressé de renverser la monarchie anglaise, qui est sous l'emprise de l'impérialisme israélite.

La guerre russo-japonaise et les persécutions qui en étaient résultées contre les Juifs russes, ainsi que la révolte communiste manquée de 1905 en Russie, que le gouvernement russe leur avait justement imputée, eurent pour conséquence l'arrivée en Chine de Juifs russe fugitifs. En 1917, ceux qui étaient arrivés à Harbin et Mukden, en Mandchourie, se heurtèrent à l'antagonisme des Russes Blancs présents sur place, qui les accusaient d'avoir été à l'origine de la Terreur Rouge en Russie. Lors de l'invasion japonaise de la Chine, en 1931, beaucoup de Juifs russes vivant en Chine et fuyant les Japonais (qui les accusaient d'être communistes) furent contraints de s'installer à Tientsin, ou Tien-Tsin aujourd'hui Tianjin, Hankéou (Hankow ; « *bouche de la Han* ») et Shanghai, où ils reçurent le renfort de nouveaux immigrés juifs polonais et roumains. En 1928, une communauté israélite de Juifs ashkénazes se joignit à la communauté sépharade, sous les auspices de la loge — récemment constituée à Shanghai — de l'ordre maçonnique juif secret appelé B'nai B'rith, qui commençait ainsi à étendre ses tentacules en Chine. Il ne faut pas perdre de vue que l'autonomie dont les communautés israélites jouissent à travers le monde, de même que les ambitions économiques et politiques de leurs dirigeants, suscitent de profondes rivalités internes entre ces communautés ; certaines rivalités demeurent un secret juif, mais d'autres font scandale dans le monde extérieur. L'un des buts secrets de la création du B'nai B'rith — cette haute maçonnerie juive — était de mettre fin aux rivalités et aux désaccords, ainsi que de promouvoir l'harmonie et la réunification en s'infiltrant au sein des communautés juives de rites différents. Il se trouve que le B'nai B'rith obtint cette réunification avec les communautés ashkénaze et sépharade de Shanghai.

En 1933, une nouvelle vague d'immigration juive arriva en Chine ; elle était le fait des israélites fuyant les nationaux-socialistes qui les harcelaient en Allemagne et en Autriche. Selon l'*Encyclopédie juive castillane*, ces nouveaux immigrés juifs d'origine germanique entrèrent dans l'administration de la République de Chine. Parmi eux figurait un personnage éminent, le Dr Bernhard Weiss, qui avait été vice-président de la police de Berlin et à qui le gouvernement de Tchang Kaï-chek confia la réorganisation de la police chinoise. L'*Encyclopédie juive castillane* ajoute ceci : « De nombreux officiers allemands d'origine juive s'enrôlèrent dans l'année de Tchang Kaï-chek. Myriam Karnes, qui devait mourir lors du bombardement de Nankin, créa un célèbre bataillon de femmes chinoises. Le général Moshe Cohen contribua à organiser l'approvisionnement des forces armées en nourriture, en armes et en équipements. D'autres réfugiés (juifs) servirent dans les rangs nationalistes comme médecins et infirmières. Mais le plus gros des Juifs allemands n'arriva en Chine qu'après la sinistre année 1938, où eurent lieu les grands massacres commis par le Reich, ainsi que l'annexion de l'Autriche et des Sudètes. » En 1940, le B'nai B'rith était dirigé par un Juif anglais du nom de Mendel Brown (1).

Les Juifs se sont servis aussi de leurs femmes en Chine pour séduire d'importants dirigeants, selon les règles énoncées dans le *Livre d'Esther* de la *Bible*, déjà mentionné ici, qui raconte comment la Juive Esther, cachant son origine et sa religion israélites, réussit à rendre l'Empereur de Perse amoureux d'elle au point de se faire épouser de lui, devenant ainsi l'Impératrice de Perse, ce qui lui permit de manigancer la nomination de son oncle comme Premier Ministre. En Chine, au XXe, la famille Song — des Juifs Tiao-Kiu-Kiaou — obtint de grands succès par

---

1 — *Encyclopédie juive castillane*, op. cit. Entrée : CHINE. Pages 328, 329 et 330. Entrée : SASSOON DAVID. 9ème tome, page 460, 2ème colonne. Entrée : SASSOON ALBERT (ABDULLAH, DAVID). 9ème tome, page 460, 2ème colonne.

les mêmes procédés. L'une des sœurs Song épousa le Dr Sun Yat-sen, c'est-à-dire l'homme qui mit fin à l'antique monarchie chinoise et fonda la République, dont il devint le premier Président. Une autre sœur Song épousa le maréchal Tchang Kaï-chek, Président de la Chine nationaliste. La veuve du Dr Sun Yat-sen devint membre du Parti populaire maoïste de Chine, où elle vit actuellement et où, auréolée du prestige que lui confère son état de veuve d'un héros national, elle peut assurément contribuer à favoriser les plans du judaïsme international en veillant à ce qu'un Juif Tiao-Kiu-Kiaou clandestin, ou du moins un Chinois gentil facilement manœuvrable par les Juifs, succède au Président Mao Tsé-toung lorsque celui-ci décédera. Si cet objectif peut être atteint, les impérialistes racistes juifs prendront le pouvoir en Chine Populaire et soumettront cette nation à leur joug, réconciliant la Chine avec l'Union Soviétique et faisant de la première le vassal le la seconde, conformément au projet du judaïsme international. Les Juifs du Kremlin ont échoué jusqu'ici dans leurs tentatives de chasser du pouvoir Mao Tsé-toung, mais ils cherchent encore à fomenter une révolution de palais afin de remplacer le régime maoïste par un régime qui ferait de la Chine un satellite de l'Union Soviétique.

Tchang Kaï-chek, en compagnie de son épouse Song Meiling et de ses deux fils Chiang Ching-kuo et Chiang Wei-kuo.

En dépit de ses échecs passés, la cinquième colonne des Juifs clandestins chinois conspire toujours en vue de favoriser l'établissement de factions prosoviétiques à l'intérieur comme à l'extérieur du Parti communiste chinois et de l'armée chinoise ; elle trompe ainsi de nombreux dirigeants militaires et politiques gentils — ignorants des arrières-pensées impérialistes de cette manœuvre — en exploitant ceux d'entre eux qui ambitionnent à commander et à diriger ainsi qu'en encourageant les ressentiments individuels qui existent en Chine comme dans tout autre pays. En outre, l'insatiable impérialisme juif du Kremlin a conçu l'idée que du fait des guerres d'Indochine, une guerre pouvait éclater entre les États-Unis et la Chine, ce qui lui donnerait la possibilité d'envoyer des armées en Chine sous couleur de la défendre, comme il avait « défendu », contre l'oppression national-socialiste, la Pologne et d'autres États européens pour mieux les asservir ensuite.

Dans leur volonté de dominer la Chine, les impérialistes socialistes juifs de Moscou ont même programmé (au cas où d'autres procédés échoueraient) une invasion du territoire chinois analogue à celles de la Hongrie et de la Tchécoslovaquie. Mais pour y parvenir sans s'exposer à de graves dangers, Moscou a besoin de garantir ses frontières occidentales au moyen d'arrangements avec l'Allemagne Fédérale et les autres puissances européennes, éliminant de la sorte tout risque d'avoir à conduire la guerre sur deux fronts. L'URSS pourrait ensuite retirer une grande partie des armées qu'elle entretient sur les frontières occidentales du monde communiste et concentrer ses forces militaires contre la Chine maoïste, l'entourant d'une ceinture de fer avec l'aide du gouvernement indien sous la coupe du judaïsme, ainsi qu'avec celle d'autres gouvernements que ce dernier cherche à aligner. [Note de l'éditeur : Voir la brochure n° 9 de la série *Political Secrets*, intitulée *The Jewish Fifth Column in India* (*la cinquième colonne juive en Inde*, n° 4 édit. française The Savoisien, Avril 2014.), où le lecteur pourra trouver des informations sur la manière dont le crypto-judaïsme hindi contrôle ce pays.]

Il est capital que les patriotes allemands et les autres Européens occidentaux évitent de tomber dans le piège soviétique en se laissant leurrer par des espoirs de paix et de sécurité en Europe. Si les Juifs du Kremlin réussissent à envahir la Chine et à la dominer, ils se retourneront ensuite contre l'Europe occidentale, qu'ils n'oseraient pas envahir avant d'avoir réussi à liquider le régime de Mao Tsé-toung — entre autres préalables

— et à lui substituer un régime contrôlé par le Kremlin et le judaïsme mondial. Les patriotes allemands doivent se montrer plus vigilants que n'importe qui d'autre, car Willy Brandt, qui est un crypto-judéo-communiste, veut aider ses frères juifs du Kremlin à réaliser leurs desseins faussement pacifiques, alors qu'à travers ceux-ci, ils ne cherchent qu'une chose : se donner les mains libres pour envahir (s'ils le jugent nécessaire) la Chine continentale à la poursuite des objectifs susmentionnés.

En cas d'invasion réussie de la Chine par l'URSS, celle-ci envisage de maintenir des troupes d'occupation dans ce pays pendant une durée indéterminée, sous prétexte d'y défendre le socialisme, comme Moscou l'a déjà fait dans plusieurs pays d'Europe de l'Est. Le motif caché et véritable de ce plan d'invasion est le suivant : l'impérialisme juif est convaincu que les Juifs clandestins chinois (Tiao-Kiu-Kiaou) sont en nombre trop faible par rapport à l'immense population chinoise(1) pour être en

---

1 — Tous les experts du judaïsme chinois s'accordent à dire que les Juifs Tiao-Kiu-Kiaou de Chine sont peu nombreux. Certains les chiffrent à plus de deux millions. Les auteurs juifs, en revanche, citent à leur propos un nombre très inférieur ; cela n'a rien de surprenant dans la mesure où, comme nous l'avons indiqué ci-dessus, les Juifs ont toujours eu pour habitude de masquer le nombre réel de leurs coreligionnaires vivant dans tel ou tel pays, et surtout bien entendu — celui des Juifs clandestins. Même à supposer, pourtant, qu'il y ait plus de deux millions de Juifs en Chine, leur proportion au sein d'une population de sept cents millions d'habitants s'établirait à seulement un pour mille, ce qui serait extrêmement faible auprès de ce qu'elle est en Union soviétique.
En tout état de cause, le fait que les Juifs cachent toujours aux gentils leur nombre total dans les nations de ceux-ci, et en particulier le nombre des Juifs clandestins, empêche rigoureusement de garantir que les Juifs chinois clandestins — Tiao-Kiu-Kiaou ou appartenant à d'autres sectes — soient au nombre approximatif de deux millions, leurs effectifs réels pouvant être inférieurs ou supérieurs à cela. Seule une enquête utilisant tous les moyens adéquats d'établir la vérité permettra de localiser les Juifs chinois avec précision et de dénombrer exactement, dans le pays en question, cette cinquième colonne d'un impérialisme étranger fort de sa volonté de conquête et agissant par le biais de sociétés ultrasecrètes de Juifs clandestins. En tant que membres du pays visé, ceux-ci s'infiltrent dans toutes ses institutions politiques, militaires, culturelles, reli-

mesure de dominer entièrement la Chine. Ils auront donc besoin de l'appui des troupes soviétiques, comme c'est le cas dans les pays d'Europe de l'Est, où les nationaux-socialistes ont tant réduit la population israélite que les Juifs n'y sont pas assez nombreux pour conserver le pouvoir sans l'aide des troupes soviétiques.

Le judaïsme a pour projet de contrôler toutes les formes de gouvernement — monarchistes, démocratiques ou communistes. Toutefois, la nation juive (qui se sert du communisme pour imposer sa domination totalitaire à l'humanité) ressent comme une tragédie inacceptable le fait que des États socialistes ou communistes tombent ou restent aux mains de dirigeants « *goyim* » ; elle n'aura donc de cesse qu'elle n'ait renversé tous les gouvernements gentils, même ceux qui sont socialistes ou communistes — existants ou éventuels — pour leur substituer des gouvernements régis par l'insatiable impérialisme judaïque international.

L'Union Soviétique est le plus puissant bastion judaïque du camp communiste, grâce à la forte proportion de Juifs présents au sein des populations russe, ukrainienne et autres de ce pays. Des millions de Juifs soviétiques y ont en effet la haute main sur le Parti, l'armée, la police secrète et autres institutions répressives, et ils conservent le pouvoir sans avoir besoin d'aide étrangère à cette fin. Ils exercent même en URSS un pouvoir si complet qu'ils peuvent se permettre d'aider leurs coreligionnaires à accéder au gouvernement d'autres nations où ces derniers ne pourraient y parvenir seuls.

Il est intéressant de noter que dans tous les pays où le pourcentage de Juifs est faible par rapport à la population de souche, on observe un taux élevé de mariages mixtes entre des Juifs publics et des autochtones. Cette observation est de la plus haute importance, car dans de tels cas, les

---

gieuses et sociales ; et puis, un jour, ils prendront le pouvoir en exploitant les ambitions et les ressentiments des autochtones, en répandant des idées fausses afin de semer les graines de la discorde, de la division interne et de la rébellion, ainsi qu'en se livrant à l'espionnage et à des sabotages au profit de puissances étrangères chaque fois que cela pourra favoriser les plans de domination mondiale du judaïsme international.

impérialistes juifs tentent, par différents moyens, d'accroître le nombre de leurs coreligionnaires dans les pays en question afin de faciliter la conquête de ceux-ci, puis d'y garder le pouvoir par leurs propres moyens.

Dans les pays qu'ils tentent de conquérir, les Juifs accroissent la population israélite en promouvant les mariages mixtes entre Juives et autochtones. Les lois israélites prohibent en principe le mariage entre Juifs et gentils, mais elles ménagent à cela certaines exceptions, en vertu desquelles le *Grand Kahal* ou Conseil suprême régional peut autoriser le mariage mixte dans un cas où il s'agit d'accéder à des responsabilités politiques, à un poste d'espionnage important ou à une position influente sur le plan économique ou social. Parmi ces exceptions figurent les nombreux cas dans lesquels des Juives ont épousé des rois, des nobles, des présidents de la république et autres hauts dirigeants « *goyim* », ou encore des directeurs de grandes entreprises, de journaux et autres institutions sur lesquelles le judaïsme cherche à mettre la main. En général, le mariage de femmes israélites avec des gentils est autorisé au motif que dans un mariage mixte, selon la loi juive millénaire ou « Hagada », seule la mère peut transmettre le judaïsme aux enfants, à condition évidemment d'être l'élément juif du couple. Mais cette loi orthodoxe « Hagada » a été ignorée par de nombreuses communautés juives, notamment les réformistes, qui acceptent aussi comme Juifs les enfants de père juif et de mère « *goy* ». Cela a certes suscité une controverse entre novateurs et sectes juives orthodoxes. Il n'en est pas moins vrai que les communautés juives qui reconnaissent comme israélites les enfants d'un père juif et d'une mère gentille restent loyalement israélites ; lorsque ces enfants ont atteint l'âge de treize ans, elles les introduisent au fonctionnement secret des leviers totalitaires inhérents aux *fraternités synanogales* qui — au sein de la communauté israélite de chaque pays, sont chargées d'accueillir en leur sein les Juifs de « *sang mêlé* » sous la direction de Juifs d'une pureté raciale reconnue (bien que cette reconnaissance ne vienne pas toujours sanctionner une stricte réalité). Ainsi les descendants de mariages mixtes entre Juifs et gentils sont-ils organisés et contrôlés de fait par l'impérialisme et entièrement à son service.

Il y a lieu de souligner que lorsque le *Kahal* ou le Conseil juif régional autorise le mariage d'un Juif avec une «*goy*» ou d'une Juive avec un «*goy*», il lui fait jurer sous serment, assorti de sanctions sévères, qu'il ou elle fera tout son possible pour qu'à partir de treize ans, les enfants du couple soient introduits dans la communauté d'Israël, mais en secret, afin que l'épouse ou le mari «*goy*» n'en sache rien. Si le père juif ou la mère juive rompt ce serment, outre les sanctions qui lui sont infligées, le *Kahal* local ou régional recherche l'appui d'autres personnes apparentées aux enfants pour que ceux-ci soient dûment préparés, introduits dans le judaïsme et amenés à prêter un serment de secret et d'obéissance aux dirigeants lors d'une cérémonie occulte marquée par des rites impressionnants.

Les nationaux-socialistes, qui voulaient résoudre le problème juif perçu essentiellement sous l'angle racial, commettaient une lourde erreur en considérant comme allemands les descendants de trois aïeux allemands et d'un seul grand-père juif. D'un point de vue racial superficiel, ces enfants étaient certes surtout allemands, mais le problème juif n'est pas seulement racial ; il est beaucoup plus complexe que cela, comme le lecteur aura pu s'en rendre compte par lui-même. En fait, ainsi qu'en jugeait le Tribunal de la Sainte Inquisition, il suffit d'avoir une grand-mère juive, ou même une arrière-grand-mère juive, voire seulement une arrière-arrière-grand-mère juive, pour pouvoir être admis dans les sociétés secrètes juives. Et cela tient à ce que nous avons vu précédemment. C'est pourquoi les lois inquisitoriales qui régissaient la majeure partie de l'Europe, avant de s'imposer en Espagne et au Portugal, étaient justifiées lorsqu'elles considéraient comme «*nouveau chrétien*», donc suspect de judaïsme, quiconque avait **un seul** ancêtre juif dans son ascendance remontant à deux siècles ou davantage, l'excluant du même coup de toute position au sein du gouvernement, de l'armée et de l'Église, même en l'absence de preuve (d'ailleurs difficile à établir) que l'intéressé pratiquât le judaïsme en secret. Cette législation a subsisté jusqu'à la suppression du régime inquisitorial.

JUIFS CHINOIS À LA CÉRÉMONIE DE LECTURE DE LA TORAH

Les sociétés secrètes juives, appelées *fraternités synagogales*, se réunissent au moins une fois par semaine, le vendredi soir, et n'importe quel autre jour en cas d'urgence, afin de lire solennellement et de commenter une partie de la Torah, à savoir les cinq premiers livres de la *Bible* et les *écrits bibliques des prophètes*, où l'on peut lire — conformément à la croyance juive — les promesses que Dieu aurait faites aux israélites de les amener à dominer non seulement les nations dans lesquelles ils s'installeraient, mais aussi le monde entier. Après cette lecture cérémonielle et ce commentaire, les membres de la fraternité secrète informent l'assemblée de ce qu'ils ont accompli afin de s'imposer dans les sphères politique, militaire, économique, sociale, religieuse, etc. selon la mission qui leur a été confiée par le Conseil suprême juif local. Ils élaborent aussi des projets destinés à leur permettre d'accéder à des postes directeurs en manœuvrant et en intriguant pour supplanter les « *goyim* » qui les occupent.

À l'époque de l'Inquisition et durant les persécutions nationales-socialistes, les membres des fraternités juives clandestines ont infiltré le régime en usant d'astuce pour empêcher que leurs réunions et opérations ne soient découvertes. Le judaïsme possède une expérience de plusieurs siècles en la matière. Cette photographie, qui montre le judaïsme en train de mener activement en Chine son travail de conquête, est tirée de l'*Encyclopédie juive castillane, op. cit.*, 3ème tome.
Entrée : Chine. Page 325, Ière colonne.

En Chine (comme ailleurs, du reste), les communautés de juifs ashkénazes, séphardes, arabes, indiens, russes, allemands, roumains, etc. ont autorisé dès leur arrivée les mariages mixtes avec des Chinois gentils. Les enfants issus de ces premiers mariages mixtes présentaient des traits en partie chinois ; après s'être mariés avec d'autres autochtones, ces enfants avaient eux-mêmes des enfants d'apparence encore plus chinoise. Ainsi, peu à peu, les mariages mixtes ont accru les rangs clandestins de la cinquième colonne juive, dont les membres sont chinois en apparence, mais n'en font pas moins secrètement partie de la nation d'Israël. Nous pensons que la population chinoise résultant de ces mariages mixtes est encore faible, mais il importerait de mener une enquête pour établir avec exactitude le nombre de Juifs clandestins présents en Chine.

Ce que nous avons vu au sujet des Juifs Tiao-Kiu-Kiaou clandestins vaut également pour la Mandchourie, mais quant à cette vaste région chinoise, nous avons à fournir un complément d'information sur les Juifs publics, c'est-à-dire les Juifs qui ne font pas mystère de leur judaïté.

À cet égard, l'*Encyclopédie juive castillane* signale notamment ce qui suit : « La construction de la voie ferrée transsibérienne amena (en Mandchourie) un certain nombre de commerçants juifs qui fondèrent une communauté juive à Haerbin. » L'ouvrage fournit aussi d'autres informations : après la révolution bolchevique, beaucoup de Juifs d'Union Soviétique émigrèrent en Mandchourie, où ils se heurtèrent à l'antagonisme des Russes Blancs, qui commirent des meurtres contre eux ; ces nouveaux émigrants israélites « ne tardèrent pas à s'intégrer à l'économie locale comme employés, marchands et industriels » ; l'hostilité dont les Japonais firent preuve envers les activités commerciales des Juifs lorsqu'ils occupèrent la Mandchourie en 1931 contraignit ceux-ci à émigrer au sud de la Chine et dans d'autres pays. L'*Encyclopédie juive castillane* ajoute qu'en 1931, il y avait PLUSIEURS SYNAGOGUES à Haerbin, Mukden et Dairen, ainsi que des institutions communautaires de nature philanthropique, culturelle, pédagogique, sioniste, etc.

Les Japonais ne connaissaient pas les secrets du judaïsme, qu'ils s'efforcèrent donc d'éradiquer par des méthodes inappropriées, analogues à celles dont d'autres nations avaient usé au cours des deux mille années précédentes. En 1942, ils fermèrent toutes les synagogues (1), mais ils ignoraient une chose : chaque fois qu'au cours des siècles, un gouvernement gentil avait recouru à ce procédé, cela n'avait servi qu'à transformer des Juifs publics — dûment identifiés comme tels — en Juifs clandestins qui masquaient dès lors leur appartenance à la nation d'Israël et faisaient mine de s'assimiler au peuple sur le territoire duquel ils vivaient, n'en devenant que plus dangereux. Ainsi, à cause de cette erreur japonaise, le judaïsme public de Mandchourie s'enfonça en masse dans la clandestinité, à l'exception de ceux de ses éléments qui préférèrent émigrer dans le sud de la Chine ou ailleurs en emportant leurs entreprises avec eux.

Le fait que dans plusieurs pays d'Europe, mais surtout en Amérique, on trouve des Juifs à la tête d'organisations maoïstes a conduit certaines personnes à croire que le communisme maoïste était lui aussi contrôlé par l'impérialisme juif. Or, le judaïsme mondial — imitant en ceci la méthode de Karl Marx qui avait consisté à annihiler l'Internationale de Bakounine en y infiltrant des agents juifs chargés de le dominer — s'efforce en réalité d'agir de même avec le mouvement communiste international créé par Mao Tsé-toung. Ces Juifs publics ou clandestins qui se prétendent ennemis de l'Union Soviétique et des partis communistes de ses satellites, s'infiltrent dans les organisations maoïstes de plusieurs pays et y accèdent à des postes directeurs ; petit à petit, ils s'assurent la maîtrise de beaucoup de ces organisations ou partis, souvent en menant une lutte authentique contre les partis à la botte de Moscou. Mais comme toujours, le judaïsme l'emportera s'il réussit à s'emparer des partis et organisations maoïstes du monde entier, de même qu'il l'a emporté en réussissant à s'infiltrer dans le mouvement international du révolutionnaire « *goy* » Mikhail Bakounine.

---

1 — *Encyclopédie juive castillane, op. cit.* 7ème tome. Entrée : Mandchourie. Page 260, 1ère colonne.

CHAISE CHINOISE PORTANT LE ROULEAU DE LA TORAH

Les Juifs de Chine se servent de chaises très spéciales pour lire la Torah lors de leurs cérémonies sabbatiques. Toutefois, le judaïsme clandestin — surtout lorsqu'il y a danger — évite d'utiliser ce genre de mobilier pour ses réunions et cérémonies secrètes, afin d'empêcher qu'un gentil qui verrait par hasard se dérouler celles-ci ne se rende vraiment compte de ce qui se passe.

Les Juifs clandestins ont des siècles d'expérience dans la dissimulation de leurs réunions secrètes, et ils prennent d'avance toutes dispositions nécessaires afin de camoufler celles-ci en réunions innocentes pour le cas où un intrus « goy » y assisterait accidentellement. À l'époque de l'Inquisition, les Juifs clandestins faisaient parfois appel à un prêtre catholique — en réalité un Juif secret — pour que leurs réunions secrètes hebdomadaires se tiennent dans la cure de la paroisse ou même dans un local de l'église, sous le patronage du prêtre en question. De la sorte, si un gentil découvrait la réunion, le prêtre n'avait qu'à lui dire qu'elle rassemblait des fidèles de la paroisse. Dans d'autres cas, les Juifs clandestins faisaient en sorte que ceux d'entre eux qui avaient infiltré une corporation d'artisans obtiennent la possibilité d'utiliser un local de celle-ci. Au cas où quelqu'un découvrirait la réunion, le dirigeant juif clandestin de la corporation n'aurait qu'à lui dire que cette réunion avait été convoquée pour débattre d'une question intéressant la corporation. Des réunions secrètes de même nature étaient organisées dans les locaux d'autres respectables organisations gentilles.

Photographie extraite de l'*Encyclopédie juive castillane, op. cit.* 3ème tome. Entrée : CHINE. Page 325, 1ère colonne.

3
LA CINQUIÈME COLONNE JUIVE DANS L'ISLAM

Library of Political Secrets - 5

Charles-Emile Vernet-Lecomte, *Femme Juive de Tanger* ; Paris, 1886

3
LA CINQUIÈME COLONNE JUIVE DANS L'ISLAM

CHAPITRE PREMIER

LA CINQUIÈME COLONNE JUIVE AU SEIN DE L'ISLAM

Dans l'islam — comme dans le christianisme — il y a une cinquième colonne juive. Ces gens se prétendent musulmans et font mine de pratiquer pieusement l'islam, mais ils sont israélites en secret. Leur infiltration déchire littéralement la terre de Mahomet, y semant les divisions, y défaisant l'unité islamique et l'unité du monde arabe, y diffusant même le communisme à une époque récente. Je montrerai — en m'appuyant sur le témoignage d'historiens juifs réputés pour faire autorité en la matière — comment cette cinquième colonne juive s'est infiltrée dans l'islam.

Il ne faut pas perdre de vue que dans le Coran — qui est pour les musulmans ce que la Bible est pour les chrétiens, à savoir la source de la révélation divine —, les Juifs sont considérés comme un peuple qui est maudit de Dieu, qui vend les Saintes Écritures, qui a le cœur cadenassé, qui est attendu par le feu de l'enfer.

José Amador de los Rios, historien espagnol du XIXᵉ siècle, a écrit : « L'ivraie étant semée en un lieu si élevé, on ne doit pas s'étonner de la voir fructifier, et même de manière parfois aussi exubérante. » (1)

Les Juifs mettent beaucoup de malignité et d'obstination à essayer de conquérir l'islam de l'intérieur comme ils sont parvenus à conquérir la chrétienté, mais jusqu'à présent, ils ont moins réussi avec le monde musulman qu'avec le monde chrétien. Il semble pourtant qu'ils commencent à enregistrer des succès décisifs dans ce domaine aussi, grâce surtout à la puissante cinquième colonne qu'ils ont introduite en secret dans la religion mahométane au fil des siècles et dont les activités destructrices commencent à porter des fruits conséquents.

Ces organisations cachées de Juifs clandestins se faisant passer pour musulmans croissent depuis des siècles, ainsi que le célèbre historien israélite Cecil Roth — considéré comme un oracle du judaïsme — le rapporte dans son histoire des crypto-Juifs présents au sein de la chrétienté : « Le phénomène (du judaïsme caché) n'était nullement confiné au monde chrétien. D'anciennes communautés crypto-juives se rencontrent en effet dans différentes parties du monde musulman. » (2) Cette confession selon laquelle le monde musulman est miné par des communautés de crypto-Juifs, qui subsistent au XXᵉ siècle en plusieurs endroits, est extrêmement importante, car elle émane d'une source juive faisant autorité.

Plus loin, Roth explique comment opère ce crypto-judaïsme, et il en donne des exemples : « Les « *Daggatun* » du Sahara ont continué à suivre les lois juives après leur conversion officielle à l'islam [...] Les « *Donmeh* » de Salonique descendent des partisans du pseudo-Messie Sabbataï Tsevi [...] et bien qu'ils se posent en fidèles musulmans, ils pratiquent chez eux un judaïsme messianique. » Au sujet des crypto-Juifs de la secte « *Donmeh* », l'auteur écrit ceci dans la note 3 au bas de la page 15 de son ouvrage « *Histoire des marranes* » : « Depuis l'occupation grecque et l'hellénisation systématique de Salonique, beaucoup de « *Donmeh* » ont émigré, notamment à Adrianapolis (Andrinople). Il est difficile d'obtenir des données précises sur leur situation et leur répartition actuelles. Force est de signaler

---

1 — José Amador de los Rios, « *Histoire des juifs d'Espagne et du Portugal* », Madrid 1875. Tome I. Suite de la note n° 1 au bas de la page 108, à fin de page 109.
2 — Cecil Roth, « *Histoire des marranes* » (Israel Publishing House, Buenos Aires, Argentine, 1946 — Année 5706 de l'ère juive), p. 15.

qu'en 1913, le mouvement des Jeunes Turcs était dirigé en grande partie par des membres de cette secte. » (1) Une telle information, fournie par l'historien israélite Cecil Roth — présenté par de nombreux Juifs comme le Flavius Joseph de notre époque — est de la plus haute importance, car les « Jeunes Turcs » furent l'une des nombreuses sociétés secrètes de type *Carbonari* contrôlées par la franc-maçonnerie et, au sommet, par le crypto-judaïsme, l'une et l'autre s'étant donné pour mission de renverser les monarchies au XIXᵉ siècle et de les remplacer par des gouvernements juifs au cours du vingtième.

Heureusement, dans le cas de la Turquie, le grand patriote Mustapha Kemal Atatürk, soutenu par l'armée, réussit à maîtriser la révolution turque et à la conduire dans une direction plus favorable au pays en extirpant le pouvoir caché de la judéo-maçonnerie. De la sorte, les Juifs clandestins — pour la plupart de faux musulmans appartenant à la secte secrète des *Donmeh* — furent éliminés pour bien des années du pouvoir de la République naissante. Mais le peuple turc ne doit pas perdre de vue que beaucoup de ces faux musulmans subsistent en son sein ; ils sont apparemment « assimilés », mais représentent en réalité une terrible cinquième colonne prête à écraser la Turquie au moment opportun, et ils sont les complices de Moscou.

Poursuivant son histoire des musulmans crypto-juifs, le célèbre historien israélite Cecil Roth écrit qu'« on en trouve d'autres exemples plus à l'Est ». Au sujet de l'Ir an, il ajoute : « Les persécutions religieuses ayant commencé en Perse au XVIIᵉ siècle ont laissé dans le pays, notamment à Meshed, de nombreuses familles qui, en privé, observent le judaïsme de façon scrupuleuse, voire pointilleuse, alors qu'elles adhèrent publiquement à la foi dominante. » (2) Toutes ces informations se trouvent non seulement dans les révélations de sources juives irréprochables, tel Cecil Roth, mais aussi dans une édition d'« *Israel Editorial* » publiée à Buenos Aires, document juif officiel que l'on ne saurait taxer d'antisémitisme.

Le crypto-judaïsme constitue un danger dans l'islam actuel. Si les musulmans ne prennent pas les mesures qui s'imposent pour se protéger, ils seront délogés de leurs propres institutions religieuses islamiques comme cela est arrivé aux chrétiens dans leurs propres institutions.

---

1 — Cecil Roth ; *Ibid.*, p. 15.
2 — Cecil Roth ; *Ibid.* p. 15.

Le célèbre « *Chacham* » Israël Joseph Benjamin II fit de 1846 à 1855 — soit huit années durant — une tournée d'inspection des communautés israélites d'Asie et d'Afrique. Dans son rapport aux dirigeants juifs occidentaux concernant le crypto-judaïsme en Perse, il écrit ce qui suit : « Il y a seulement vingt ans, environ 3000 Juifs vivaient dans cette belle et florissante cité. [Shiraz] À cause des persécutions, de l'oppression et de la haine sous toutes ses formes, plus de deux mille cinq cents d'entre eux furent forcés de se convertir à la secte musulmane d'Ali. Bien qu'ils soient apparemment apostats, un grand nombre de familles conservent dans leur cœur la foi de leurs parents et trouvent même le moyen de faire circoncire secrètement leurs enfants (conformément au rite juif) (1). » Il affirme aussi que les Juifs de Chiraz ont un « *Nassi* », haut dignitaire israélite des organisations du judaïsme oriental, d'un rang plus élevé que le « *Chacham* ».

Il est très intéressant de noter la manière dont les Juifs s'introduisent dans des organisations ennemies pour les disloquer de l'intérieur. En dépit des avertissements du Coran à leur sujet, des Juifs réussirent à infiltrer islam afin de poursuivre leurs objectifs pernicieux. Ils parvinrent même à s'introduire dans la secte d'Ali, que l'islam orthodoxe tient pour hérétique ; selon ce que rapporte Benjamin, ils y furent reçus comme de pieux musulmans alors même que les Juifs étaient de mortels ennemis du fondateur de la secte et que les continuateurs d'Ali crussent qu'il avait été assassiné par un Juif.

UN JUIF CONVERTI À L'ISLAM :
LE PREMIER MINISTRE DU SHAH DE PERSE.

Parmi les informations intéressantes du rapport de Benjamin, il y a une description de la manière dont les juifs ont réussi à se hisser jusqu'aux positions les plus élevées au sein des monarchies islamiques — comme ils l'avaient fait au sein des monarchies chrétiennes —, c'est-à-dire par ce procédé de la conversion feinte qui leur a toujours si bien servi. L'érudit Benjamin révèle ainsi qu'à Ispahan, plus grande ville du pays à l'époque,

---

1 — Chacham Israël Joseph Benjamin II, « *Huit ans en Asie et en Afrique de 1846 à 1855* ». Hanovre, Allemagne, 1861 ; pages 229 et 230.

il a été « en contact avec le Premier Ministre Ismaël, né juif sous le nom de Jekutiel (1), que la Providence éleva à une si haute position. J'eus l'honneur d'être admis plusieurs fois à lui présenter mes respects, ainsi qu'à ses frères Joseph et Mordekaï et à son père Aga Babi ». Le « *Chacham* » dit ensuite que si ce ministre juif a été élevé à un poste important, il le devait à ses exceptionnels talents de danseur : lors d'une grande réception donnée à Ispahan en l'honneur du Shah, Jekutiel dansa superbement et eut l'audace de baiser la main du souverain entre deux sauts artistiques. Admirant son talent et même sa témérité, le Shah l'invita à la Cour, où le jeune homme grandit sous les yeux de son protecteur, démontrant sa loyauté envers lui en plusieurs occasions et allant jusqu'à risquer sa vie pour lui ; il fut ensuite nommé Premier Ministre du royaume, position qu'il conserva jusqu'à la mort du souverain. Le fils du Shah ne le garda cependant pas auprès de lui et le congédia. Selon le chercheur juif en question, Jekutiel, avant d'être nommé Premier Ministre, s'était converti à l'islam et avait pris le nom musulman d'Ismaël, mais **« malgré cela, il aida autant qu'il put ses anciens coreligionnaires »**. Le personnage qui rapporte cet important fait historique nous dit aussi — rappelons-le — que Jekutiel eut de nombreux contacts avec lui (2).

Il ne faut pas perdre de vue que les Juifs qui se convertissent à l'islam, loin d'aider ce dernier contre le judaïsme, font exactement le contraire, se comportant en cela comme les Juifs convertis au christianisme. Il suffit de se rappeler que les frères Lehmann, Juifs apparemment convertis au catholicisme, continuèrent d'aider le judaïsme au sein même de la citadelle chrétienne, comme le démontra leur participation active à l'« Affaire Dreyfus » en faveur du judaïsme et contre les catholiques menés par Drumont, qui luttaient pour sauver la France de la conquête juive.

Des cas comme celui de Jekutiel, *alias* Ismaël, étaient innombrables dans les cours des rois chrétiens du Moyen Âge et même à la cour pontifi-

---

1 — Selon le dirigeant juif en question, dont nous citons ici le rapport, le Ministre du Shah de Perse, qui avait pour nom musulman Ismaël, portait aussi le nom juif de Jekutiel, selon l'usage universel des Juifs clandestins qui est d'avoir deux noms : l'un public et conforme à la religion que l'intéressé fait mine de pratiquer ou aux coutumes du pays où il vit, l'autre juif, employé uniquement à son domicile et dans les organisations ultrasecrètes du judaïsme clandestin.
2 — Chacham Israël Joseph Benjamin II ; *Ibid.*, pages 237 à 240.

cale. Ces gens s'y infiltraient avec une humilité feinte, accomplissaient des actions impressionnantes, baisaient la main du monarque ou tombaient à genoux, suppliants, devant le Pape à seule fin d'accéder au cercle intérieur du souverain. D'autres se montraient vraiment méritoires et apparemment loyaux envers leur maître jusqu'à ce que, le moment opportun étant arrivé, ils puissent exécuter leur plan et retirer les profits de l'énergie dépensée et des services rendus.

FAMILLE MARRANE (JUIFS CLANDESTINS) D'IRAN
MUSULMANS PIEUX EN PUBLIC, JUIFS EN SECRET

Photographie extraite du grand ouvrage juif intitulé « *Encyclopédie juive castillane* ». tome supplémentaire ayant pour titre « judaïsme contemporain ». Mexico, D. F. 1961. Entrée : Marrane ; page 378, 1ère colonne. coll. Marannisme Moderne.

Dans bien des cas, ces individus ont agi de façon désastreuse pour leurs maîtres en les trahissant au pire moment. Dans d'autres cas, lorsque cela convenait à Israël, ils se sont bornés à user de leur influence pour favoriser les Juifs de différentes manières et accroître le pouvoir israélite dans le pays comme au sein de l'Église, en infiltrant des crypto-Juifs et de proches collaborateurs dans la hiérarchie religieuse.

Benjamin signale que lorsqu'il est arrivé dans la ville de Meshed au cours de sa tournée d'inspection en Perse, les Juifs locaux (environ quatre cents familles) lui dirent que les mahométans les avaient attaqués récemment pour les forcer à se convertir à l'islam. Ceux qui avaient refusé furent tués ou durent prendre la fuite, mais quant à ceux qui avaient accepté de se convertir, l'auteur écrit ceci : « Ici comme ailleurs, malgré leur apostasie apparente, les convertis de force sont demeurés secrètement loyaux envers le mosaïsme. » (1)

Bien que la conversion d'israélites à une autre religion soit une pure imposture ayant pour effet de renforcer les rangs de la cinquième colonne juive infiltrée au sein de l'islam, les musulmans, avec une naïveté comparable à celle des chrétiens (et en dépit du fait qu'ils démasquent sans cesse de tels cas d'imposture et tuent les faux mahométans), n'en continuent pas moins à célébrer comme une grande victoire la conversion d'israélites au mahométisme. Ce qui fait écrire ceci à Benjamin :

« L'apostasie d'un Juif et sa conversion à la religion musulmane donnent lieu à une festivité publique. Une fois que le converti s'est soumis à la purification ordonnée, il est conduit en grande tenu à l'intérieur de la mosquée, où le juge musulman le reçoit et lui donne son nouveau nom. Ensuite, il monte sur un cheval richement caparaçonné, et on le conduit en triomphe parmi le peuple, dont chaque membre rencontré le félicite et lui offre des présents pour l'occasion ». Notre unique commentaire sera le suivant : Pauvre humanité, avec quelle facilité tu te laisses duper par les Juifs, ces maîtres du mensonge et de la tromperie !

Cela, en effet, ne va pas sans rappeler les grandes fêtes religieuses organisées jadis en Castille et en Aragon pour célébrer la conversion au christianisme de centaines de milliers de juifs à la suite des massacres de 1391, commis par le peuple en réaction contre la tyrannie sanglante exercée par les ministres et conseillers juifs des souverains de ces deux royaumes chrétiens. La conversion massive d'un si grand nombre de Juifs, non seulement en Castille et en Aragon, mais aussi en Navarre et au Portugal, stupéfia le peuple et le clergé catholiques, qui virent partout

---

1 — Chacham Israël Joseph Benjamin II ; *Ibid.*, pages 241 et 242.

là un miracle du ciel. Les souverains décernèrent des titres de noblesse aux plus éminents des Juifs convertis et les nommèrent à de hautes fonctions au sein de leurs gouvernements respectifs ; quant à l'Église, elle les éleva aux charges d'évêque, d'archevêque et même de cardinal. Mais les réjouissances prirent fin après qu'on eut découvert et confirmé, au bout de plusieurs dizaines d'années, que cette conversion massive avait eu pour unique motivation d'infiltrer la société chrétienne, le clergé chrétien et l'État chrétien afin de les dominer de l'intérieur. On s'aperçut alors que bien que les familles de Juifs convertis eussent abandonné publiquement leurs prénoms et patronymes israélites pour adopter des prénoms et patronymes chrétiens des différentes régions d'Espagne, voire des noms aristocratiques, elles s'organisaient en sociétés secrètes, pratiquaient le judaïsme de manière clandestine et allaient jusqu'à conserver leurs prénoms et patronymes israélites, qu'elles n'employaient qu'à domicile et dans des réunion clandestines, alors qu'en toute hypocrisie, elles pratiquaient le christianisme en public avec une feinte ferveur, observant scrupuleusement tous ses rites, comme les crypto-Juifs musulmans le font dans le monde islamique vis-à-vis des préceptes du Coran.

C'est alors qu'une grande tragédie commença pour l'Espagne et le Portugal. Lorsqu'on apprit que les descendants de Juifs convertis, chrétiens en apparence, demeuraient des Juifs clandestins ayant déjà accaparé les principaux postes de commande de l'État et de l'Église, d'où ils dominaient la politique, les finances et tous les autres milieux de la Péninsule ibérique, il y eut une réaction générale de défense, et l'on créa l'Inquisition, d'abord en Espagne, puis au Portugal. Grâce à la torture, on découvrit tous les réseaux secrets du judaïsme clandestin. L'Inquisition aurait sauvé ces nations si, dans leur ingénuité, les papes et les rois n'avaient accordé un pardon général aux conspirateurs juifs, réduisant ainsi à néant les efforts des inquisiteurs et permettant au judaïsme clandestin de survivre jusqu'à ce que des siècles après, infiltrés aux plus hauts niveaux gouvernementaux, les Juifs secrets parviennent à détruire le régime inquisitorial. Les Juifs furent dès lors entièrement libres de semer la subversion et de s'attacher à dominer non seulement le Portugal et l'Espagne, mais aussi les anciennes colonies espagnoles et portugaises d'Amérique, devenues entre-temps des nations indépendantes ; là, les Juifs clandestins, sous le masque du catholicisme, de même que sous des prénoms et patronymes chrétiens authentiquement espagnols et portugais, propagent le communisme et la subversion sous toutes ses formes et ont déjà asservi Cuba, non sans essayer de soumettre et d'asservir le reste de l'Amérique latine. Voilà le résultat tragique de la conversion des Juifs au christianisme qui a commencé en 1391 dans la Péninsule ibérique. Or, malgré cela, il reste parmi les chrétiens bien des ignorants qui croient vraiment en la conversion sincère des Juifs au christianisme ! Au Moyen Âge, les fausses conversions de Juifs ont eu lieu dans tous les pays européens, sans exception. Les Juifs convertis ont adopté des patronymes typiques de chaque pays où ils vivaient, et dans l'Europe entière, les naïfs chrétiens — surtout les membres du clergé, politiquement aveugles partout et depuis toujours — célébraient par des fêtes ces fausses conversions.

Lorsque les empereurs, rois, papes et conciles de l'Église curent découvert et confirmé que la conversion des Juifs au christianisme était feinte et que les descendants de ceux-ci, quoique chrétiens en public, étaient secrètement juifs, la fête de la conversion se transforma en tragédie. Au XIIe siècle, les pays européens avaient été secoués par des conspirations et des révolutions, les fameuses hérésies médiévales, et il fut alors pleinement démontré que toutes avaient été conduites par des Juifs clandestins. Afin d'endiguer cette vague hérétique et révolutionnaire, on créa l'Inquisition pontificale médiévale qui, usant de la torture, se mit à enquêter et confirma qu'à l'époque, les mouvements hérétiques et révolutionnaires étaient déjà menés en secret par des Juifs opérant sous le masque du christianisme. En torturant leurs dirigeants, l'Inquisition les força à révéler les noms de tous les Juifs clandestins vivant sur place. Le régime inquisitorial aurait définitivement éliminé le judaïsme clandestin et débarrassé l'Europe occidentale de ce cancer si les papes et les rois n'avaient succombé aux tromperies et même aux pots-de-vin des Juifs, accordant à ces derniers un pardon général, libérant les Juifs prisonniers des geôles de l'Inquisition et ruinant de la sorte, à plusieurs reprises, l'œuvre accomplie trois siècles durant par les inquisiteurs ; ainsi survécurent les conspirateurs israélites jusqu'à ce qu'après la Réforme protestante, ils pussent liquider le régime inquisitorial de l'Europe occidentale et centrale. Le résultat est là : tous les pays européens sont aujourd'hui minés par les sectes secrètes de Juifs clandestins opérant sous le masque des diverses églises chrétiennes — catholique, protestante et orthodoxe —, parce que l'Église de Constantinople, l'Église orthodoxe grecque et ses diverses branches, russe, bulgare, roumaine, etc., commirent par naïveté pure l'erreur d'accueillir en leur sein, avec des fêtes, des honneurs et même des dignités, les Juifs qui, durant des siècles, avaient infiltré la citadelle chrétienne en affichant une conversion feinte pour accéder à la maîtrise de l'Église et la dominer de l'intérieur.

JUIFS CLANDESTINS BRÛLÉS VIFS
PAR L'INQUISITION MÉDIÉVALE PONTIFICALE

Ils étaient chrétiens en public et juifs en secret.
Ils furent condamnés pour être allés à la messe et y avoir reçu la communion en chrétiens, puis pour avoir emporté les hosties (sorties de leur bouche) et les avoir profanées. 1370. Photographie extraite du grand ouvrage juif ayant pour titre « *encyclopédie juive castillane* », 2ème tome.
Entrée : Belgique ; page 127, 2ème colonne. Mexico, 1948.

CHAPITRE II

LE JUDAÏSME CLANDESTIN EN ALGÉRIE ET DANS D'AUTRES ÉTATS MUSULMANS

Algérie et qui étaient reconnus comme Juifs par le reste de la population. Ceux d'origine européenne — en particulier les Juifs français —, qui se livraient à l'exploitation éhontée des travailleurs et paysans algériens pendant la domination française, furent forcés de quitter le pays après l'indépendance. Nous ne parlerons que des Juifs dont les ancêtres avaient apparemment abandonné le judaïsme en faisant mine de se convertir à l'islam. Ces descendants, bien qu'ils pratiquent ouvertement la religion de Mahomet et se fassent passer pour des membres loyaux du peuple algérien, continuent d'adhérer en secret à la nation israélite et à pratiquer le judaïsme à l'insu des autochtones, formant ainsi la secte secrète des « Mohadjerin », qui infiltrent les institutions politiques, religieuses et sociales musulmanes. Ces Juifs clandestins pratiquent la religion islamique avec le plus grand zèle et se font passer pour des Algériens ordinaires, comme c'est le cas des autres Juifs clandestins qui ont plus ou moins infiltré toutes les nations musulmanes d'Afrique et d'Asie. Ils forment ainsi, au sein même de l'islam, une cinquième colonne israélite dont la force est surpassée uniquement par le pouvoir que le judaïsme exerce dans la chrétienté au moyen de ces sectes secrètes de Juifs clandestins qui pratiquent en public les différentes confessions chrétiennes, mais qui restent secrètement loyales à la nation et à la religion d'Israël.

Avant d'entreprendre l'étude de la secte formée par les Juifs algériens clandestins, qu'on appelle « Mohadjerin », je proposerai une brève synthèse de la politique appliquée par l'impérialisme juif vis-à-vis de l'Algérie au cours des époques récentes.

Lorsqu'il convainc au judaïsme international que l'impérialisme français — converti en satellite de l'impérialisme israélite — conquît l'Algérie, les Juifs habitant ce pays le trahirent, facilitant la conquête aux

Français et les aidant à la consolider. Pour prix de cette trahison, les Juifs vivant en Algérie obtinrent du gouvernement français la plus large protection, ce qui leur permit

Comme l'indique le titre de ce chapitre, nous ne parlerons pas ici des israélites qui pratiquaient ouvertement le judaïsme en de dominer et d'exploiter le pauvre peuple algérien. Cela dura jusqu'au jour où le judaïsme international décida d'en finir avec l'Empire colonial français, jugeant qu'il était temps de liquider et de détruire l'impérialisme capitaliste pour le remplacer par le communisme totalitaire censé donner à Israël un pouvoir absolu sur le monde. Tandis que la plupart des Juifs publics, se tenant du côté de la France, s'infiltraient dans les mouvements favorables à une Algérie française, puis dans l'Organisation de l'Armée Secrète, les Juifs clandestins de la secte que nous étudions, masqués sous un faux islamisme, infiltraient l'armée des rebelles algériens, s'efforçant de contrôler le mouvement d'indépendance pour garantir la domination juive sur l'Algérie une fois celle-ci libérée, en vue de l'amener progressivement au communisme. Il faut bien voir que pour les Juifs internationaux, contribuer à libérer l'Algérie de la domination française n'avait d'autre but que de remplacer le joug français par le joug des Juifs « *Mohadjerin* », qui se prétendaient musulmans, ainsi que des autres crypto-Juifs nés dans le pays, dont les activités sont révélées par des documents juifs d'une valeur indiscutable.

La division entre Juifs algériens reflétait celle régnant alors dans les rangs du judaïsme mondial. Tandis que l'État d'Israël, les sionistes et des organisations sionistes terroristes comme l'*Irgoun Ikvaï Leoum* allaient jusqu'à fournir des armes aux partisans de l'Algérie française, les puissances internationales du judaïsme, depuis leurs quartiers généraux de Moscou et New York, soutenaient la cause de l'indépendance algérienne dans l'espoir qu'une fois cette dernière acquise, le pays tomberait aux mains les Juifs « *Mohadjerin* » infiltrés dans le mouvement de libération nationale. Bien que les Juifs jouent toujours sur deux tableaux, il existe de bonnes raisons de croire qu'en l'occurrence, une division particulièrement grave se produisit entre les sionistes et les puissances secrètes du judaïsme international, car les premiers estimaient qu'au lieu de conduire l'Algérie au communisme comme l'espéraient Moscou et New York, l'indépendance jetterait ce pays dans les griffes des arabes judéophobes, ce qui constituerait une grave menace pour l'État d'Israël.

Pour que les Arabes et le monde entier connaissent toute l'acuité du problème du crypto-judaïsme en Algérie, nous commencerons par citer une source juive d'information qui fait hautement autorité. Nous voulons parler du Grand Rabbin de la province de Constantine, Ab-Cohen, qui, en 1866, écrivit longuement à M. Charles Féraud, Secrétaire de la Société archéologique locale, en lui demandant d'insérer ladite lettre dans le « Recueil » de cette société, où l'on peut la lire *in extenso*, son destinataire lui ayant donné satisfaction.

Le Grand Rabbin tente de justifier, dans cette lettre, la haine des Juifs contre les Espagnols, qui poussa les communautés israélites d'Afrique du Nord à instituer une nouvelle fête religieuse — analogue à celle de *Pourim*, en l'honneur de la Reine Esther — afin de célébrer chaque année la fin de la domination espagnole en Afrique du Nord au XVIe siècle, ainsi que l'échec de la nouvelle tentative d'invasion subi par l'Espagne au XVIIIe siècle.

Dans la suite de ce document précieusement instructif, il mentionne l'existence de la secte « *Mohadjerin* » et la fausse conversion des Juifs algériens à l'islam. Deux versions existent à cet égard : la première — jugée la moins probable par l'auteur — est qu'au milieu du XVIIIe siècle, un sultan du nom de Ben Djellab aurait forcé tous les Juifs de Touggourt, de Souf et d'autres localités de son fief à se convertir au mahométisme, à cause d'une affaire sentimentale ayant mal tourné. Selon l'autre version — que l'auteur considère comme plus crédible, étant donné les coutumes locales de l'époque, et que les « *Mohadjerin* » tiennent eux aussi pour authentique —, au milieu du XVIIIe siècle, « Ben Djellab, grand-père de l'homme du même nom qui vivait à Touggourt quand les Français arrivèrent en Afrique, était le prince de Touggourt, de Souf et des contrées alentour. Comme les Juifs lui avaient fait un très beau présent, il chercha le meilleur moyen de les récompenser et rassembla les notables du pays pour les consulter à ce sujet. Il fut alors proposé diverses récompenses allant des privilèges individuels aux allègements d'impôts. Soudain, quelqu'un dit au prince : "Puisque tu veux les récompenser d'une manière extraordinaire, accorde-leur la permission de se convertir et fais-leur l'honneur de les recevoir parmi les vrais croyants." Le prince accepta cette suggestion et en informa les Juifs, mais ils le supplièrent en disant qu'étant des Juifs, ils ne voulaient rien d'autre que le rester. Ben Djellab, qui pensait leur accorder une grâce extraordinaire, devint furieux devant ce refus, qui le blessait dans sa dignité de prince et de musulman. Il ordonna donc aux Juifs de choisir immédiatement — dans les vingt-quatre heures — entre devenir musulmans et quitter le pays sans aucun espoir de retour. Les Juifs en conçurent une grande détresse. Beaucoup s'enfuirent et furent persécutés, voire décapités par les gens de Ben Djellab. La plupart, toutefois, prévoyant ce qui allait se passer, et faute d'entrevoir une autre solution que la conversion — du moins une conversion apparente —, cédèrent aux ordres du prince et embrassèrent la religion musulmane, pour la forme seulement. »

« Aujourd'hui encore, le nom que se donnent les descendants de ces convertis rappelle les faits de la seconde version, puisque *Mohadjerin* veut dire « les bien récompensés. »

Le Grand Rabbin de Constantine, dirigeant important du judaïsme mondial, révèle ensuite ceci : « Comme les Anussim — "ceux qui ont été contraints ou marannes" — d'Espagne, Juifs néo-chrétiens convertis par l'Inquisition, ils pratiquaient ouvertement la religion musulmane, mais chez eux, ils continuaient à pratiquer le culte juif. Certains (le ceux qui avaient quitté Touggourt pour se rendre ailleurs en Afrique et y vivre entre Juifs furent persécutés dans leur nouveau pays sur dénonciation de Ben Djellab et exécutés comme renégats de la foi musulmane. Ces faits intimidèrent d'autres Juifs qui, pour échapper à un sort semblable, devinrent ostensiblement des musulmans jaloux et même fanatiques. Tous se rendirent en pèlerinage à la Mecque, mais les Mohadjerin n'en continuèrent pas moins à vivre dans leur quartier à part et à refuser de se marier dans des familles authentiquement musulmanes, grâce à quoi ils conservèrent leurs noms, leurs traits et leurs coutumes distinctives. On dit qu'aujourd'hui encore, ils célèbrent le samedi ou sabbat des Juifs, mais en secret. Comme ç'avait été le cas des néo-chrétiens, cet isolationnisme avait deux motifs possibles : l'un est qu'ils voulaient se tenir à l'écart des autres musulmans et éviter tout lien avec eux, surtout les premières années, l'autre étant le peu de considération des musulmans pour les convertis. »

Puis, l'éminent dirigeant juif formule la plus importante et la plus terrible de ses révélations :

« Ils sont pourtant de nos jours les personnalités les plus en vue du pays, et surtout les plus riches ; ils sont propriétaires d'à peu près toutes les maisons et tous les jardins de cet oasis, et le commerce est presque entièrement entre leurs mains. »

« Les « *Mohadjerin* » ont souvent hérité de parents juifs vivant à Bou-Saâda ou Tassin ou dans le M'zab. Mais les Juifs n'ont pas eu la permission d'hériter d'un parent « *Mohadjerin* », car la législation musulmane s'y oppose. »

Le Grand Rabbin souligne encore, dans sa lettre, qu'au moment où il écrivait, l'origine juive des « *Mohadjerin* » n'étant pas oubliée, ceux-ci avaient donc peur des Arabes. Et il conclut en écrivant : « Cette lettre est déjà trop longue, et je ne veux pas abuser de l'espace que la Société a bien voulu me réserver dans le Recueil de cette année. J'ai encore à parler des expéditions espagnoles de 1516 et 1542. Les problèmes rencontrés par les Juifs comportent certains aspects qui sont liés à ces événements et qui peuvent être intéressants pour l'histoire de l'Algérie. En outre, j'ai l'intention de rédiger une monographie sur les Juifs nord-africains, et je solliciterai à cet effet un espace dans le nouveau Recueil de notre société.

Signé : Ab-Cahen,
Grand Rabbin de la province de Constantine (Algérie). » (1)

D'un autre côté, le crypto-judaïsme existe en Afrique depuis bien avant la fausse conversion des « *Mohadjerin* » à l'islam. L'*Encyclopédie juive castillane* nous dit que pendant la domination almohade en Algérie (1147-1269), et surtout après l'avènement de l'émir Abd al-Moumin, les Juifs furent forcés de se convertir à la religion mahométane, mais que comme les mahométans découvraient parmi eux de nombreuses fausses conversions, ils se virent contraints de porter un vêtement particulier pour se distinguer des véritables musulmans.

On y apprend aussi que la langue vernaculaire des Juifs algériens était l'arabe (2).

L'obligation faite aux convertis du judaïsme et à leurs descendants de porter un vêtement spécial était jugée nécessaire dans plusieurs parties de la chrétienté et de l'islam, dont les autorités avaient la conviction que ces gens censés s'être convertis christianisme ou à l'islam étaient en réalité des

---

1 — Grand Rabbin de Constantine Ab-Cahen. Lettre adressée à M. Charles Féraud, Secrétaire de la Société archéologique de Constantine, Algérie, et insérée dans le Recueil de ladite société.

2 — « *Encyclopédie juive castillane* », Mexico, 1948. Entrée : Algérie ; page 430, 1ère colonne.

Juifs portant un masque chrétien ou musulman et dissimulant leur judaïté pour se livrer à des activités subversives dans la société où ils vivaient. Beaucoup de dirigeants tentèrent d'empêcher ces activités ,subversives en contraignant chaque Juif à porter certain vêtement, certain couvre-chef ou tout autre signe particulier pour que les autochtones sachent que l'intéressé était un Juif converti ou un descendant de Juifs convertis et se méfient donc de lui, malgré toutes les apparences qu'il pouvait donner de pratiquer pieusement le christianisme ou l'islam.

Enfin, un autre ouvrage officiel du judaïsme, le *Manuel Encyclopédique Juif*, publié à Buenos Aires par l'*Israel Publishing House*, indique ceci sous l'entrée « Algerie » : « Durant l'époque romaine, il y avait là des Juifs soumis à une persécution religieuse. Les premiers Arabes les traitèrent bien, mais à partir de 1130, les Almohades fanatiques les convertirent de force ; ce furent les premiers crypto-Juifs... » (1)

On se rend bien compte qu'en Algérie, la tradition du judaïsme clandestin sous déguisement mahométan a des racines diverses et anciennes. C'est pourquoi elle est excessivement dangereuse pour le monde arabe et le monde musulman en général, car si ces faux Arabes, ces faux musulmans algériens réussissent — comme le prévoient les puissances obscures du judaïsme basées à Moscou et New York — à vaincre les vrais patriotes algériens et à faire de l'Algérie le premier État communiste crypto-juif du monde arabe, il en résultera une menace gravissime pour les authentiques nationalistes arabes et les véritables musulmans. Puisse le peuple algérien ouvrir les yeux à temps et écarter une aussi terrible menace !

Faute de place, on ne pourra étudier ici le judaïsme clandestin dans tous les États musulmans, que cette société ultra-secrète a plus ou moins envahis. C'est regrettable, mais l'expérience montre que la grande majorité des gens rechignent à lire des ouvrages volumineux, et si ce livre l'était trop, il serait condamné à n'être lu que par quelques-uns. Nous nous bornerons donc — en le déplorant — à fournir ci-après des exemples particulièrement éclairants de la présence du judaïsme clandestin dans quelques États islamiques.

En Afrique du Nord — Maroc, Algérie, Tunisie, Libye et Égypte

---

1 — « *Manuel Encyclopédique juif de Pablo Link* » (Israel Publishing House, Buenos Aires, 1950. Année juive 5710). Entrée : Algérie ; page 40.

—, et même de l'Asie mineure au Yémen, la branche du judaïsme clandestin constituée par la société souterraine des faux musulmans qui font secrètement partie de la nation et de la religion d'Israël a des origines très anciennes, car elle fut constituée par un des principaux dirigeants de toute l'histoire du judaïsme, à savoir Moïse ben Maïmon, universellement connu sous le nom de Moïse Maïmonide. Voici une citation du célèbre historien juif allemand Heinrich Graëtz, qui écrit ceci dans son « *Histoire des Juifs* » : « **Durant le dernier tiers du XIIe siècle, le judaïsme semblait avoir perdu son centre de gravité. Une fois le *gaonato* (1) disparu, la direction mondiale [du judaïsme] fut assumée par le Sud de l'Espagne [alors musulman], avec ses communautés de Cordoue, Séville, Grenade et Lucena ; mais en raison de l'intolérance des Almohades, ces localités n'avaient pas de congrégations juives [publiques], et l'on n'y trouvait que des Juifs cachés sous le masque de mahométisme...** »

Graëtz signale ensuite qu'au mois de juin 1148, lorsque Maïmonide avait treize ans, la ville de Cordoue (où il est né et a vécu) fut prise par les armées de la secte musulmane des Almohades et que ceux-ci tentèrent d'éradiquer le judaïsme au sein de l'islam en s'efforçant d'obliger les Juifs à apostasier et à embrasser la religion musulmane. À cette fin, ils publièrent des édits donnant aux Juifs le choix entre quitter le judaïsme pour l'islam ou périr, ou du moins se voir expulser du pays. Maïmonide et sa famille durent donc apostasier en apparence du judaïsme et — selon l'expression de Graëtz — « se couvrir du masque de l'islam », pratiquant la religion musulmane en public, mais continuant d'adhérer en secret au judaïsme, comme la plupart des juifs de l'Espagne musulmane et d'Afrique du Nord furent contraints de le faire à cause des persécutions exercées contre eux par les Almohades.

Des années plus tard, quand la famille de Maïmonide émigra au Maroc, Moïse, qui était déjà le principal dirigeant du judaïsme clandestin, s'attacha à renforcer les convictions judaïques des israélites forcés à vivre publiquement comme des musulmans en Afrique du Nord, afin d'empêcher que leur foi juive ne s'affaiblisse par la pratique quotidienne de la religion islamique (2). Les rabbins érudits des communautés juives

---

1 — Ce terme désigne l'activité et l'époque des *Gueonim*, titre des présidents des académies juives de Babylone entre 589 et 1040.
2 — Graëtz Henrich Hirsch, « *Histoire des Juifs* », Philadelphie 1956 (année

souterraines poursuivent cette politique auprès des crypto-juifs qui pratiquent ouvertement telle ou telle religion « *goy* ».

Comme le souligne l'« *Encyclopédie Juive castillane* », Maïmonide « écrivit à l'attention de ses frères crypto-juifs l'épître « *Iggeretha-shemad* » sur les conversions, dans laquelle il les encourageait à rester loyaux envers la religion d'Israël. » (1) Il tenta aussi de renforcer et de justifier davantage sur le plan moral la pratique du judaïsme clandestin, par opposition aux Juifs qui étaient trop fanatiquement religieux pour être des politiciens adroits, et il critiqua ceux qui masquaient leur judaïsme en pratiquant une fausse religion en public.

Dans sa célèbre épître relative à l'apostasie, Maïmonides rappela que dans la Rome antique, des saints et des sages tels que le rabbin Meir et le rabbin Éléazar furent contraints à faire semblant de pratiquer le paganisme ; il rappela aussi que le Juif qui cache son adhésion au peuple et à la religion d'Israël en pratiquant faussement l'islam ou le christianisme ne viole pas les prescriptions de la Bible et du Talmud, car en pratiquant la religion islamique, par exemple, « nous ne faisons que répéter une formule sans vraie signification [...] forcés à tromper... » (2) En outre, bien qu'il soit exact que la Bible et le Talmud interdisent l'idolâtrie, « il convenait d'établir une distinction entre la transgression simplement verbale et la transgression effective ». (3)

Il est vrai que comme Maïmonide l'avait reconnu plusieurs années auparavant, beaucoup de Juifs — y compris des dirigeants aussi éminents que le rabbin Meir et le rabbin Éléazar — pratiquaient le paganisme en public et que d'autres avaient ensuite fait semblant de pratiquer le christianisme ou l'islam. Cependant, cette habitude de plus en plus ancrée n'avait pas empêché les Juifs fanatiques adhérant trop littéralement aux prescriptions de la Bible et du Talmud de critiquer non seulement la dis-

---

juive 5717). Ed. « *The Jewish Publication Society in America* ». Tome 3, chapitre XIV ; page 446 et suivantes. On pourra retrouver toutes les publications citées dans cet ouvrage sur le site du The savoisien et de Balder ex-libris.

1 — *Encyclopédie juive castillane*, Tome 7. Entrée : Maïmonide ; page 242, 2ème colonne.

2 — Heinrich Graëtz ; *Ibid..* Tome 3, chapitre XIV ; page 446 et suivantes.

3 — Rabbin Jacob S. Raisin, « *Réactions des gentils aux idéaux juifs* ». New York, 1953 ; pages 549 et 550.

simulation de l'identité juive, mais aussi la pratique publique par des Juifs de ce que lesdits fanatiques tenaient pour de fausses religions. À mesure, toutefois, que passaient les siècles, l'opposition des fanatiques recula progressivement devant les avantages politiques et économiques que le judaïsme tirait de l'infiltration des juifs dans l'Église et l'islam, car cette infiltration lui facilitait la domination des nations. Mais c'est assurément à Moïse Maïmonide que revient l'essentiel de ce mérite, car ses arguments et son immense prestige constituèrent pour les Juifs une incitation décisive à tolérer ceux de leurs membres qui étaient amenés à adopter d'autres religions. Ainsi, ce qui était apparu en d'autres occasions comme l'unique moyen d'éviter la persécution et de sauver la vie du judaïsme a fini par devenir un merveilleux système grâce auquel la nation israélite a pu créer et étendre un pouvoir caché qui lui a permis de conquérir secrètement les nations ; elle s'est servi à cette fin des auxiliaires qu'étaient pour elle les sociétés secrètes — franc-maçonnerie, illuminisme, carbonarisme, synarchie, etc. — ainsi que d'autres sectes ou partis politiques et toutes sortes d'organisations contrôlées en secret par le judaïsme clandestin, sans que dans bien des cas, les gentils ne puissent s'en apercevoir ni même le soupçonner.

Comme le souligne l'historien juif Graëtz, Maïmonide, de par sa grande sagesse et ses grandes aptitudes, devint le chef du judaïsme mondial, et aussi des Juifs clandestins qui pratiquaient ouvertement la religion musulmane. Il leur dispensa ses orientations à tous, y compris les crypto-Juifs vivant dans l'Espagne musulmane, ceux d'Afrique du Nord, du Maroc à l'Égypte, et jusques ceux de la lointaine Arabie, ces Juifs yéménites qui, selon Graëtz, avaient été contraints, « comme leurs frères d'Afrique et d'Espagne méridionale, à faire semblant de se convertir à la religion de Mahomet en 1172 ». Et comme les Juifs clandestins du Yémen hésitaient à pratiquer leur religion à cause des risques de persécution, Maïmonide leur adressa une lettre et prit d'autres initiatives pour soutenir leur moral contre l'oppression musulmane. (1)

Déguisé en pieux mahométan et affichant un nom arabe interminable — « Abou-Amran Moussa ben Maïmoun Obaïd Allah » —, Maïmonide se rendit en Égypte. Là, tout en continuant à encourager l'organisation judaïque mondiale, il pratiqua la médecine avec succès, réussit

---

1 — Heinrich Graëtz ; *Ibid.*. Tome 3, chapitre xiv.

à s'infiltrer à la cour du Sultan Saladin et gagna la confiance du Grand Vizir Al-Fadel, qui le nomma médecin de la cour. Graëtz ajoute à ce sujet : « Encouragés par cet exemple, d'autres nobles vivant au Caire sollicitèrent les soins de Maïmonide, qui se retrouva bientôt si occupé qu'il fut forcé de négliger ses études. »

JUIFS BERBÈRES DU MAROC
Photographie extraite du grand ouvrage juif intitulé « Encyclopédie juive castillane ». Tome 7. Mexique, D. F. 1950. Entrée : MAROC ; page 302, 2ème colonne.

À la cour du Sultan, cela conféra à Maïmonide une influence considérable grâce à laquelle l'intéressé obtint une atténuation des persécutions contre les Juifs, y compris ceux du Yémen. Tout allait donc très bien jusqu'à ce que quelqu'un le dénonce comme Juif clandestin et apostat de l'islam, bien qu'il pratiquât la religion musulmane. Or, en Égypte comme dans le reste du monde musulman, ces délits étaient alors passibles de la peine de mort. Maïmonide fut donc jugé et aurait été pendu si son protecteur, le Grand Vizir Al-Fadel, ne l'avait tiré de ce très mauvais pas. Al-Fadel alla même jusqu'à lui décerner le titre de chef (*naguib*) de toutes les communautés israélites d'Égypte, à la stupéfaction indignée des musulmans pieux, qui jugeaient absurde qu'au lieu de mettre à mort un Juif clandestin et apostat de l'islam, on le récompense de la sorte en même temps que ses coreligionnaires. À la mort de Maïmonide, le 13 décembre 1204, son fils Abdoulmeni Abraham lui succéda comme médecin du Calife (1).

JUIFS PAUVRES DE CASABLANCA, AU MAROC
Photographie extraite de l'» Encyclopédie juive castillane ». Tome 7.
Mexique, D. F. 1950. Entrée : Maroc ; page 306.

Que ce soit au Yémen, en Égypte ou dans tout autre pays arabe d'Afrique du Nord, le judaïsme clandestin occupe une place très illustre dans l'histoire du peuple d'Israël.

Pour en revenir au rapport du « *Chacham* » Israël Joseph Benjamin II, on déduit de sa lecture que les Juifs d'Alexandrie, bien qu'ils n'aient pas

---

1 — Heinrich Graëtz ; *Ibid.*. Tome 3, chapitre XIV.

retrouvé alors l'antique splendeur détruite par saint Cyrille lors de leur expulsion, étaient demeurés très forts au milieu du XIXe siècle. La source juive autorisée citée précédemment signale qu'il y avait dans cette ville deux communautés, l'une de rite italien, l'autre de rite local, mais toutes deux dirigées par un seul « *Chacham* », le rabbin Salomon Chasan. Israël Joseph Benjamin II indique également qu'il y avait également au Caire deux communautés juives, l'une de rite italien, l'autre de rite local, celle-ci comptant six mille familles, et celle-là seulement deux cents. Il signale aussi qu'en 1846, les deux communautés envoyèrent une délégation à Jérusalem pour obtenir la nomination d'un nouveau « *Chacham* », le leur étant décédé. Poursuivant son compte-rendu relatif à la situation de toutes les communautés israélites d'Afrique du Nord, l'illustre voyageur juif fournit des détails sur le nombre de familles, les responsables des diverses communautés, les synagogues, les lieux où existe le cercle aristocratique des *Cohanim*, ainsi que les régions où les Juifs occupent des postes au sein du gouvernement musulman ; il mentionne le cas de la ville de Suse, où il y avait un *Cadi* (notable arabe) crypto-juif, appelé *Chogi* par les Arabes et *Isaac* par les Juifs (1). C'est là un nouvel exemple du double nom employé par les crypto-Juifs : un nom chrétien, musulman, brahmane ou bouddhiste, selon la religion qu'ils affectent de pratiquer, et un nom juif qui ne s'emploie que dans le secret des organisations israélites clandestines auxquels ils appartiennent.

Concernant l'Algérie, Benjamin indique que les Français allaient jusqu'à y rémunérer les « *Chachamin* » et les enseignants israélites et que les Juifs entretenaient sur place des relations harmonieuses avec les autorités françaises, contrairement à ce qui se passait dans les pays à domination musulmane, où — à en croire ce dirigeant particulièrement actif — la sauvagerie était de règle, y compris dans les provinces arabes de l'Empire ottoman, par exemple la Syrie.

Au Liban, les sociétés secrètes du judaïsme clandestin étaient de deux sortes, dans la mesure où elles regroupaient respectivement les crypto-Juifs pratiquant la religion chrétienne et ceux pratiquant la religion islamique. On peut déduire des informations disponibles à cet égard que la majorité d'entre eux appartenaient à des familles vivant chrétien-

---

1 — Chacham Israël Joseph Benjamin II. « *Huit ans en Asie et en Afrique de 1846 à 1855* ». Hanovre, 1862 ; pages 277 à 279.

nement en public, mais continuant à pratiquer le judaïsme dans le plus absolu secret.

JUIFS DE LIBYE

Photographie extraite de Encyclopédie juive castillane ». Tome supplémentaire intitulé « *Judaïsme contemporain* ». Mexique, D. F. 1961. Entrée : LIBYE ; pages 821 et 822.

Les Libanais sont un peuple nomade, comme les Juifs. La plupart ont émigré, et dans leurs pays d'accueil, il se regroupent en colonies dotées d'une certaine organisation interne. Les deux tiers environ des Libanais se trouvent à l'étranger, un tiers seulement vivant au Liban.

Au Liban, le judaïsme clandestin applique un rite spécial que la nation d'Israël appelle le RITE LIBANAIS. Ses membres sont infiltrés dans les colonies libanaises du monde entier, et leurs activités à l'intérieur comme à l'extérieur du Liban consistent à saboter et à paralyser toute collaboration libanaise effective à la lutte des Arabes contre l'État d'Israël, notamment parmi les chrétiens libanais, beaucoup plus infiltrés par le judaïsme clandestin que les Libanais musulmans. Dans les pays où les colonies libanaises sont largement infiltrées par des Juifs libanais cachés principalement sous le masque du christianisme, ces faux Libanais (qui restent juifs en secret) ont accédé à toutes les positions supérieures des clubs et associations libanais, empêchant que toute aide parvienne au Liban arabe dans sa lutte vitale contre l'État d'Israël et le sionisme. Dans certains cas, ces dirigeants juifs clandestins des colonies libanaises ont même poussé la trahison jusqu'à nouer des relations amicales avec les colonies israélites locales, à la stupéfaction de ceux qui ne parviennent pas à comprendre comment une telle chose est possible alors qu'il existe un état de guerre plus ou moins déclarée entre les Arabes et Israël.

JUIFS PAUVRES DU YÉMEN

Village proche de la capitale Sanaa. Le judaïsme se sert des paysans et des travailleurs juifs pauvres du Yémen et d'autres pays afin de répandre partout la révolution marxiste. Photo extraite de l'« *Encyclopédie juive castillane* ». Tome 1. Mexico, 1948. Entrée : Arabie ; page 405, 1ère colonne.

Le judaïsme mondial a l'intention de contrôler à son profit les associations libanaises locales et internationales, et il est donc urgent que les patriotes libanais sincères mettent tout en œuvre pour libérer leur peuple aimable de l'infiltration et de la domination de ses ennemis masqués, les Juifs clandestins de rite libanais. C'est important non seulement pour le Liban, mais aussi pour la cause arabe en général. De plus, les colonies libanaises établies dans différents pays et leur association internationale constituent une telle force mondiale que si elles tombaient aux mains du judaïsme clandestin de rite libanais, ce serait une catastrophe non seulement pour les Liban, mais pour l'humanité tout entière.

Concernant le judaïsme clandestin en Irak, force est de mentionner un fait particulièrement révélateur que le « Chacham » Israël Joseph Benjamin II a signalé dans son rapport au milieu du XIXe siècle. Selon lui, il existe à Bagdad une mosquée où les pèlerins musulmans visitent la tombe du grand marabout Abdelkader, saint hautement vénéré dans cette ville ; or, l'auteur affirme que d'après la tradition juive, « la mosquée était auparavant une synagogue » et que « le marabout n'était rien de moins que le célèbre talmudiste Joseph Hagueliti » (1).

L'ironie dont use ici l'éminent « Chacham » se passe de commentaires. Un marabout, dans l'islam, c'est quelque chose d'analogue à un saint dans l'Église catholique romaine ou l'Église grecque orthodoxe. Par conséquent, ce que rapporte Benjamin pour ce qui concerne le monde musulman est à mettre en parallèle, s'agissant du monde catholique, avec le cas d'un prêtre qui était un Juif clandestin comme ceux qui envahissent et dominent désormais l'Église catholique et qui aurait été canonisé alors que c'était un faux chrétien, un véritable ennemi du Christ et de l'Église, après quoi des Judas en soutane auraient construit une église en son honneur. Catholiques et musulmans, méfiez-vous de ces manœuvres infâmes !

Il est abondamment démontré que depuis des siècles, les Juifs faisant mine de professer la religion chrétienne mènent de préférence des activités visant à la domination politique et à l'agitation révolutionnaire, alors que les Juifs pratiquant ouvertement leur religion s'intéressent surtout à l'industrie, au commerce et à l'édification de la gigantesque puissance économique de l'Israël mondial ; or, cette dualité a bien aidé le judaïsme à masquer son éminente participation aux mouvements révolutionnaires.

---

1 — *Chacham* Israël Joseph Benjamin II ; *Ibid.*, page 149.

BANQUET FAMILIAL RITUEL DE JUIFS YÉMÉNITES APPARTENANT À LA CLASSE MOYENNE

Depuis toujours, la solennité des cérémonies rituelles confère au judaïsme une grande force interne. Ces cérémonies varient selon qu'on les pratique à la synagogue ou en famille. Elles s'achèvent en général par un banquet rituel au cours duquel chaque plat, chaque mets a une signification particulière. Comme tout ce qui relève de la franc-maçonnerie, les banquets maçonniques sont de simples copies des banquets célébrés dans le secret du judaïsme. A l'intention des gentils qui auraient connaissance des BANQUETS RITUELS en question, les ouvrages juifs appellent ceux-ci RÉCEPTIONS DINATOIRES afin d'en masquer le caractère purement judaïque.

L'histoire montre cependant que tel n'a pas toujours été une règle absolue et qu'en diverses occasions, des Juifs publics ont pris part à des activités politiques et subversives, surtout dans certains pays où ils sont peu nombreux, à moins que leur collaboration politique n'y soit requise ou que leur réussite ne les y ait rendus trop confiants et ne les ait amenés ainsi à abandonner toute précaution. Mais ces interventions, c'est précisément là ce qui a aidé à mettre les gentils en garde contre la menace juive, surtout après que la Sainte Inquisition eut été supprimée et que le monde chrétien se fut retrouvé sans institution lui permettant de découvrir et de détruire les activités révolutionnaires et la domination cachée des Juifs souterrains se prétendant chrétiens.

TYPES JUIFS DU CAUCASE

Selon les auteurs juifs, le berceau des Juifs du Caucase était l'Aturpakatan, qu'on appelle aujourd'hui l'Azerbaïdjan (une république soviétique). Ils se sont répandus en Géorgie, terre natale de Staline, en Turquie et surtout dans le Caucase. En Turquie, beaucoup sont musulmans en public, mais juifs en secret.

Nous avons la conviction que dans le monde chrétien comme dans le monde musulman, ainsi du reste que dans d'autres religions, avec une police nationaliste qui défendrait le peuple contre la domination de l'impérialisme juif à l'aide de moyens assez efficaces pour contraindre les coupables à avouer la vérité (en tirant parti, lorsque ce serait possible, de l'expérience de l'Inquisition), on serait en mesure de découvrir ceci :

la trahison de la patrie, la subversion maçonnique ou communiste, bien qu'elles ne semblent pas être conduites par des Juifs identifiés comme tels, le sont bel et bien par des Juifs clandestins qui se font passer pour chrétiens, musulmans ou autres, selon le cas ; les inquisiteurs de jadis le savaient, car ils avaient pu découvrir qu'il y avait presque toujours des juifs clandestins à la tête des mouvements dirigés contre l'Église et les États chrétiens. C'est pourquoi il est si urgent que les nations du monde entier mettent sur pied dès que possible des polices de cette nature en tant qu'unique moyen de défense contre l'action conquérante de l'impérialisme juif et de ses cinquièmes colonnes, publiques ou clandestines, car tant que ces dernières ne seront pas localisées et anéanties, elles continueront à détruire la paix des nations en provoquant des guerres et des révolutions sanglantes et destructrices, non sans menacer tous les peuples d'une conquête et d'un esclavage des plus cruels.

À la fin du présent chapitre, je tiens à indiquer ce que les chercheurs qui étudient le problème juif dans le lointain Pakistan ont à nous dire sur l'œuvre de conquête et de subversion des israélites au sein de la société islamique. Dans un ouvrage publié par l'auteur sous le titre « La conspiration juive et le monde musulman » (première édition : Karachi, Pakistan, 1967), le pakistanais mahométan Misbahul Islam Faruqi souligne notamment ce qui suit au sujet des Juifs infiltrés dans la société islamique :

« Ils suscitent des schismes et des dissensions dans la société musulmane. Un grand nombre de cultes et de groupes sont soutenus, entretenus et employés par les Juifs pour créer la confusion dans les rangs islamiques.

« ... L'une des méthodes préférées des Juifs consiste à utiliser leurs agents et laquais de la presse pour semer des graines de dissension et de discorde dans la communauté musulmane à partir de la plateforme ou du pupitre des mosquées. Ils provoquent des controverses enflammées à propos de vétilles et de questions controversées mais sans importance, et pour favoriser leurs desseins, ils excitent les masses tout en embrouillant les esprits éclairés. On peut citer à cet égard des exemples passés et présents relevés dans plusieurs pays. En fait, les Juifs ont un don particulier pour répandre le mensonge et semer la zizanie, ce dont témoigne tout leur parcours depuis l'époque du Prophète [Mahomet (1)] jusqu'à nos jours. Quelle

---

1 — Nous ajoutons ce nom entre crochets pour une meilleure compréhension de nos lecteurs non musulmans.

tragédie lorsque, se laissant leurrer par de tels agissements, les musulmans eux-mêmes deviennent le jouet des Juifs ! Ici, au Pakistan, quelques personnalités pseudo-religieuses en font l'œuvre de leur vie et n'hésitent pas à inventer des mensonges chaque jour plus ignobles contre ceux qui ont pour idéal le renouveau de l'Islam. Or, ils devraient savoir qu'en essayant d'affaiblir l'Islam dans ce pays et d'y opposer des obstacles à sa progression, ils ne font que servir la cause du sionisme. Car il ne peut rien y avoir de plus dangereux pour les intérêts du sionisme qu'un mouvement islamique de grande envergure visant à mettre en place un ordre véritablement islamique.

« Dans le but d'embrouiller les esprits, les agents sionistes profitent des divergences sur telle ou telle question de société ou exploitent l'existence de plusieurs écoles de pensée au sein d'une même religion établie en magnifiant à l'excès des points de détail. Si les sectes ou mouvements existants ne servent pas leurs desseins, ils en fondent de nouveaux et créent des dissensions afin de torpiller l'unité de pensée et d'action au sein du peuple. Face à une situation de ce genre, les musulmans doivent réfléchir avec calme pour tenter de percevoir ce qui se tient derrière les forces à l'œuvre, au lieu de parvenir à des conclusions précipitées sur telle personne ou tel parti, et il leur faut éviter de se laisser noyer dans la propagande torrentielle d'un insidieux ennemi. On ne doit pas perdre de vue que les Juifs ont le bras long, que leurs agents sont partout et qu'ils ont notamment pour cible les musulmans. » (1)

Les méthodes juives que dénonce cet illustre chercheur pakistanais sont appliquées par les membres des cinquièmes colonnes présentes au sein des nations gentiles, non seulement dans le monde musulman, mais aussi dans le monde chrétien ; elles sont naturellement adaptées aux circonstances propres à chaque pays, selon la coutume chère aux Juifs, en particulier les Juifs clandestins.

---

1 — Misbahul Islam Faruqi, « *La conspiration juive et le monde musulman* ». Jeddah, Pakistan ; pages 109 à 111.

CHAPITRE III

Les interventions juives en Asie et en Afrique

COMMENT LE SUPER-IMPÉRIALISME JUIF S'EST SERVI DE CERTAINS IMPÉRIALISMES EUROPÉENS POUR ÉTENDRE SON POUVOIR EN ASIE ET EN AFRIQUE

Nous allons aborder à présent un problème très grave, mais largement méconnu de nos jours : la part prise par les Juifs à l'intervention des puissances européennes dans les affaires intérieures des continents asiatique et africain, limitée dans certains cas à la formation ou au remplacement d'un gouvernement, mais pouvant aller jusqu'à vassaliser les nations africaines et asiatiques, avec la constitution des grands empires coloniaux aux dix-huitième, dix-neuvième et vingtième siècles.

A cet égard, on peut souvent puiser des informations précieuses auprès de sources juives autorisées que nous avons été en mesure de consulter, mais qui — faute de place — ne peuvent être intégralement citées ici. Ainsi, dans l'intéressant rapport du « *Chacham* » Benjamin sur la Perse, l'auteur écrit ceci : « Mes coreligionnaires de Perse m'ont demandé à plusieurs reprises de publier en Europe une description de leur situation actuelle ». Comme on va le voir, ce rapport est des plus éclairants.

Concernant sa visite dans la ville de Chiraz, le dirigeant juif évoque un épisode aussi curieux qu'instructif. En Perse, les musulmans, pour distinguer les femmes israélites des femmes musulmanes, contraignaient les premières à porter un voile noire, tandis que les secondes portaient un voile blanc. Après avoir indiqué qu'il y avait alors une révolte en Iran, l'auteur écrit ceci : « Un jour, mon domicile s'emplit peu à peu de femmes portant des voiles blancs et convergeant toutes vers moi. Comme les Juives ne sont autorisées à porter que des voiles noirs, cette visite m'inquiéta fort, car je me croyais attaqué par des insurgées. Je retrouvai mon calme, néanmoins, lorsque mes visiteuses me dirent qu'elles appartenaient toutes à des familles juives qui avaient été contraintes d'embrasser la religion islamique, mais qui adhéraient en secret à la foi de leurs ancêtres. Elles ôtèrent leur voile et me baisèrent le front et la main. » Le pieux « *Chacham* » raconte ensuite que les hommes qui accompagnaient ces femmes se plaignaient de l'oppression subie par les Juifs de Perse, ce à quoi le dirigeant israélite leur fit une réponse qui en dit extrêmement long : « Soyez patients, mes frères, et continuez à placer votre confiance en Dieu. Peut-être les monarques européens, sous la protection desquels vos frères [européens] vivent heureux, seront-ils en mesure d'atténuer vos épreuves en plaçant de nobles dirigeants sur le trône de Perse. » (1)

À quelles monarchies européennes cet actif hiérarque juif faisait-il allusion lorsqu'il mentionnait la possibilité de leur intervention dans la sélection des monarques iraniens ? Certains faits indiquent qu'il songeait surtout à l'Angleterre, et ce pour les raisons suivantes :

1. À l'époque, et bien que de l'aveu même de Disraeli et d'autres sources israélites, les gouvernements des monarchies européennes fussent déjà minés par des ministres juifs ou cryptojuifs (par exemple, Menzibal en Espagne), le seul État monarchique entièrement conquis par les Juifs était la Grande-Bretagne, dont ils s'étaient emparés depuis la révolution de 1830, malgré l'héroïque résistance d'un grand patriote, le Duc de Wellington.
2. C'est surtout l'Angleterre — déjà convertie en satellite du judaïsme — qui intervenait alors en Asie et en Afrique, où elle plaçait et remplaçait les gouvernements.
3. Dans une autre partie de son long et précieux rapport, l'auteur indique qu'en arrivant quelque part, il commençait toujours par rendre visite au consul britannique. Cela n'a rien d'étrange ; en effet, bien qu'à l'époque, les Juifs eussent déjà infiltré les services diplomatiques d'autres monarchies européennes, le plus sûr moyen pour eux d'atteindre leurs objectifs était de passer par les consulats britanniques, car une fois conquis par leurs soins, l'Empire britannique était devenu un satellite de l'impérialisme juif.

Il est extrêmement fréquent que des consuls ou même des ambassadeurs anglais soient publiquement ou secrètement juifs.

---

1 — Israël Joseph Benjamin II, « *Huit années en Asie et en Afrique de 1846 à 1855* ». Hanovre, 1861 ; pages 230 à 256.

Les actions de ces Juifs ou crypto-Juifs ont d'ailleurs conféré à la diplomatie britannique sa réputation d'hypocrisie et de perver>sité, tout à fait contraire aux qualités des véritables Anglais, qui sont généralement des modèles d'honnêteté. Dans la diplomatie en question, on perçoit la marque caractéristique de cette perfidie juive dont les Pères de l'Église, les papes et les conciles ont tant parlé. Ce n'est pas pour rien que constatant la perversité des diplomates juifs britanniques, l'opinion internationale a surnommé l'Angleterre «*perfide Albion*», ce qui coïncide de manière remarquable avec les termes employés par les Pères, les conciles et les papes qui, depuis des siècles, parlent de la «*perfidie judaïque*».

L'auteur mentionne d'autres cas — certes moins graves — d'interventions européennes contre des États musulmans qui résistaient avec héroïsme à toutes les tentatives de domination juive. À Alep, près de Damas, il y avait environ 1.500 à 2.000 familles juives «jouissant de grands privilèges sous la protection des consuls européens, dont certains de la même religion qu'elles, comme Rafael di Piechotti, consul de Russie, et Elias Piechotti, consul général d'Autriche, qui avaient sur le Pacha une certaine influence et en usaient souvent à l'avantage de leurs coreligionnaires.» (1)

Une des tactiques juives employées dans les pays islamiques pour amener des nations étrangères à aider les Juifs contre les musulmans consistait à infiltrer des israélites dans les consulats de ces nations. Les consulats étrangers usaient alors de toute leur influence diplomatique en faveur des exploiteurs juifs pour mettre ceux-ci à l'abri des justes représailles des musulmans autochtones. On dispose d'une vaste bibliographie sur cette infiltration juive généralisée non seulement dans les consulats des puissances européennes, mais aussi dans ceux des pays latino-américains. À ce sujet, le philosémite Angel Pulido a écrit en 1905 dans son livre intitulé «*Espagnol apatride*» que Solomon Lévy Sephardite, consul du Venezuela à Oran, lui avait dit ceci : « Ici, à Oran, il y a plus de dix mille Juifs, mille indigènes et trois mille Espagnols qui sont venus s'installer au Maroc depuis la conquête française de l'Algérie » (2). Si cette information est exacte, quelle terrible proportion de Juifs il y a dans la population d'Oran !

---

1 — Israël Joseph Benjamin II ; *Ibid.*, pages 69 et 70.
2 — Angel Pulido, «*Espagnol apatride*». Madrid, 1905 ; page 468.

On ne doit donc pas s'étonner qu'en ces temps difficiles pour l'islam, les consulats étrangers aient servi en quelque sorte d'agences de promotion pour les intrigues de l'impérialisme juif contre les musulmans.

Ce qui est cocasse, c'est que les Juifs utilisent les puissances européennes non seulement pour nuire aux musulmans, mais aussi pour se livrer à des querelles internes, qui sont très fréquentes au sein du judaïsme. Concernant les Juifs de Palestine, alors province ottomane, le même auteur écrit : « III. — Les Bouknhariotas sont au nombre d'environ 500. De même que les Géorgiens, ils ont souvent essayé — avec le soutien du consul de Russie, d'où sont issus la plupart d'entre eux — de se soustraire à l'autorité du Grand Rabbin pour devenir complètement autonomes. » (1)

Il fait allusion ici au Grand Rabbin de la communauté juive de Palestine et au rite maghrébin des Israélites nés au Maroc, qui avaient été soumis — contre leur gré, semble-t-il. Nous avons déjà expliqué que dans de nombreuses villes se trouvent des communautés juives de différents rites qui sont autonomes les unes par rapport aux autres, mais fédérées entre elles au sein de La Kelillah, organe qui fait office de gouvernement ou de conseil juif local pour les israélites résidant dans une nation gentille, qui coiffe toutes les communautés juives et qui est lui-même soumis aux autorités supérieures du judaïsme. D'ordinaire, les diverses communautés israélites d'une même localité gentille vivent en bonne intelligence les unes avec les autres, mais il se produit parfois entre elles des querelles qui deviennent difficiles à juguler et qui trouvent naturellement leur reflet entre les organisations révolutionnaires « *goyim* » contrôlées par lesdites communautés.

Lorsque cela arrive, les autorités judaïques supérieures interviennent pour rétablir l'unité et l'harmonie.

Un autre cas d'intervention européenne en faveur des Juifs est rapporté par Angel Pulido, Espagnol philosémite (peut-être marrane) dans son ouvrage intitulé « *Espagnol apatride* » et écrit en 1905, où il affirme qu'en Tunisie, les Juifs autochtones sont soumis à la législation arabe et ont parfois à en souffrir, mais que « ceux protégés par les nations européennes sont traités sur un pied de parfaite égalité » (2)

---

1 — Angel Pulido, *Ibid.* ; page 663.
2 — Angel Pulido, *Ibid.* ; pages 505 à 508.

Les puissances européennes ont joué un triste rôle, car leurs gouvernements, entièrement ou largement sous la coupe de la maçonnerie juive, ont fait office d'instruments aveugles aux mains du judaïsme en forçant les peuples afro-asiatiques à déchaîner la bête juive et à faciliter son travail de domination sans que les vrais chrétiens prennent conscience de son pouvoir ou de ce que leurs dirigeants juifs ou maçons autorisaient subrepticement.

Il faut bien souligner que du fait de leur ingratitude proverbiale, les Juifs, loin de remercier les monarchies pour leur aide, les renversèrent les unes après les autres dès qu'ils en eurent la possibilité, à commencer par les monarchies portugaise, russe, autrichienne et allemande, après quoi le même sort fut réservé à la couronne espagnole, entre autres monarchies dont la diplomatie avait tant aidé les Juifs en terre d'islam.

En ce qui concerne les interventions judaïques visant à faciliter et à renforcer la conquête de l'Inde par l'impérialisme britannique, le prestigieux dirigeant et écrivain juif indien Haeem S. Kehimker, Président du « Comité scolaire israélite » de Bombay, a écrit au XIXe siècle un ouvrage intitulé « *Brève histoire des Beni-Israël...* ». Il y fournit des informations très intéressantes sur la manière dont les Juifs ayant vécu en Inde depuis le VIe siècle au moins ont aidé l'Angleterre à partir du XVIIIe à étendre et à renforcer sa domination de l'Inde ; ils y prenaient part en tant qu'officiers et commandants des régiments indiens aux ordres de la Grande-Bretagne, lesquels contribuèrent à la répression des patriotes hindous au cours des campagnes de 1750 et de toutes celles qui, au XIXe siècle, ont servi à écraser la révolte de ces patriotes cherchant à retrouver l'indépendance de leur pays. Les Juifs clandestins indiens — extérieurement hindous, mais israélites en secret — faisaient office de chiens courants pour subjuguer le peuple qui, tant de siècles durant, leur avait généreusement accordé refuge ; à cette fin, ils se faisaient espions pour dénoncer les conspirations patriotiques, et à la tête de la police, ils aidaient les Juifs britanniques à consolider leur emprise sur ce grand pays. Dans son appel à l'aide du judaïsme international (cf. l'ouvrage en question), le dirigeant juif susmentionné donne les noms des chefs militaires — Juifs indiens du rite Beni-Israël — qui se sont distingués par leur précieuse contribution à l'écrasement de la résistance patriotique hindoue ; il fournit à cet égard des détails vraiment éloquents : selon lui, les soldats du rite Beni-Israël était plus courageux que les autres Hindous, et il y avait des Beni-Israël parmi les officiers de tous les régiments anglo-indiens, ainsi qu'à des postes importants au sein de l'administration du Vice-Roi britannique. Il décrit aussi la manière dont le gouvernement de Londres utilisait des Beni-Israël comme officiers dans les troupes indiennes lors des expéditions menées contre l'Afghanistan et la Perse, de même que durant celle dirigée contre l'Abyssinie en 1867-68 (1).

Ce fut peut-être là une des premières interventions des crypto-Juifs hindous en Afrique durant l'époque moderne. Ils ont su conduire les troupes indiennes à favoriser les plans du judaïsme mondial en train d'exploiter les ressources et les qualités du peuple britannique, que la judéo-maçonnerie dominait déjà, le transformant en docile instrument des manoeuvres impérialistes de la nation israélite à mesure que celle-ci se répandait et infiltrait toutes les nations du monde.

Le fait est que les menées britanniques en Éthiopie favorisèrent la montée sur le trône de l'actuel Négus Hailé Sélassié — dont la dynastie est d'origine judéo-salomonique, selon l'*Encyclopédie juive castillane* — avec l'aide de conseillers et de techniciens juifs amenés de Palestine et d'ailleurs (2). L'intéressé a pour ancêtre un certain Choa qui, au terme d'une guerre civile sanglante, prit le pouvoir en 1889 sous le nom de Ménélik II, appuyé en cela par l'impérialisme judéo-britannique. Depuis lors, les Juifs noirs ou « Falashas », natifs d'Abyssinie, et la dynastie juive en question (d'origine salomonique) ont tyrannisé ensemble l'Éthiopie. Il vaut la peine de noter ce qui suit : l'Éthiopie et la Grande-Bretagne (où la monarchie elle-même est judaïsée) sont les deux seuls pays du monde dans lesquels des mouvements républicains maçonniques ne sont suscités par les Juifs que lorsqu'il convient au judaïsme de changer le mode de gouvernement.

À propos des militaires Beni-Israël en Inde, de même qu'ils ont servi un temps à étendre et consolider la domination judéobritannique sur l'Inde et d'autres régions d'Asie et d'Afrique, ils aident actuellement Indira Ghandi et son Parti du Congrès à prendre le contrôle des armées hindoues et à renforcer en Inde la domination des Juifs locaux, faisant

---

1 — Haeem Samuel Kehimker (Président du Comité scolaire israélite de Bombay, Inde) : « *Brève histoire des Beni-Israël et plaidoyer pour leur éducation* ». Édité à Bombay et imprimé par l'*Education Society's Press* ; pages 24 à 36.
2 — « *Encyclopédie juive castillane* » ; *Ibid.*, tome 4 ; page 232, 2ème colonne.

ainsi une nouvelle fois office de chiens courants afin de subjuguer un peuple qui lutte pour accéder vraiment à l'indépendance.

Étant donné, en outre, le tempérament ancestral des Juifs, qui est porté au nomadisme, la secte secrète des Juifs clandestins de l'Inde (les Beni-Israël) et les sectes non moins secrètes des Juifs indiens de Cochin se sont étendues à d'autres nations par le biais de vastes mouvements migratoires. Ainsi les israélites convertis de l'Inde constituent-ils de nos jours le plus puissant élément du judaïsme mondial, après les Ashkénazes originaires d'Allemagne et les Sépharades originaires d'Espagne et du Portugal, dont les sociétés secrètes respectives sont répandues dans le monde entier.

Les Juifs indiens clandestins ont envahi l'Asie et l'Afrique où, en tant que commerçants, banquiers et hommes d'affaires, ils exploitent de différentes manières la population autochtone des nations concernées. Étant donné qu'ils masquent leur identité juive et se prétendent natifs de l'Inde (bien qu'à l'heure actuelle, il arrive que d'authentiques Indiens vivent effectivement outremer), la population autochtone ne les connaît que comme commerçants, banquiers ou hommes d'affaires indiens, sans se rendre compte qu'ils font partie d'une des cinquièmes colonnes les plus dangereuses et les plus exploiteuses que le judaïsme international ait mises sur pied pour dominer tous les autres peuples.

En Afrique, ils ont envahi aussi bien les nations à gouvernement noir, comme l'Ouganda et le Kenya, que les nations à gouvernement blanc, telles l'Afrique du Sud et la Rhodésie.

Dans les nations noires, ils mettent la main sur les richesses du pays et exploitent sans pitié la population locale, beaucoup d'entre eux se servant de passeports britanniques pour placer sous la protection de la Grande-Bretagne leurs menées infâmes consistant à exploiter le peuple. Ils agissent comme le faisaient en d'autres temps leurs coreligionnaires de divers pays africains et asiatiques qui avaient même adopté la nationalité britannique, française ou espagnole afin d'obtenir la protection des gouvernements correspondants au cas où la population indigène, lassée de tant d'exactions et d'exploitation, réagirait contre eux. D'autres, en revanche, ont adopté la nationalité des pays qu'ils exploitent en vue de s'y assimiler — mais extérieurement seulement, car ils demeurent en secret des Juifs tout en se faisant passer pour indiens. Ceux-ci sont les plus dangereux, car la nation envahie par cette vermine de faux Indiens peut tomber dans un piège : en se focalisant sur la lutte contre les Juifs munis de passeports étrangers, elle risque de ne pas voir la menace représentée par ceux ayant adopté la nationalité du pays qu'ils ont envahi ; or, ces derniers sont plus dangereux et plus nocifs que ceux de nationalité étrangère ; en effet, ils se sont incrustés sous forme de cinquième colonne dans le pays sur le territoire duquel ils vivent et dont ils exploitent vilement la population, et ils s'efforcent ensuite de la dominer avec l'aide du super-impérialisme d'Israël, par le biais des impérialismes satellites de Moscou, Wall Street ou Londres, ou encore par celui de n'importe quelle autre puissance internationale à leur dévotion.

En certains endroits comme l'Afrique australe ou orientale et le Guyana, outre l'immigration de crypto-juifs venus de l'Inde, il se produit une immigration d'authentiques Indiens, mais alors qu'il s'agit souvent de travailleurs pauvres, les Beni-Israël clandestins sont en général des commerçants, des usuriers, des hommes d'affaires et autres personnages en vue qui cherchent à prendre l'ascendant sur les immigrés véritablement indiens, se servant d'eux pour créer des problèmes et susciter des troubles dans le pays chaque fois que cela peut favoriser leurs intérêts. Cette secte juive secrète a envahi même l'Angleterre, puisque beaucoup d'Indiens ayant immigré récemment dans ce pays en font partie et sont secrètement juifs ; ils ont reçu l'aide de leurs dirigeants pour envahir aussi de nombreux autres pays, surtout en Afrique et en Asie, et ils ont refusé d'accorder l'indépendance à l'Inde jusqu'à ce qu'ils puissent confier ce pays à Nehru et au Parti du Congrès contrôlé par les Juifs. Force est néanmoins de répéter qu'il existe en Inde, y compris au sein de ce parti, bien des forces indépendantes que l'on doit aider efficacement à libérer leur grande nation du joug de ces terribles sociétés secrètes et de leur principal instrument, Indira Gandhi elle-même.

Parmi les anecdotes intéressantes que rapporte le Juif indien Kehimker, il y a celle de cet Hindou Beni-Israël qui s'était prétendument converti au christianisme, mais qui était resté juif en secret. Il s'appelait Michael Sargon [1], et il avait commencé par se présenter comme hindou, mais avait ensuite changé de masque pour se dire chrétien, tout en continuant à être juif en secret. Cet exemple parmi d'autres montre bien comment les Juifs jonglent avec leurs prétendues conversions en changeant de

---

1 — Haeem Samuel Kehimker ; *Ibid.*, page 21.

masque religieux chaque fois que cela les arrange. Et dans ce cas, on ne peut prétendre qu'il aient été forcés à ce convertir au christianisme, car la religion majoritaire en Inde est l'hindouisme, que beaucoup de Beni-Israël pratiquent avec une grande piété extérieure tout en observant le judaïsme dans le secret le plus absolu, à seule fin de rester solidement infiltrés dans la nation indienne en tant que cinquième colonne puissante et dominante. La domination britannique a eu pour effet d'abattre les défenses des anciens dirigeants de cette nation contre le judaïsme, permettant ainsi aux Juifs qui régentent la Grande-Bretagne de transmettre l'Inde à Nehru et à sa bande de Beni-Israël clandestins tout en prétendant faire accéder ce pays à l'indépendance. La même opération a été menée ailleurs, sauf là où les circonstances internationales obligeaient la juiverie britannique à accorder l'indépendance à des populations qui n'étaient pas encore sous la coupe de Juifs secrets infiltrés en leur sein. Plus intéressant est le fait que le judaïsme international cherche actuellement à détruire la puissance de l'Angleterre et des États-Unis pour ouvrir la porte à l'impérialisme communiste mené par le pouvoir israélite caché, atteignant ainsi l'objectif ultime de la grande révolution juive de l'époque moderne. Mais le communisme judaïque n'a pas réussi jusqu'à présent à convertir les peuples anglais et américain, qui sont habitués à une bonne vie et à des institutions libres.

APPEL AUX PAYS EUROPÉENS POUR QU'ILS INTERVIENNENT AU MAROC

Une partie du long rapport que le « *Chacham* » adresse au judaïsme occidental est consacrée à une description extrêmement sombre de la situation des Juifs dans le sultanat du Maroc au milieu du XIXe siècle, au point que l'auteur demande une intervention des puissances européennes dans ce royaume. A l'en croire, l'oppression des Juifs était alors pire au Maroc qu'en Perse, et ses coreligionnaires étaient forcées de porter un couvre-chef turc pour pouvoir être distingués de la population musulmane.

Il est patent que dans le monde entier, tout peuple se voyant menacé d'être politiquement conquis par les Juifs a tenté se s'en préserver en obligeant ceux-ci à porter un couvre-chef d'une certaine couleur, un vêtement particulier ou l'étoile de David afin que, les reconnaissant, les non Juifs puissent se garder de leurs intrigues et de leurs manoeuvres de subversion. Ces mesures défensives se rencontrent dans le monde musulman comme dans le monde chrétien, à des époques très différentes et souvent séparées de plusieurs siècles les unes des autres. Nous avons déjà vu comment les Juives étaient contraintes, en Perse, de porter un voile noir pour pouvoir être distinguées des femmes musulmanes et comment elles échappaient à cette obligation en faisant semblant de se convertir à l'islam avec leur famille, ce qui leur permettait de porter le voile blanc et de se confondre ainsi avec les vraies musulmanes.

Pour en revenir au Maroc, Israel Joseph Benjamin II écrit que la situation des Juifs y est dramatique à cause du fanatisme religieux des Arabes et du comportement arbitraire de ceux-ci : « Lorsqu'un Arabe entre dans la maison d'un Juif, ce dernier doit s'adresser à lui avec humilité, comme à un prince. Si l'intrus y fait main basse sur ce qui lui plaît, il ne doit pas entendre un seul murmure de réprobation, car il prendra immédiatement son poignard, et l'on ne connaît là-bas aucun juge ni aucune loi pouvant protéger les dépossédés et les opprimés [..] Si les grandes puissances européennes entreprenaient de s'opposer à cette barbarie dans les lieux à proximité desquels s'exerce leur influence, elles agiraient pour leur plus grand intérêt comme en faveur de la science et des opprimés » (1)

Cette invitation terrible adressée au judaïsme occidental — destinataire du livre en question — vise à persuader les puissances européennes d'intervenir au Maroc ; à l'appui de cette cause, elle présente les Arabes comme des sauvages et des criminels et avance de subtils arguments. Ce cas de figure se rencontre souvent dans l'histoire du monde. Par exemple, lorsque l'héroïque Empire Wisigoth faisait obstacle aux plans des Juifs, ces derniers stimulèrent les velléités de domination islamiques et facilitèrent l'invasion et la conquête musulmanes de l'Espagne. Par la suite, quand les musulmans voulurent se défendre contre la domination juive, les israélites favorisèrent le triomphe des rois chrétiens. Puis, au XIVᵉ siècle, alors que l'Europe luttait désespérément pour enrayer la domination des Juifs et l'action subversive de leurs hérésies, ces derniers incitèrent les Turcs à l'envahir en facilitant leurs conquêtes au moyen des cinquièmes colonnes juives qui existaient dans tous les pays chrétiens. Plus tard, lorsqu'il fut de l'intérêt des Juifs de détruire l'Empire turc, ils dressèrent

---

1 — Israel Joseph Benjamin II, *Ibid.* ; pages 319 à 325.

les puissances européennes contre les Turcs — et pendant un certain temps — favorisèrent même le nationalisme arabe. Puis, ils trahirent les Arabes afin de mettre la main sur la Palestine et d'y créer l'État d'Israël.

Aux XVIIIe et XIXe siècles, les Juifs conquirent les monarchies européennes de l'intérieur ; ils y parvinrent surtout au XIXe siècle, où ils se servirent d'elles pour lancer une attaque contre les pays asiatiques et africains qu'ils n'avaient pas encore réussi à conquérir par la subversion interne. Les cinquièmes colonnes juives présentes au sein des pays afro-asiatiques trahirent leurs hôtes en faveur des entreprises coloniales des Européens sous influence israélite, soumettant ainsi de nombreux Etats d'Asie et d'Afrique. Elles usèrent de différents moyens pour que dans ces États, les Juifs fussent en mesure de dominer les peuples qui les avaient accueillis. Cela put souvent se faire avec le soutien des empires européens, jusqu'à ce que les Juifs et les crypto-Juifs devinssent capables de conduire les populations afro-asiatiques sous la prétendue bannière des aspirations à la liberté et à l'indépendance. Comme le lecteur peut maintenant s'en rendre compte, cela ne devait nullement déboucher sur une véritable liberté, car les mouvements d'indépendance étaient conduits en général par des Juifs secrets cherchant à passer pour des héros nationaux afin de devenir les dirigeants absolus des pays ainsi « *libérés* » et devenus indépendants des puissances coloniales européennes. Ce qui était recherché en l'espèce, c'était qu'une fois devenues indépendantes des puissances occidentales, les anciennes colonies soient tenues encore plus fermement par les Juifs nés sur leur territoire, ou encore par l'impérialisme juif se présentant sous l'avatar totalitaire et communiste du Kremlin à direction juive.

Ce plan de prétendue libération échoua heureusement dans de nombreux pays d'Afrique et d'Asie, où les Juifs ne purent empêcher les vrais héros de l'indépendance de prendre la suite du pouvoir colonial renversé. Dans d'autres cas, lorsque les agents juifs du gouvernement britannique laissaient le pouvoir à des Juifs clandestins autochtones ou à des agents des Juifs du Kremlin, un coup d'État militaire venait balayer les faux libérateurs et mettre en place un véritable gouvernement patriotique ; la presse mondiale juive protestait alors contre une telle opération dans la mesure où celle-ci avait privé le judaïsme d'une de ses possessions.

Nous exhortons le lecteur à étudier plus avant la question. Il découvrira ainsi par lui-même le caractère décisif de la participation des Juifs à la plupart des aventures impérialistes néerlandaise, britannique et française en Afrique et en Asie. Les célèbres compagnies des Indes orientales et les compagnies des Indes occidentales furent créées en Hollande avec de l'argent essentiellement juif aux fins de l'exploitation économique des colonies de l'Empire hollandais, et des compagnies analogues furent établies en Angleterre et en France afin d'exploiter les conquêtes de ces deux pays, principalement au bénéfice des capitalistes monopolistes juifs. Ces derniers, par un accord secret conclu au XXe siècle avec leurs coreligionnaires impérialistes communistes de Moscou, approuvèrent ensuite la liquidation des empires néerlandais, anglais et français lorsqu'il apparut suprêmement avantageux pour l'impérialisme juif de remplacer la domination partielle et incomplète qu'exerçait le capitalisme démocratique par un autre système de contrôle — complet et absolu, celui-là ; je veux parler du communisme totalitaire, secrètement conduit par l'impérialisme juif, qui utilisait à cette fin les communautés israélites clandestines infiltrées sur place en tant qu'agents de domination après la « libération » supposée desdits pays.

Dans les anciennes colonies européennes d'Asie et d'Afrique devenues des pays « indépendants », une lutte acharnée fait rage entre, d'une part les hautes sociétés secrètes du judaïsme clandestin souvent installé sur place depuis des siècles, qui s'efforcent de soumettre ces pays au joug de l'impérialisme juif communiste téléguidé par Moscou, d'autre part les dirigeants civils et surtout militaires *« goyim »*, qui souhaitent sincèrement défendre l'indépendance de leurs nations respectives et œuvrer à la prospérité de celles-ci. Le pire, dans tout cela, c'est que si la minorité juive clandestine connaît fort bien l'ennemi auquel elle s'affronte et réussit même à faire entrer ses espions et ses saboteurs dans les rangs des vrais patriotes afro-asiatiques, ceux-ci — en revanche — comprennent rarement la nature de l'ennemi masqué qui dirige les mouvements communistes et socialistes soutenus par les dirigeants juifs de l'Union Soviétique et leur pantin, le tyran marrane qui a réduit en esclavage l'infortuné peuple cubain. Tant que les patriotes afro-asiatiques n'auront pu identifier et détruire la force secrète qui alimente la subversion, tant qu'ils n'auront pas éradiqué les communautés juives qui la composent, il leur sera impossible de jouir de la paix et de la prospérité, et ils finiront par tomber les uns après les autres sous la coupe de l'impérialisme communiste et totalitaire juif, qui les asservira comme il l'a déjà fait avec les malheureux peuples d'Union Soviétique, d'Europe de l'Est et de Cuba.

Le plus grave problème qui se pose aux nations asiatiques et africaines ainsi que, d'une manière générale, à tous les pays sous-développés, y compris ceux d'Amérique latine, c'est que l'impérialisme raciste juif les tient étroitement serrés dans sa tenaille. Une mâchoire de la tenaille est l'impérialisme juif capitaliste des monopoles internationaux, l'autre est l'impérialisme communiste juif dirigé depuis Moscou. Et cette tenaille du super-impérialisme juif mondial fonctionne de la manière suivante.

Premièrement — Les capitalistes juifs, par le biais d'entreprises multinationales telles que les banques juives et les monopoles commerciaux internationaux dirigés par des Juifs, achètent à très bas prix les matières premières aux pays sous-développés, et ils leur vendent ensuite des produits industriels et technologiques à des prix très élevés, ce qui appauvrit chaque jour un peu plus les pays en question. Cette exploitation inhumaine de l'homme par l'homme vient enrichir les propriétaires juifs des entreprises qui la pratiquent.

Deuxièmement — L'exploitation que nous venons de mentionner et l'appauvrissement progressif qui s'ensuit pour les pays en voie de développement — ou sous-développés avantagent les Juifs brandissant la bannière trompeuse du communisme israélite pour inciter les peuples opprimés à la rébellion contre ladite exploitation. En effet, il devient alors plus facile aux Juifs de contrôler les masses populaires et de les mener vers une fausse « *dictature du prolétariat* » qui s'avère être en définitive — comme en Union Soviétique — une dictature juive aboutissant à l'asservissement total de la population.

L'exploitation capitaliste des pays en voie de développement et les autres crimes et abus commis par l'impérialisme capitaliste juif irritent à juste titre de nombreux dirigeants nationalistes « *Goyim* » qui, lorsqu'ils reçoivent un soutien contre celui-ci de la part des dictatures communistes juives, se font souvent prendre à cette ruse, allant même jusqu'à croire que le seul moyen d'arracher leur nation aux griffes de l'impérialisme capitaliste est de s'allier aux dictatures sociaux-marxistes. Ils ignorent en effet que l'Union Soviétique et ses États satellites (y compris Cuba) ainsi que l'impérialisme juif capitaliste et ses agents (dont les États-Unis et l'Angleterre) sont de simples pions d'un unique super-impérialisme qui use de cette manœuvre pour amener les dirigeants nationalistes à tomber dans leur piège, à commencer d'abattre les barrières et les institutions défensives, ou encore à prendre d'autres mesures pour faciliter la progression de la révolution juive communiste dans d'autres nations, parfois même dans leur propre pays, sans voir qu'en se laissant prendre à ces ruses comme à d'autres (par suite de leur amitié avec l'URSS et ses satellites), ils renforcent la puissance locale et mondiale de l'impérialisme juif communiste, qui est responsable d'une oppression et d'un esclavage dont ils ne pourront se libérer.

Ces dirigeants nationalistes devraient pourtant se rendre compte que la Chine maoïste, l'Albanie et la Roumanie sont les seuls pays du camp communiste qui restent indépendants — jusqu'à présent, du moins — des deux infâmes impérialismes en question et que ces trois États risquent encore d'être conquis par les Juifs.

Comme il maîtrise parfaitement les deux mâchoires de sa tenaille, le judaïsme est toujours gagnant, ainsi que nous l'avons vu.

Il va de soi que pour les pays sous-développés, le seul moyen d'échapper aux deux mâchoires de la tenaille qui les opprime est de coopérer ensemble afin de devenir collectivement assez forts pour défendre leurs intérêts avec efficacité contre les deux impérialismes, le capitaliste et le communiste. Cependant, instruit par des siècles d'expérience, le judaïsme prend ses précautions pour rendre impossible une telle coopération défensive en s'infiltrant partout, y compris dans les institutions que ses opposants peuvent créer en vue de se protéger. Ainsi a-t-on vu l'empereur juif d'Éthiopie, Hailé Sélassié, prendre le contrôle de l'Organisation de l'Unité Africaine à seule fin de la mener à l'échec. De son côté, le gouvernement indien — qui est dominé par le judaïsme — a infiltré le tiers-monde de la même manière et exerce sur lui une influence détestable. Enfin, le Juif Josip Broz, connu sous le nom de Tito comme étant le dictateur de la Yougoslavie, joue un rôle analogue dans la manipulation du tiers-monde. Voilà pourquoi les gouvernements nationalistes « goyim » soucieux d'assurer leur indépendances vis-à-vis des deux impérialismes ne seront en mesure de créer entre eux des organisations vraiment défensives que s'ils en excluent tout gouvernement infiltré, donc contrôlé par l'impérialisme capitaliste juif ou l'impérialisme juif du Kremlin, dont les nations sous-développées doivent fuir la domination et l'exploitation si elles veulent surmonter leur pauvreté et leur misère actuelles.

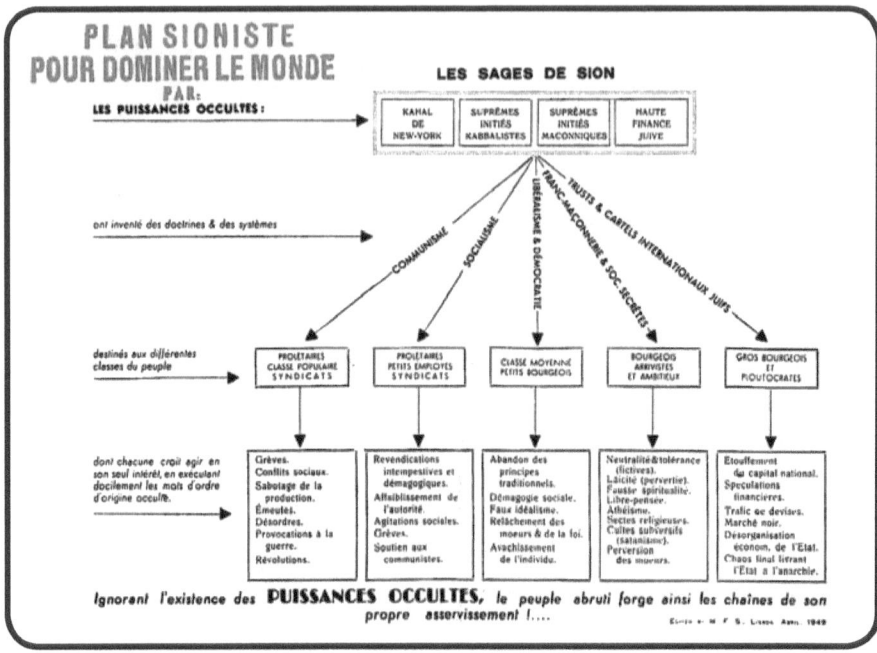

Plaquette extraite de l'ouvrage de Lucien Cavro-Demars : *La honte sioniste, aux sources du sionisme et de ses ravages dans le monde* ; tirage à compte d'auteur ; 1972. Interdit de vente et de publicité par les divers gouvernements aux mains des juifs.

Ce livre élucide les déformations de l'histoire, depuis 1789, et de l'actualité comparable, sur les événements qui dévastent le monde pour réduire les civilisations chrétiennes et islamiques. Il explique le sens de la politique incompréhensible.

La Honte Sioniste s'oppose aux imposteurs de l'histoire des XIXe et XXe siècles contrefaite, de 1800 à 1967, par la Franc-maçonnerie *sioniste* et aux subversions de l'argent, comme en opèrent, en 1971, les membres du Club des Présidents internationaux, seigneurs du commerce des armes et de la guerre, monopolisant le pétrole, l'or, le diamant et le nickel, la publicité et l'information, qui, au moyen des organismes internationaux alimentent la presse, la radio, la télévision, abusent les esprits et lavent les cerveaux pour dominer la politique occidentale.

On pourra trouver ce livre sur le site du The Savoisien, à l'adresse suivante : http://the-savoisien.com/wawa-conspi/viewtopic.php?id=1352

4
La cinquième colonne juive en Inde

Delhi - Juif indien souffle le *chophar*

Le *chofar* est utilisé lors des fêtes de *Roch Hachana* et de *Yom Kippour* ; le jour du *Yom Kippour*, cet instrument est destiné à annoncer la fin du jeûne dans chaque synagogue au son d'une grande *Tequiya*.

Illustration de couverture :
Magasin juif ; ville de Cochin, État du Kerala - Inde.

4
La cinquième colonne juive en Inde

CHAPITRE PREMIER

La cinquième colonne juive en Inde

Dans son livre intitulé « *Brève histoire des Beni-Israël et plaidoyer pour leur éducation* », Haeem Samuel Kehimker, qui était Président du Comité scolaire israélite de Bombay à la fin du dix-neuvième siècle, signale que les Juifs indiens disent être arrivés dans ce pays il y a environ seize ou dix-huit siècles. Il souligne également que ces Juifs indiens se divisent en deux cercles comprenant respectivement ceux d'entre eux dont la judaïté remonte à l'Antiquité et ceux qui descendent de mariages mixtes avec des gentils. On apprend aussi, dans cet ouvrage, que les premiers ne se marient pas avec les seconds : « ils observaient strictement la distinction entre les vrais descendants d'Israël et ceux nés de femmes étrangères, comme le prescrivent les livres d'Ezra et de Néhémie. Et les premiers n'épousent pas les seconds. »

Dans son intéressante étude, le président du Comité scolaire israélite de Bombay souligne aussi que le second cercle, celui des Beni-Israël, quoique centré dans cette ville, s'est répandu au fil des siècles sur tout le sous-continent indien. En épousant des hindous de différentes castes, ils ont acquis un type racial similaire à celui de la population vraiment autochtone. Kehimker indique aussi qu'ils ont troqué leurs noms juifs originels contre des noms à consonance indienne, ce dont il fournit divers exemples.

L'éminent dirigeant juif expose également les services rendus par ces Juifs d'Inde à l'Empire britannique, qu'ils ont aidé à conquérir l'Inde et à y maintenir la domination anglaise (1). Au chapitre suivant, nous fournirons des informations complémentaires à ce sujet.

Comme les lecteurs le savent certainement, en vertu du système de castes établi en Inde il y a des milliers d'années par la religion hindoue, les membres d'une caste donnée ne peuvent épouser ni les membres d'une autre caste, ni des étrangers. Un tel système rend manifestement difficile l'infiltration de la société hindoue par les Juifs. Mais selon ce que Haeem Samuel Kehimker et d'autres historiens juifs rapportent des Juifs en Inde, non seulement les israélites qui ont immigré dans ce grand pays il y a seize ou dix-huit siècles se sont répandus dans plusieurs régions de l'Inde immense, mais par des mariages mixtes avec des personnes de castes différentes, ils ont pu pénétrer les castes et toute la structure de la société indienne, qui repose sur ces dernières.

Cela signifie qu'en Inde (comme dans d'autres pays), les Juifs ont réussi à s'affranchir des restrictions établies par le système des castes, sans quoi la société hindoue serait demeurée impénétrable à leur infiltration.

Force est d'envisager la possibilité que les Juifs — par l'argent et la corruption — aient infiltré la noblesse de sang européenne en mariant des Juives faussement devenues chrétiennes à des barons, des princes et des ducs, voire aussi à des princes du sang, parvenant de la sorte à

---

1 — Haeem Samuel Kehimker (Président du Comité scolaire israélite de Bombay, Inde) : « *Brève histoire des Beni-Israël et plaidoyer pour leur éducation* ». Édité à Bombay et imprimé par l'*Education Society's Press*, pages 1 à 36.

pénétrer la noblesse gentille et à en précipiter la chute. En différentes occasions, ils ont également pu acheter, en versant de grosses sommes d'argent ou en rendant de grands services, des titres de noblesse au sein de la caste aristocratique qui gouvernait jadis l'Europe. On ne doit donc pas s'étonner qu'ils soient parvenus en Inde à quelque chose d'équivalent.

Kehimker indique que les Beni-Israël — à l'instar d'autres communautés israélites dans le monde — se divisent en DEUX CERCLES, c'est-à-dire en deux organisations regroupant, l'une les Juifs de sang pur, d'ascendance exclusivement israélite, l'autre les descendants de Juifs et de femmes gentilles, cas dénoncé par les règles racistes des livres d'Ezra et de Néhémie, qui figurent dans l'*Ancien Testament* de la Bible. Cette discrimination raciale à l'encontre des Juifs de sang impur, c'est-à-dire mélangé à du sang « *goy* », repose sur la théorie juive selon laquelle le monde est divisé — par le Dieu d'Israël, comme il est expliqué dans la *Bible* et le *Talmud* — en deux castes : l'une composée du peuple israélite, peuple élu de Dieu, destiné à dominer le monde et à devenir propriétaire de toutes les richesses, régnant de ce fait sur le reste du genre humain ; l'autre composée de tous les autres hommes, appelés par les Juifs « *goyim* », c'est-à-dire païens ou gentils, qui ont été créés par le dieu d'Israël avec un statut analogue à celui des animaux et une nature pratiquement animale, dans le seul but de servir le peuple élu de Dieu.

Voilà pourquoi, selon la religion juive, qui repose sur l'interprétation rabbinique de la *Bible* et du *Talmud*, le prétendu PLAN DIVIN élaboré par le Dieu d'Israël pour le bien de son peuple élu a pour principal objectif la domination du peuple israélite sur les nations gentiles, celui-là dépouillant celles-ci de leurs richesses non sans les asservir. Tout cela doit être fait par la nation juive avec l'aide de Dieu, car ce n'est rien d'autre que la réalisation de SON plan, à savoir l'accomplissement de ce qu'il avait pour dessein en créant l'univers et l'humanité. Dans le cadre de ce schéma, il est logique que le droit d'aînesse et les privilèges aient été réservés au peuple israélite, dont les membres, selon la *Bible* et le *Talmud*, descendent seuls d'Abraham par Israël (appelé aussi Jacob), alors que cette dignité est refusée aux Arabes, qui ne descendent d'Abraham que par Ismaël. De même, ceux qui ne descendent que partiellement d'Israël et qui ont pour ascendants des « *animaux goyim* », sont considérés comme des demi Juifs et jouissent en partie seulement du privilège de dominer le monde. C'est pourquoi ils sont victimes d'une discrimination qui les cantonne dans un CERCLE EXTÉRIEUR regroupant les communautés israélites dotées de tout l'appareil de la synagogue, mais (chaque fois que c'est possible) contrôlées en secret par le CERCLE INTÉRIEUR des Juifs se prétendant de sang pur. Il convient cependant de préciser que bien qu'au dix-neuvième siècle, certaines communautés juives d'Afrique et d'Asie pratiquassent encore sans vergogne ce type de discrimination à l'encontre des Juifs de sang mêlé avec celui d'« *animaux goyim* », à l'heure actuelle et en règle générale, les israélites membres des communautés juives officielles du cercle extérieur ne connaissent que l'existence de celles-ci ; ils croient être les seuls représentants de la nation juive dispersée dans le monde, car le cercle des Juifs de sang prétendument pur est ultra-secret, au point que son

JUIFS RICHES D'INDE, MEMBRES DE LA SECTE BENI-ISRAËL

Ces Juifs Beni-Israël d'Inde sont infiltrés dans les milieux du commerce. Photographie extraite de la « *Jewish Encyclopedia* », monumentale étude officielle sur le judaïsme (publiée à New York et à Londres par Funk and Wagnalls Co., 1902), tome 3. Entrée : Beni-Israel ; page 18.

existence même est cachée aux Juifs de sang impur ; de la sorte, ceux-ci ne peuvent évidemment se sentir offensés d'une telle discrimination ni se révolter contre le cercle intérieur.

Mais Kehimker souligne que les Juifs de sang pur du cercle intérieur n'épousent pas les Juifs sang-mêlé.

L'existence de ces deux cercles distincts au sein du judaïsme (et dans certains pays, il existe même un cercle ultra-aristocratique de « *cohanim* », c'est-à-dire de descendants des anciens prêtres hébreux), ne profite nullement aux gentils, car les Juifs de sang mêlé — mi-Juifs, mi-gentils — sont largement intégrés aussi aux structures politiques, religieuses et sociales totalitaires de la nation israélienne, et leur domination numérique fait d'eux une force dangereuse au service de l'impérialisme juif. De plus, dans les communautés et les synagogues où ils sont intégrés, il existe une égalité juridique de droits entre Juifs de sang pur et Juifs sang-mêlé, les règles qui gouvernent ces institutions ne prescrivant aucune discrimination entre les uns et les autres. La discrimination se fait de manière secrète et clandestine, du moins entre Juifs occidentaux. Les israélites qui se prétendent de sang pur en arguant d'une généalogie vieille de mille ou même deux mille ans s'assemblent périodiquement en des cercles secrets. Au sein de l'organisation relativement démocratique du judaïsme officiel, ces aristocrates clandestins contrôlent le cercle dont ils font partie en agissant secrètement à l'unisson, afin de s'assurer les positions-clés des communautés, synagogues ou fraternité synanogales qui composent ce cercle. C'est fréquent, mais non pas général, car on connaît évidemment des pays où aucun Juif ne semble pouvoir prétendre être de sang pur, ainsi que d'autres où rien ne prouve en toute certitude qu'existent de tels cercles aristocratiques.

En ce qui concerne les Juifs Beni-Israël natifs d'Inde, le dirigeant juif Haeem Samuel Kehimker déclare ceci : « outre l'indianisation de leurs noms (dont nous avons déjà parlé), les Beni-Israël, soucieux d'ôter de l'esprit des autochtones ne serait-ce que la moindre trace de soupçon de leur identité [juive], adoptèrent des patronymes hindis aux fins les relations qu'ils entretenaient avec le peuple indien, ne conservant leurs noms bibliques que pour l'occasion de leurs rites et cérémonies judaïques » (1).

ENFANTS JUIFS À BOMBAY, EN INDE

Enfants juifs d'Inde, membres de la classe la plus pauvre. C'est de ce milieu que sont tirés les dirigeants des mouvements révolutionnaires ouvriers et paysans, bien qu'ils puissent venir aussi de la bourgeoisie juive. Photographie extraite de l'« *Encyclopédie juive castillane* », volume supplémentaire intitulé « *Judaïsme contemporain* », Mexico, 1961. Entrée : Inde. Colonnes 621 et 622.

Pour les mêmes raisons, cette secte secrète des Juifs Beni-Israël vivant en Inde a suivi une méthode identique à celle que les sectes juives infiltrées dans le christianisme et l'islam emploient depuis des siècles, à savoir pénétrer tous les milieux sociaux, y compris l'aristocratie, au moyen de mariages mixtes. Par ce biais (et peut-être, en partie également, par une exposition au climat et au régime alimentaire locaux sur plusieurs générations), elles établissent un réseau de familles juives présentant un

---

1 — Haeem Samuel Kehimker, *Ibid.* ; page 18.

aspect racial similaire à celui du peuple gentil autochtone ; de la sorte, ce dernier est amené à croire que les familles juives clandestines font partie de lui-même, car il ignore qu'elles constituent une tête de pont secrète destinée à faciliter son invasion par une nation étrangère, la nation israélite. Bien qu'elles portent les noms et prénoms du pays où elles se sont installées, bien qu'elles professent la religion ou les religions gentilles qui y sont pratiquées, bien qu'elles adoptent extérieurement toutes les coutumes du malheureux peuple qu'elles ont infiltré, elles s'efforcent de dominer et d'asservir ces «*goyim*» par une dictature totalitaire socialiste, afin d'accomplir le prétendu plan divin qu'aurait approuvé le Dieu d'Israël et qu'admettent toujours les Juifs religieux, ou encore d'imposer le mythe de la supériorité raciale juive auquel les Juifs athées ou panthéistes adhèrent aussi, et avec fanatisme.

FAMILLE DE JUIFS INDIENS DE LA SECTE BENI-ISRAËL

On notera qu'ils présentent les mêmes traits que ceux des Hindous autochtones. Ces Juifs appartiennent à la classe laborieuse. Photo extraite de la «*Jewish Encyclopedia*», New York et Londres, 1902. Tome 3. Entrée : Beni-Israel ; page 19.

Outre la secte secrète des Beni-Israël, organisée autour d'un rite spécial sous le même nom et répandue dans toute l'Inde, avec un siège à Bombay, il existe deux autres sectes, dont les membres vivent à Cochin depuis des siècles, mais résident aussi, de nos jours, dans d'autres régions indiennes ; l'une est celle des « *Juifs blancs* », l'autre celle des « *Juifs noirs* ».

Elles ont chacune leur rite. Il y a cependant eu de graves dissensions entre elles à cause de la discrimination exercée par les Juifs blancs contre les Juifs noirs, ces derniers subissant également une discrimination de la part des Beni-Israël. Les communautés et congrégations respectives des Juifs blancs et des Beni-Israël interdisent en effet à leurs membres d'épouser des Juifs noirs, ce qui met bien en lumière le racisme féroce que les impérialistes juifs pratiquent jusque dans leurs propres rangs.

Le dirigeant juif Israël Joseph Benjamin II, « *chacham* » d'Israël, écrit ceci à propos des Juifs noirs de Cochin et de la discrimination dont ils font l'objet : « Ce sont de vrais Juifs, très religieux et bien informés ». Quant à leur origine, l'hypothèse la plus recevable, selon lui, est qu'ils descendent d'immigrés juifs venus de Bagdad, de Bassora, du Yémen et d'autres lieux. Étant alors célibataires, ils ont fini par épouser les esclaves noires qu'ils avaient amenées avec eux. L'éminent auteur signale que ces Juifs vivaient surtout dans les régions d'Inde gouvernées par des Européens et que : « Les Juifs noirs ont à pâtir de leur couleur. De même que la plupart des Juifs de Bagdad évitent d'avoir affaire aux Beni-Israël, les Juifs blancs rejettent tout contact avec leurs frères noirs ». Plus loin, I. J. Benjamin II cite une information intéressante figurant dans l'ouvrage intitulé « *Ritter's Erdkunde* » (Tome 5, livre 2, Asie ; page 599) : « Les Juifs blancs considèrent les noirs comme une caste inférieure et impure », et il écrit ensuite : « J'ai appris que d'une manière générale, les autres Juifs montraient plus de sympathie pour les Beni-Israël que pour leurs coreligionnaires noirs, car ils s'inquiètent de leur pauvreté et se livrent souvent à de vastes transactions commerciales avec eux. Les Juifs noirs de Cochin sont ravis quand ils sont reconnus comme frères dans la foi, et ils sont très hospitaliers... » (1)

---

1 — Israël Joseph Benjamin II. « *Huit années en Asie et en Afrique de 1846 à 1855* ». Hanovre, 1863 ; pages 183 à 185.

JUIF BENI-ISRAËL DE KARACHI, AU PAKISTAN

Les Juifs clandestins Beni-Israël sont répandus non seulement dans toute l'Inde, mais aussi au Cachemire et au Pakistan. Ils y sont les agents les plus fiables de l'impérialisme juif. Photo extraite de l'« *Encyclopédie juive castillane* », Mexico, 1948. Tome 5. Entrée : Inde. Page 611, 2ème colonne.

Dans les œuvres des éminentes autorités juives précitées, qui ne sont destinées qu'aux dirigeants israélites, le racisme inexorable des Juifs est mentionné ouvertement, bien que ceux-ci s'efforcent d'en nier l'existence dans les livres qu'ils écrivent à l'usage des « *goyim* ». Cette sorte de discrimination pratiquée par Les Juifs de race pure contre les Juifs de race mélangée, quoique généralement cachée pour ne pas vexer les sang-mêlé dans des cas comme ceux évoqués ci-dessus, peut apparaître crûment à l'occasion, provoquant alors des désaccords très naturels entre les uns et les autres. Cela se produit si fréquemment dans la structure complexe de la société israélite que même les deux lignées raciales issues d'Europe, qui sont les plus prestigieuses et les plus puissantes du monde — à savoir les Sépharades, natifs d'Espagne, et les Ashkénazes, natifs d'Europe centrale (surtout d'Allemagne) — ont eu entre elles de graves dissensions pour cette raison même, les Sépharades se croyant supérieurs aux Ashkénazes au point qu'à maintes reprises, ils sont allés jusqu'à interdire tout mariage avec ceux-ci, qui en ressentaient chaque fois une vive indignation.

JUIF NOIR DE COCHIN, EN INDE

Photographie extraite de la « *Jewish Encyclopedia* ». Tome 4, page 137. Entrée : Cochin

Il est toutefois démontré que malgré ces querelles de famille, tous les Juifs — qu'ils soient de sang pur ou impur — œuvrent ensemble, fanatisés par leur haine du reste de l'humanité et leur ambition de dominer le monde en conquérant les autres nations. Les encyclopédies officielles du judaïsme ainsi que tous les livres juifs publiés et présents dans les bibliothèques publiques peuvent être lus par les gentils ; c'est pourquoi ils passent systématiquement sous silence les secrets de l'impérialisme juif, à savoir toutes ces choses qui, si elles venaient à la connaissance des gentils, permettraient à ceux-ci de découvrir leur ennemi caché et le danger qu'il représente. Il est naturel que les israélites prennent de telles précautions. Quand ils parlent du nombre total de Juifs vivant dans chaque pays, ils le minimisent — souvent dans de fortes proportions — pour que les lecteurs gentils croient que les Juifs présents dans ce pays constituent une petite minorité pacifique et inoffensive ne présentant aucun danger. Les lecteurs gentils de ces encyclopédies et livres juifs ne doivent pas se laisser tromper par la désinformation publiée délibérément à cette fin. En revanche, les lecteurs israélites des ouvrages en question ne sont pas dupes, car ils connaissent bien ces ruses et comprennent la technique permettant de masquer tout ce que le judaïsme a intérêt à cacher ou à minimiser. N'importe quel Juif souhaitant connaître la vérité sur des questions cachées au public gentil peut les étudier dans les livres judaïques destinés au seul public juif, qui sont clandestins et ne font jamais l'objet d'aucune publicité. Malgré, cependant, toutes les précautions prises pour dérouter les lecteurs gentils, les encyclopédies juives officielles aussi bien que certains livres israélites contiennent de très précieuses informations pouvant servir à établir la vérité.

JUIFS RICHES D'INDE

Membres riches de la secte des Juifs « blancs » de Cochin. Ce sont en général des commerçants, des industriels et même des banquiers. Ils sont natifs de Cochin, mais répandus dans d'autres régions de l'Inde, ainsi que dans d'autres pays. Photo extraite de l' « Encyclopédie juive castillane », Tome 3. Entrée : Cochin. Page 47, 2ème colonne.

La « *Jewish Encyclopedia* » et l' « *Encyclopédie juive castillane* », dans leurs petites rubriques respectives concernant les Juifs d'Inde, indiquent que les Juifs Beni-Israël (dont elles s'efforcent de minimiser les effectifs) se sont répandus jusqu'au Bengale, à l'Île Malabar, à la Birmanie et à la la colonie britannique d'Aden, en Arabie, et que jusqu'à une époque relativement récente, les Beni-Israël (ou Bene-Israel, comme les appelle l'« *Encyclopédie juive castillane* »), s'occupaient à cultiver la terre et à travailler de leurs mains, en particulier comme personnel de forage dans les puits de pétrole. Mais « au dix-neuvième siècle, beaucoup d'entre eux se sont engagés dans les forces armées de la Compagnie des Indes Orientales et dans celles du gouvernement britannique, où ils étaient souvent nommés aux grades les plus élevés accessibles à des militaires indigènes. C'est Musayi Israel, officier juif décoré de 0rdre de l'Empire Britannique, qui a communiqué au commandement anglais les premières informations sur la grande révolte de 1857 » (1).

Ainsi, l'entreprise impérialiste britannique appelée « Compagnie des Indes Orientales » (*East India Company*), que contrôlaient des Juifs et des crypto-Juifs britanniques et qui œuvrait à l'exploitation du sous-continent indien, admettait dans son armée des Juifs Beni-Israël aux grades les plus élevés accessibles à des autochtones, et elle se servait aussi d'eux comme espions trahissant leur mère patrie, l'Inde, au bénéfice de la puissance conquérante, comme le fit Musayi Israel, cet officier de l'armée britannique qui dénonça au commandement britannique la conspiration fomentée en 1857 par les patriotes indiens.

Cette conspiration visait à obtenir l'indépendance de la partie hindoue de l'Inde en la libérant de la domination britannique. Mais nous reviendrons en détail sur cette grave affaire au chapitre suivant.

Outre la tâche indiquée ci-dessus, l'« *Encyclopédie juive castillane* » signale que les Beni-Israël se soutiennent les uns les autres en tant que fonctionnaires, juges, magistrats, ouvriers, artisans, ingénieurs, avocats, professeurs, commerçants et aussi dans une moindre mesure — industriels.

Les Beni-Israël, signale-t-elle aussi, sont de peau sombre, et leurs traits semblent plus hindous que sémitiques. Ils n'en proclament pas moins la pureté intégrale de leur sang juif, bien qu'ils ne mangent pas de

---

1 — «*Jewish Encyclopedia*» (éditions de New York et Londres. Funk and Wagnalls Co., 1902). Tome 3, pages 17 à 21. Entrée : Beni-Israel ; «*Encyclopédie juive castillane*», tome 2. Entrée : Bene-Israel. Pages 148 et 149.

viande bovine, sûrement pour ne pas provoquer les réactions hostiles des Hindous, dont la religion interdit d'y toucher.

FAMILLE DE JUIFS NOIRS DE COCHIN (INDE) ARRIVANT À L'AÉROPORT DE LOD, EN ISRAËL

Les Juifs membres de cette secte présente en Inde sont généralement des pêcheurs, des marchands de fruits et légumes, des ouvriers, des employés, des bûcherons et des manœuvres de forage dans les puits de pétrole. Photographie extraite de l'« *Encyclopédie juive castillane* ». Volume supplémentaire intitulé « Judaïsme contemporain ». Entrée : Inde. Colonnes 623 et 624.

La « *Jewish Encyclopedia* » indique que certains noms des Beni-Israël sont des « modifications hindoues apportées à la forme hébraïque initiale ». Ainsi, Ézéquiel est devenu Hassayi, Benjamin Benayi, Abraham Abajee, Samuel Samajee, Élie Ellojee, Isaac Essayee, Joseph Essoobjee, David Dowoodjee, Jacob Akhoofjee, Moïse Moosajee, etc.

Elle révèle également que les patronymes dont les Beni-Israël usent ouvertement sont parfois dérivés du nom du lieu d'où sont venus leurs porteurs ; ils se terminent ainsi en Kar ou Ker, comme Kehimker, pour ceux qui sont nés à Kehim, en Penker pour ceux qui sont originaires de

Pen, en Divekar, en Cheulkar, etc., et que les Beni-Israël ont donné à l'Inde d'éminents écrivains et journalistes (1).

LORD READING,
JUIF BRITANNIQUE ET VICE-ROI DES INDES

Le nom véritable (*juif*) de Lord Reading, né à Londres en 1860, était Rufus Daniel Isaacs. Son père, marchand de fruits et légumes, est devenu le conseiller de la Reine Victoria. En 1913, Rufus Daniel Isaac fut nommé Président de la Haute Cour d'Angleterre. En 1917, il reçut le titre nobiliaire de comte. En 1921, il fut nommé Vice-Roi des Indes. Après avoir rempli ces hautes fonctions cinq ans durant, et à titre de récompense pour ses services rendus à l'impérialisme britannique sous contrôle juif, il se vit accorder le titre de Marquis de Reading, transmissible à sa descendance.

Information tirée de l'ouvrage de S. Jackson intitulé « *Rufus Isaac, First Marquis of Reading* » et édité à Londres en 1936 ; C.J.C. Street. « *Lord Reading* », édité en 1928. Biographie écrite par son fils, Gerald Rufus Isaac, deuxième Marquis de Reading ; Londres, 1940.

(Note de l'éditeur du présent ouvrage : Il n'est pas anecdotique que le dernier Vice-Roi « britannique » des Indes, Lord Louis Mountbatten [orthographié avec un seul t par l'éditeur], ait été un Juif. Il descendait de la famille juive des Battenberg [orthographié Baltenburg par l'éditeur] ; quand à son épouse, Lady Louis Mountbatten, c'était une Juive de sang pur née dans la famille de banquiers juifs Cassells.)

---

1 — « *Jewish Encyclopedia* », tome 3. Entrée : Beni-Israel. Page 20.
« *Encyclopédie juive castillane* », tome 2. Entrée : Bene-Israel. Pages 150 et 151.

Les historiens juifs signalent que les Beni-Israël, quoique répandus dans toute l'Inde, dilués dans la population de ce pays et confondus avec elle, sont particulièrement concentrés à Bombay. Ce n'est pas par hasard que le Parti du Congrès mené par Indira Gandhi compte tant de partisans dans cette ville, car Bombay est à la fois le bastion des Juifs Beni-Israël et celui du parti de Nehru, dirigé aujourd'hui par la fille de celui-ci. C'est parce que les Juifs clandestins Beni-Israël contrôlent ce parti et l'armée indienne actuelle que les ressources de l'Amérique ont été pillées sous les administrations respectives des Juifs clandestins Harry Solomon Truman et Dwight David Eisenhower, afin de soutenir le régime de Nehru à coups de milliards de dollars, alors que ce régime est en réalité un instrument de Moscou ; s'ils agissent ainsi, c'est pour s'assurer la haute main sur les nations neutralistes d'une manière profitable à l'impérialisme juif.

En outre, on sait pertinemment que les Juifs qui gouvernent l'Angleterre et qui sont en train de liquider l'Empire britannique n'ont accordé l'indépendance à l'Inde qu'une fois Nehru et son Congrès du Parti au pouvoir, de sorte que l'Inde est passée du statut de colonie indirecte de l'impérialisme juif par le biais de son appartenance à l'Empire britannique à celui de colonie directe dudit impérialisme. Ce dernier est en train de faire d'elle une force impérialiste d'appoint visant à annexer les Bengalis musulmans, c'est-à-dire le Pakistan oriental ou Bengladesh, ou du moins de la transformer en un État satellite gouverné par les israélites clandestins autochtones, sous le patronage du nouvel impérialisme juif de La Nouvelle Delhi ; cela ne pourra que renforcer la ceinture impérialiste juive destinée à étrangler la Chine maoïste, au profit surtout des Juifs soviétiques du Kremlin.

Mais pour en revenir à la question du Parti du Congrès, il faut se rappeler que comme dans le cas de tous les partis prétendument démocratiques créés par les crypto-israélites, les Juifs sont contraints de laisser les postes de direction de ce parti à des marionnettes « *goyim* », afin de lui donner une large influence politique. Forts de la structure démocratique dudit parti, beaucoup de ses dirigeants en disputent le contrôle aux Beni-

Israël, sans même se rendre compte qu'en réalité, ce sont les Juifs clandestins qui ont la mainmise sur lui.

JUIFS DE SINGAPOUR, SERVITEURS D'UNE SYNAGOGUE

Les Juifs d'Inde ont émigré à Singapour et en d'autres endroits d'Asie et d'Afrique. À Singapour, ils se sont mélangés aux Malais. D'autres Juifs les ont rejoints, en provenance de Bagdad et d'Europe, surtout d'Angleterre. Les Juifs de Singapour — comme ceux d'ailleurs — ont été les plus fervents soutiens de l'impérialisme britannique. Photo extraite de l'« Encyclopédie juive castillane ». Tome 5. Entrée : Inde. Page 610, 1ère colonne.

Nehru aurait fait de l'Inde une dictature socialiste aux mains des Juifs si les dirigeants «goyim» du Parti du Congrès n'avaient disputé avec ténacité le contrôle de ce dernier à Indira Gandhi après la mort de Nehru. Beaucoup étaient d'anciens héros de l'indépendance de l'Inde, et comme ils avaient diverses raisons d'être mécontents de la direction de Mme Gandhi et de son équipe juive, ils se révoltèrent contre elle, d'où une lutte continuelle entre eux et cette coterie israélite. Du résultat de la lutte dépend l'avenir de cet immense pays, qui accédera à l'indépendance véritable en éliminant Gandhi et sa bande de Juifs clandestins, faute de quoi il tomberait sous la coupe du super-impérialisme israélite en cas de victoire de Mme Gandhi et de sa mafia judaïque.

Si le judaïsme international réussit à faire du Bangladesh un satellite de l'Inde, les Juifs clandestins bengalis — couverts du masque de l'islam ou de tout autre masque — devront y disputer le pouvoir aux dirigeants authentiquement musulmans ayant d l'influence dans la région, et l'avenir du Bengale musulman dépendra de résultat de cette lutte.

Selon l'« *Encyclopédie juive castillane* », il est difficile d'établir la proportion de sang juif chez les Béni-Israël. Elle précise cependant qu'ils se vantent de la pureté de leur sang juif et ajoute ceci : « Mais ils ont cela en commun avec les juif (autochtones) de Chine, qui semblent avoir conservé la pureté de leur descendance jusqu'à nos jours ou presque Toutefois, d'autres historiens juifs pensent que les traits chinois des Juifs Tiao-Kiu-Kiaou, qui rendent ceux-ci impossibles à distinguer des autres. Chinois, est due non seulement à l'influence du climat et du régime alimentait (durant deux millénaires, mais aussi aux fréquents mariages, mixtes célébrés jusqu'à nos jours » (1).

En ce qui concerne les immigrations ultérieures de Juifs en Inde, la plupart des premiers immigrés israélites arrivés d'Europe dans les colonies portugaises étaient des crypto-Juifs, c'est-à-dire des Juifs clandestins se prétendant chrétiens (des marranes, en somme). L'abondance de Juifs portugais clandestins semble du reste avoir été un des motifs de la création de l'Inquisition à Goa en 1561. Entre 1561 et 1623, l'Inquisition de Goa a prononcé, 2.800 condamnations, la plupart pour adhésion secrète au judaïsme. Certains Juifs portugais clandestins auraient rejoint la communauté de Cochin. Beaucoup pratiquaient l'import-export, ainsi que la banque : « ... présentant toutes les caractéristiques des magnats coloniaux, avec leurs vertus et leurs vices » (2).

L'« *Encyclopédie juive castillane* » fait état de l'émigration de Juifs néerlandais et anglais d'origine sépharade et de leurs activités commer-

---

1 — « *Jewish Encyclopedia* », tome 3. Entrée : Beni-Israel. Page 21, 2ème colonne.
2 — « *Encyclopédie juive castillane* », tome 5. Entrée : Inde. Pages 612 et 613.

ciales. Ces commerçants juifs, unis à la compagnie des Indes Orientales, dont le capital (comme je l'ai indiqué) était principalement israélite, réussirent à briser le monopole portugais des pierres précieuses.

Au dix-septième siècle, des Juifs de Bagdad arrivèrent à leur tour en Inde. Ils pratiquaient le commerce et se joignirent aux Juifs issus d'autres pays arabes, ainsi que d'Afghanistan et de Perse, formant avec eux l'une des plus importantes communautés israélites d'Inde. Ces Juifs de Bagdad apportèrent leur langue arabe en Inde. Il y avait parmi eux de très riches familles, mais selon l'« *Encyclopédie juive castillane* », ils ne jouèrent pas, sous le régime vice-royal britannique, le même rôle de premier plan que les Juifs anglais, dont beaucoup devinrent même vice-rois des Indes, hauts commissaires et hauts fonctionnaires de l'Office des Indes à Londres, entre autres postes élevés. Cependant, ils n'en jouèrent pas moins un rôle important, comme par exemple le Juif indien de rite arabe Sir Phillip Sassoon, qui fit partie de plusieurs gouvernements britanniques en Inde, de même que Salomon Judah, avocat de la communauté israélite en question, qui écrivit l'« *Acte des Compagnies des Indes* ». La « *Jewish Encyclopedia* » s'achève en confirmant un fait déjà connu (et qui a encore plus valeur de preuve dans la mesure où il est publié dans un ouvrage officiel du judaïsme faisant incontestablement autorité), à savoir que l'argent gagné par ces riches Juifs arrivés de Bagdad **« à Calcutta ainsi qu'à Rangoon (Birmanie), venait du trafic de l'opium entre l'Inde et la Chine »**. On sait fort bien, d'ailleurs, que les Juifs britanniques, les Juifs indiens et d'autres magnats monopolistiques israélites contrôlaient au dix-neuvième siècle le trafic de l'opium avec la Chine et que lorsque le gouvernement chinois voulut s'opposer à ce commerce criminel dans l'intérêt de son peuple, les Juifs qui avaient la mainmise sur le gouvernement britannique forcèrent la Grande-Bretagne à se lancer contre la Chine dans une guerre aussi criminelle que le trafic d'opium lui-même. Cette guerre, appelée à juste titre « *guerre de l'opium* », fut une honte pour la Grande-Bretagne, bien qu'il soit évident que le peuple britannique véritablement autochtone n'eut qu'une faible part de responsabilité dans les actes criminels de ses dirigeants juifs et crypto-juifs ; son seul tort fut de les laisser au pouvoir à cause du lavage de cerveaux et de la manipulation qu'opéraient sur lui les Juifs des moyens de communication de masse et des établissements d'enseignement, tout comme les Églises protestante et catholiques, contrôlées par des prêtres crypto-juifs, A tout cela, on peut ajouter actuellement la maîtrise judaïque de la radio et de la télévision ainsi que les autres tentacules du pouvoir juif caché. Le pouvoir du judaïsme est tel en Grande-Bretagne et aux États-Unis que ces deux nations sont irrémédiablement devenues les satellites et les colonies de l'impérialisme juif, avec ses prétentions démocratiques trompeuses, pour le plus grand malheur de l'un et l'autre pays comme pour celui du reste de l'humanité.

L'Inde a reçu des immigrés juifs venant d'autres pays, mais pour plus de brièveté, qu'il suffise de dire qu'à l'exception de l'Union Soviétique, où les Juifs étaient soumis à une dictature absolue, ainsi que des Etats-Unis et de la Grande-Bretagne, qui sont des colonies israélites, l'Inde est, parmi les grandes nations, celle où le judaïsme a établi son plus vaste domaine, grâce à la domination politique, militaire et économique que les Juifs de différents rites exercent dans le pays. C'est pourquoi il importe, selon nous, que l'Inde — qui est aujourd'hui une colonie de l'impérialisme juif — accède à la véritable indépendance. La chose ne sera possible que si les patriotes indiens reçoivent une aide suffisante de l'étranger afin de renverser le gouvernement actuel qui, étant une marionnette du judaïsme, peut toujours compter sur l'aide des Juifs des États-Unis et de Grande-Bretagne en plus du soutien qu'il reçoit des Juifs qui gouvernent et tyrannisent l'Union Soviétique.

Au chapitre suivant nous verrons comment les Juifs clandestins Beni-Israël, principale communauté israélite de l'Inde, ont servi à leurs coreligionnaires impérialistes britanniques de principal outil pour l'asservissement des habitants de cet immense pays. (1)

---

1 — Bibliographie complémentaire :
Outre les ouvrage déjà mentionnés, le lecteur pourra consulter les livres suivants au sujet des Juifs de l'Inde : M. Pereyra da Paiva : « *Noticias dos Judeos de Cochin* », 1687. Lord Henry : «*A Display of Two Forraigne Sects in the East In-*

Sir Albert Abdullah David Sassoon (25 juillet 1818 à Bagdad – 24 octobre 1896 à Brighton) est un homme d'affaires et *philanthrope* indo-britannique, issu d'une famille séfarade émigrée en Mésopotamie au XVIe siècle.

À la suite d'une révolution de palais, son père, David Sassoon, trésorier du gouverneur ottoman Ahmet Pacha, fuit Bagdad avec sa famille et se réfugie en Iran, où il ouvre à Bushehr un bureau de commerce avec l'Inde. Quatre ans plus tard, en 1832, il s'établit à Bombay, où il vend des tapis dans une échoppe. Grâce et à son flair pour les affaires, principalement dans la banque et le commerce, y compris celui de l'opium, et grâce aux alliances qu'il noue avec la Compagnie anglaise des Indes orientales, il devient bientôt l'un des hommes les plus riches de Bombay.

David Sassoon (assis) et ses fils Elias David, Albert (Abdallah) et David Sassoon.

Lorsque David Sassoon meurt à Pune en 1864, Abdullah, en tant que fils aîné, hérite de son négoce. Il se diversifie dans le textile tout en poursuivant l'œuvre *philanthropique* de son père. Il fonde l'*une des principales écoles* de Bombay et *fait construire des docks* qui portent toujours son nom.

En reconnaissance pour son rôle dans l'industrialisation du pays, Sa Majesté britannique, Impératrice des Indes, le fait chevalier de l'Ordre du bain en 1872 et baronnet en 1890.

Il visite une première fois l'Angleterre en 1873, puis s'y installe en 1876. Son frère David, établi en Angleterre depuis 1858, l'introduit dans l'entourage du futur Edward VII et Abdullah prend alors le nom d'Albert. Il meurt en 1896 à Brighton, station balnéaire qu'il a contribué à mettre à la mode.

Ses cinq autres frères continueront de faire prospérer les affaires familiales à Bombay et à Shanghai, en Afrique et en Europe.

Sa fille Sibyl se mariera avec le marquis de Cholmendeley, son fils Philip Albert sera élu député à la Chambre des communes, et son fils Edward Albert épousera Aline Caroline de Rothschild. Plusieurs de leurs descendants s'illustreront à leur tour dans le mécénat et les arts, tandis qu'Albert Sassoon restera connu sous le nom de « Rothschild indien ».

dies », Londres 1630. J. H. Lord : « *The Jews of India* », 1907. Israel Cohen : « *The Journal of a Jewish Traveller* », 1925. I. A. Isaac : « *A Short Account of the Calcutta Jews* », Calcutta 1917 ; « *Marco Polo's Trips* », tome 2. R. Reuber : « *The Beni-Israel of Bombay* », Cambridge 1913.

CHAPITRE II

Les interventions juives en Asie et en Afrique

COMMENT LE SUPER-IMPÉRIALISME JUIF S'EST SERVI DE CERTAINS IMPÉRIALISMES EUROPÉENS POUR ÉTENDRE SON POUVOIR EN ASIE ET EN AFRIQUE

Nous allons aborder à présent un problème très grave, mais largement méconnu de nos jours : la part prise par les Juifs à l'intervention des puissances européennes dans les affaires intérieures des continents asiatique et africain, limitée dans certains cas à la formation ou au remplacement d'un gouvernement, mais pouvant aller jusqu'à vassaliser les nations africaines et asiatiques, avec la constitution des grands empires coloniaux aux dix-huitième, dix-neuvième et vingtième siècles.

A cet égard, on peut souvent puiser des informations précieuses auprès de sources juives autorisées que nous avons été en mesure de consulter, mais qui — faute de place — ne peuvent être intégralement citées ici. Ainsi, dans l'intéressant rapport du « *Chacham* » Benjamin sur la Perse, l'auteur écrit ceci : « Mes coreligionnaires de Perse m'ont demandé à plusieurs reprises de publier en Europe une description de leur situation actuelle ». Comme on va le voir, ce rapport est des plus éclairants.

Concernant sa visite dans la ville de Chiraz, le dirigeant juif évoque un épisode aussi curieux qu'instructif. En Perse, les musulmans, pour distinguer les femmes israélites des femmes musulmanes, contraignaient les premières à porter un voile noire, tandis que les secondes portaient un voile blanc. Après avoir indiqué qu'il y avait alors une révolte en Iran, l'auteur écrit ceci : « Un jour, mon domicile s'emplit peu à peu de femmes portant des voiles blancs et convergeant toutes vers moi. Comme les Juives ne sont autorisées à porter que des voiles noirs, cette visite m'inquiéta fort, car je me croyais attaqué par des insurgées. Je retrouvai mon calme, néanmoins, lorsque mes visiteuses me dirent qu'elles appartenaient toutes à des familles juives qui avaient été contraintes d'embrasser la religion islamique, mais qui adhéraient en secret à la foi de leurs ancêtres. Elles ôtèrent leur voile et me baisèrent le front et la main. » Le pieux « *Chacham* » raconte ensuite que les hommes qui accompagnaient ces femmes se plaignaient de l'oppression subie par les Juifs de Perse, ce à quoi le dirigeant israélite leur fit une réponse qui en dit extrêmement long : « Soyez patients, mes frères, et continuez à placer votre confiance en Dieu. Peut-être les monarques européens, sous la protection desquels vos frères [européens] vivent heureux, seront-ils en mesure d'atténuer vos épreuves en plaçant de nobles dirigeants sur le trône de Perse. » (1)

À quelles monarchies européennes cet actif hiérarque juif faisait-il allusion lorsqu'il mentionnait la possibilité de leur intervention dans la sélection des monarques iraniens ? Certains faits indiquent qu'il songeait surtout à l'Angleterre, et ce pour les raisons suivantes :

1. À l'époque, et bien que de l'aveu même de Disraeli et d'autres sources israélites, les gouvernements des monarchies européennes fussent déjà minés par des ministres juifs ou cryptojuifs (par exemple, Menzibal en Espagne), le seul État monarchique entièrement conquis par les Juifs était la Grande-Bretagne, dont ils s'étaient emparés depuis la révolution de 1830, malgré l'héroïque résistance d'un grand patriote, le Duc de Wellington.
2. C'est surtout l'Angleterre — déjà convertie en satellite du judaïsme — qui intervenait alors en Asie et en Afrique, où elle plaçait et remplaçait les gouvernements.
3. Dans une autre partie de son long et précieux rapport, l'auteur indique qu'en arrivant quelque part, il commençait toujours par rendre visite au consul britannique. Cela n'a rien d'étrange ; en effet, bien qu'à l'époque, les Juifs eussent déjà infiltré les services diplomatiques d'autres monarchies européennes, le plus sûr moyen pour eux d'atteindre leurs objectifs était de passer par les consulats britanniques,

---

1 — Israël Joseph Benjamin II, « *Huit années en Asie et en Afrique de 1846 à 1855* ». Hanovre, 1861 ; pages 230 à 256.

car une fois conquis par leurs soins, l'Empire britannique était devenu un satellite de l'impérialisme juif.

Il est extrêmement fréquent que des consuls ou même des ambassadeurs anglais soient publiquement ou secrètement juifs.

Les actions de ces Juifs ou crypto-Juifs ont d'ailleurs conféré à la diplomatie britannique sa réputation d'hypocrisie et de perver›sité, tout à fait contraire aux qualités des véritables Anglais, qui sont généralement des modèles d'honnêteté. Dans la diplomatie en question, on perçoit la marque caractéristique de cette perfidie juive dont les Pères de l'Église, les papes et les conciles ont tant parlé. Ce n'est pas pour rien que constatant la perversité des diplomates juifs britanniques, l'opinion internationale a surnommé l'Angleterre «*perfide Albion*», ce qui coïncide de manière remarquable avec les termes employés par les Pères, les conciles et les papes qui, depuis des siècles, parlent de la «*perfidie judaïque*».

L'auteur mentionne d'autres cas — certes moins graves — d'interventions européennes contre des États musulmans qui résistaient avec héroïsme à toutes les tentatives de domination juive. À Alep, près de Damas, il y avait environ 1.500 à 2.000 familles juives «jouissant de grands privilèges sous la protection des consuls européens, dont certains de la même religion qu'elles, comme Rafael di Piechotti, consul de Russie, et Elias Piechotti, consul général d'Autriche, qui avaient sur le Pacha une certaine influence et en usaient souvent à l'avantage de leurs coreligionnaires.» (1)

Une des tactiques juives employées dans les pays islamiques pour amener des nations étrangères à aider les Juifs contre les musulmans consistait à infiltrer des israélites dans les consulats de ces nations. Les consulats étrangers usaient alors de toute leur influence diplomatique en faveur des exploiteurs juifs pour mettre ceux-ci à l'abri des justes représailles des musulmans autochtones. On dispose d'une vaste bibliographie sur cette infiltration juive généralisée non seulement dans les consulats des puissances européennes, mais aussi dans ceux des pays latino-américains. À ce sujet, le philosémite Angel Pulido a écrit en 1905 dans son livre

---

1 — Israël Joseph Benjamin II ; *Ibid.*, pages 69 et 70.

intitulé « *Espagnol apatride* » que Solomon Lévy Sephardite, consul du Venezuela à Oran, lui avait dit ceci : « Ici, à Oran, il y a plus de dix mille Juifs, mille indigènes et trois mille Espagnols qui sont venus s'installer au Maroc depuis la conquête française de l'Algérie » (1). Si cette information est exacte, quelle terrible proportion de Juifs il y a dans la population d'Oran !

On ne doit donc pas s'étonner qu'en ces temps difficiles pour l'islam, les consulats étrangers aient servi en quelque sorte d'agences de promotion pour les intrigues de l'impérialisme juif contre les musulmans.

Ce qui est cocasse, c'est que les Juifs utilisent les puissances européennes non seulement pour nuire aux musulmans, mais aussi pour se livrer à des querelles internes, qui sont très fréquentes au sein du judaïsme. Concernant les Juifs de Palestine, alors province ottomane, le même auteur écrit : « III. — Les Bouknhariotas sont au nombre d'environ 500. De même que les Géorgiens, ils ont souvent essayé — avec le soutien du consul de Russie, d'où sont issus la plupart d'entre eux — de se soustraire à l'autorité du Grand Rabbin pour devenir complètement autonomes. » (2)

Il fait allusion ici au Grand Rabbin de la communauté juive de Palestine et au rite maghrébin des Israélites nés au Maroc, qui avaient été soumis — contre leur gré, semble-t-il. Nous avons déjà expliqué que dans de nombreuses villes se trouvent des communautés juives de différents rites qui sont autonomes les unes par rapport aux autres, mais fédérées entre elles au sein de La Kelillah, organe qui fait office de gouvernement ou de conseil juif local pour les israélites résidant dans une nation gentille, qui coiffe toutes les communautés juives et qui est lui-même soumis aux autorités supérieures du judaïsme. D'ordinaire, les diverses communautés israélites d'une même localité gentille vivent en bonne intelligence les unes avec les autres, mais il se produit parfois entre elles des querelles qui deviennent difficiles à juguler et qui trouvent naturellement leur reflet entre les organisations révolutionnaires « *goyim* » contrôlées par lesdites communautés.

---

1 — Angel Pulido, « *Espagnol apatride* ». Madrid, 1905 ; page 468.
2 — Angel Pulido, *Ibid.* ; page 663.

Lorsque cela arrive, les autorités judaïques supérieures interviennent pour rétablir l'unité et l'harmonie.

Un autre cas d'intervention européenne en faveur des Juifs est rapporté par Angel Pulido, Espagnol philosémite (peut-être marrane) dans son ouvrage intitulé « *Espagnol apatride* » et écrit en 1905, où il affirme qu'en Tunisie, les Juifs autochtones sont soumis à la législation arabe et ont parfois à en souffrir, mais que « **ceux protégés par les nations européennes sont traités sur un pied de parfaite égalité** » (1)

Les puissances européennes ont joué un triste rôle, car leurs gouvernements, entièrement ou largement sous la coupe de la maçonnerie juive, ont fait office d'instruments aveugles aux mains du judaïsme en forçant les peuples afro-asiatiques à déchaîner la bête juive et à faciliter son travail de domination sans que les vrais chrétiens prennent conscience de son pouvoir ou de ce que leurs dirigeants juifs ou maçons autorisaient subrepticement.

Il faut bien souligner que du fait de leur ingratitude proverbiale, les Juifs, loin de remercier les monarchies pour leur aide, les renversèrent les unes après les autres dès qu'ils en eurent la possibilité, à commencer par les monarchies portugaise, russe, autrichienne et allemande, après quoi le même sort fut réservé à la couronne espagnole, entre autres monarchies dont la diplomatie avait tant aidé les Juifs en terre d'islam.

En ce qui concerne les interventions judaïques visant à faciliter et à renforcer la conquête de l'Inde par l'impérialisme britannique, le prestigieux dirigeant et écrivain juif indien Haeem S. Kehimker, Président du « Comité scolaire israélite » de Bombay, a écrit au XIXe siècle un ouvrage intitulé « *Brève histoire des Beni-Israël...* ». Il y fournit des informations très intéressantes sur la manière dont les Juifs ayant vécu en Inde depuis le VIe siècle au moins ont aidé l'Angleterre à partir du XVIIIe à étendre et à renforcer sa domination de l'Inde ; ils y prenaient part en tant qu'officiers et commandants des régiments indiens aux ordres de la Grande-Bretagne, lesquels contribuèrent à la répression des patriotes hindous au

---

1 — Angel Pulido, *Ibid.* ; pages 505 à 508.

cours des campagnes de 1750 et de toutes celles qui, au XIXe siècle, ont servi à écraser la révolte de ces patriotes cherchant à retrouver l'indépendance de leur pays. Les Juifs clandestins indiens — extérieurement hindous, mais israélites en secret — faisaient office de chiens courants pour subjuguer le peuple qui, tant de siècles durant, leur avait généreusement accordé refuge ; à cette fin, ils se faisaient espions pour dénoncer les conspirations patriotiques, et à la tête de la police, ils aidaient les Juifs britanniques à consolider leur emprise sur ce grand pays. Dans son appel à l'aide du judaïsme international (cf. l'ouvrage en question), le dirigeant juif susmentionné donne les noms des chefs militaires — Juifs indiens du rite Beni-Israël — qui se sont distingués par leur précieuse contribution à l'écrasement de la résistance patriotique hindoue ; il fournit à cet égard des détails vraiment éloquents : selon lui, les soldats du rite Beni-Israël était plus courageux que les autres Hindous, et il y avait des Beni-Israël parmi les officiers de tous les régiments anglo-indiens, ainsi qu'à des postes importants au sein de l'administration du Vice-Roi britannique. Il décrit aussi la manière dont le gouvernement de Londres utilisait des Beni-Israël comme officiers dans les troupes indiennes lors des expéditions menées contre l'Afghanistan et la Perse, de même que durant celle dirigée contre l'Abyssinie en 1867-68 (1).

Ce fut peut-être là une des premières interventions des crypto-Juifs hindous en Afrique durant l'époque moderne. Ils ont su conduire les troupes indiennes à favoriser les plans du judaïsme mondial en train d'exploiter les ressources et les qualités du peuple britannique, que la judéo-maçonnerie dominait déjà, le transformant en docile instrument des manœuvres impérialistes de la nation israélite à mesure que celle-ci se répandait et infiltrait toutes les nations du monde.

Le fait est que les menées britanniques en Éthiopie favorisèrent la montée sur le trône de l'actuel Négus Hailé Sélassié — dont la dynastie est d'origine judéo-salomonique, selon l'*Encyclopédie juive castillane*

---

1 — Haeem Samuel Kehimker (Président du Comité scolaire israélite de Bombay, Inde) : « *Brève histoire des Beni-Israël et plaidoyer pour leur éducation* ». Édité à Bombay et imprimé par l'*Education Society's Press* ; pages 24 à 36.

— avec l'aide de conseillers et de techniciens juifs amenés de Palestine et d'ailleurs (1). L'intéressé a pour ancêtre un certain Choa qui, au terme d'une guerre civile sanglante, prit le pouvoir en 1889 sous le nom de Ménélik II, appuyé en cela par l'impérialisme judéo-britannique. Depuis lors, les Juifs noirs ou « Falashas », natifs d'Abyssinie, et la dynastie juive en question (d'origine salomonique) ont tyrannisé ensemble l'Éthiopie. Il vaut la peine de noter ce qui suit : l'Éthiopie et la Grande-Bretagne (où la monarchie elle-même est judaïsée) sont les deux seuls pays du monde dans lesquels des mouvements républicains maçonniques ne sont suscités par les Juifs que lorsqu'il convient au judaïsme de changer le mode de gouvernement.

À propos des militaires Beni-Israël en Inde, de même qu'ils ont servi un temps à étendre et consolider la domination judéobritannique sur l'Inde et d'autres régions d'Asie et d'Afrique, ils aident actuellement Indira Ghandi et son Parti du Congrès à prendre le contrôle des armées hindoues et à renforcer en Inde la domination des Juifs locaux, faisant ainsi une nouvelle fois office de chiens courants afin de subjuguer un peuple qui lutte pour accéder vraiment à l'indépendance.

Étant donné, en outre, le tempérament ancestral des Juifs, qui est porté au nomadisme, la secte secrète des Juifs clandestins de l'Inde (les Beni-Israël) et les sectes non moins secrètes des Juifs indiens de Cochin se sont étendues à d'autres nations par le biais de vastes mouvements migratoires. Ainsi les israélites convertis de l'Inde constituent-ils de nos jours le plus puissant élément du judaïsme mondial, après les Ashkénazes originaires d'Allemagne et les Sépharades originaires d'Espagne et du Portugal, dont les sociétés secrètes respectives sont répandues dans le monde entier.

Les Juifs indiens clandestins ont envahi l'Asie et l'Afrique où, en tant que commerçants, banquiers et hommes d'affaires, ils exploitent de différentes manières la population autochtone des nations concernées. Étant donné qu'ils masquent leur identité juive et se prétendent natifs de l'Inde (bien qu'à l'heure actuelle, il arrive que d'authentiques Indiens

---

1 — « *Encyclopédie juive castillane* » ; *Ibid.*, tome 4 ; page 232, 2ème colonne.

vivent effectivement outremer), la population autochtone ne les connaît que comme commerçants, banquiers ou hommes d'affaires indiens, sans se rendre compte qu'ils font partie d'une des cinquièmes colonnes les plus dangereuses et les plus exploiteuses que le judaïsme international ait mises sur pied pour dominer tous les autres peuples.

En Afrique, ils ont envahi aussi bien les nations à gouvernement noir, comme l'Ouganda et le Kenya, que les nations à gouvernement blanc, telles l'Afrique du Sud et la Rhodésie.

Dans les nations noires, ils mettent la main sur les richesses du pays et exploitent sans pitié la population locale, beaucoup d'entre eux se servant de passeports britanniques pour placer sous la protection de la Grande-Bretagne leurs menées infâmes consistant à exploiter le peuple. Ils agissent comme le faisaient en d'autres temps leurs coreligionnaires de divers pays africains et asiatiques qui avaient même adopté la nationalité britannique, française ou espagnole afin d'obtenir la protection des gouvernements correspondants au cas où la population indigène, lassée de tant d'exactions et d'exploitation, réagirait contre eux. D'autres, en revanche, ont adopté la nationalité des pays qu'ils exploitent en vue de s'y assimiler — mais extérieurement seulement, car ils demeurent en secret des Juifs tout en se faisant passer pour indiens. Ceux-ci sont les plus dangereux, car la nation envahie par cette vermine de faux Indiens peut tomber dans un piège : en se focalisant sur la lutte contre les Juifs munis de passeports étrangers, elle risque de ne pas voir la menace représentée par ceux ayant adopté la nationalité du pays qu'ils ont envahi ; or, ces derniers sont plus dangereux et plus nocifs que ceux de nationalité étrangère ; en effet, ils se sont incrustés sous forme de cinquième colonne dans le pays sur le territoire duquel ils vivent et dont ils exploitent vilement la population, et ils s'efforcent ensuite de la dominer avec l'aide du super-impérialisme d'Israël, par le biais des impérialismes satellites de Moscou, Wall Street ou Londres, ou encore par celui de n'importe quelle autre puissance internationale à leur dévotion.

En certains endroits comme l'Afrique australe ou orientale et le Guyana, outre l'immigration de crypto-juifs venus de l'Inde, il se produit une immigration d'authentiques Indiens, mais alors qu'il s'agit souvent de travailleurs pauvres, les Beni-Israël clandestins sont en général des commerçants, des usuriers, des hommes d'affaires et autres personnages en vue qui cherchent à prendre l'ascendant sur les immigrés véritablement indiens, se servant d'eux pour créer des problèmes et susciter des troubles dans le pays chaque fois que cela peut favoriser leurs intérêts. Cette secte juive secrète a envahi même l'Angleterre, puisque beaucoup d'Indiens ayant immigré récemment dans ce pays en font partie et sont secrètement juifs ; ils ont reçu l'aide de leurs dirigeants pour envahir aussi de nombreux autres pays, surtout en Afrique et en Asie, et ils ont refusé d'accorder l'indépendance à l'Inde jusqu'à ce qu'ils puissent confier ce pays à Nehru et au Parti du Congrès contrôlé par les Juifs. Force est néanmoins de répéter qu'il existe en Inde, y compris au sein de ce parti, bien des forces indépendantes que l'on doit aider efficacement à libérer leur grande nation du joug de ces terribles sociétés secrètes et de leur principal instrument, Indira Gandhi elle-même.

Parmi les anecdotes intéressantes que rapporte le Juif indien Kehimker, il y a celle de cet Hindou Beni-Israël qui s'était prétendument converti au christianisme, mais qui était resté juif en secret. Il s'appelait Michael Sargon (1), et il avait commencé par se présenter comme hindou, mais avait ensuite changé de masque pour se dire chrétien, tout en continuant à être juif en secret. Cet exemple parmi d'autres montre bien comment les Juifs jonglent avec leurs prétendues conversions en changeant de masque religieux chaque fois que cela les arrange. Et dans ce cas, on ne peut prétendre qu'il aient été forcés à ce convertir au christianisme, car la religion majoritaire en Inde est l'hindouisme, que beaucoup de Beni-Israël pratiquent avec une grande piété extérieure tout en observant le judaïsme dans le secret le plus absolu, à seule fin de rester solidement infiltrés dans la nation indienne en tant que cinquième colonne puissante et dominante. La domination britannique a eu pour effet d'abattre les défenses des anciens dirigeants de cette nation contre le judaïsme, permettant ainsi aux Juifs qui régentent la Grande-Bretagne de transmettre l'In-

---

1 — Haeem Samuel Kehimker ; *Ibid.*, page 21.

de à Nehru et à sa bande de Beni-Israël clandestins tout en prétendant faire accéder ce pays à l'indépendance. La même opération a été menée ailleurs, sauf là où les circonstances internationales obligeaient la juiverie britannique à accorder l'indépendance à des populations qui n'étaient pas encore sous la coupe de Juifs secrets infiltrés en leur sein. Plus intéressant est le fait que le judaïsme international cherche actuellement à détruire la puissance de l'Angleterre et des États-Unis pour ouvrir la porte à l'impérialisme communiste mené par le pouvoir israélite caché, atteignant ainsi l'objectif ultime de la grande révolution juive de l'époque moderne. Mais le communisme judaïque n'a pas réussi jusqu'à présent à convertir les peuples anglais et américain, qui sont habitués à une bonne vie et à des institutions libres.

APPEL AUX PAYS EUROPÉENS POUR QU'ILS INTERVIENNENT AU MAROC

Une partie du long rapport que le « *Chacham* » adresse au judaïsme occidental est consacrée à une description extrêmement sombre de la situation des Juifs dans le sultanat du Maroc au milieu du XIXe siècle, au point que l'auteur demande une intervention des puissances européennes dans ce royaume. A l'en croire, l'oppression des Juifs était alors pire au Maroc qu'en Perse, et ses coreligionnaires étaient forcées de porter un couvre-chef turc pour pouvoir être distingués de la population musulmane.

Il est patent que dans le monde entier, tout peuple se voyant menacé d'être politiquement conquis par les Juifs a tenté se s'en préserver en obligeant ceux-ci à porter un couvre-chef d'une certaine couleur, un vêtement particulier ou l'étoile de David afin que, les reconnaissant, les non Juifs puissent se garder de leurs intrigues et de leurs manœuvres de subversion. Ces mesures défensives se rencontrent dans le monde musulman comme dans le monde chrétien, à des époques très différentes et souvent séparées de plusieurs siècles les unes des autres. Nous avons déjà vu comment les Juives étaient contraintes, en Perse, de porter un voile noir pour pouvoir être distinguées des femmes musulmanes et comment elles échappaient à cette obligation en faisant semblant de se convertir à l'islam avec leur famille, ce qui leur permettait de porter le voile blanc et de se confondre ainsi avec les vraies musulmanes.

Pour en revenir au Maroc, Israel Joseph Benjamin II écrit que la situation des Juifs y est dramatique à cause du fanatisme religieux des Arabes et du comportement arbitraire de ceux-ci : « Lorsqu'un Arabe entre dans la maison d'un Juif, ce dernier doit s'adresser à lui avec humilité, comme à un prince. Si l'intrus y fait main basse sur ce qui lui plaît, il ne doit pas entendre un seul murmure de réprobation, car il prendra immédiatement son poignard, et l'on ne connaît là-bas aucun juge ni aucune loi pouvant protéger les dépossédés et les opprimés [..] Si les grandes puissances européennes entreprenaient de s'opposer à cette barbarie dans les lieux à proximité desquels s'exerce leur influence, elles agiraient pour leur plus grand intérêt comme en faveur de la science et des opprimés » (1)

Cette invitation terrible adressée au judaïsme occidental — destinataire du livre en question — vise à persuader les puissances européennes d'intervenir au Maroc ; à l'appui de cette cause, elle présente les Arabes comme des sauvages et des criminels et avance de subtils arguments. Ce cas de figure se rencontre souvent dans l'histoire du monde. Par exemple, lorsque l'héroïque Empire Wisigoth faisait obstacle aux plans des Juifs, ces derniers stimulèrent les velléités de domination islamiques et facilitèrent l'invasion et la conquête musulmanes de l'Espagne. Par la suite, quand les musulmans voulurent se défendre contre la domination juive, les israélites favorisèrent le triomphe des rois chrétiens. Puis, au XIVe siècle, alors que l'Europe luttait désespérément pour enrayer la domination des Juifs et l'action subversive de leurs hérésies, ces derniers incitèrent les Turcs à l'envahir en facilitant leurs conquêtes au moyen des cinquièmes colonnes juives qui existaient dans tous les pays chrétiens. Plus tard, lorsqu'il fut de l'intérêt des Juifs de détruire l'Empire turc, ils dressèrent les puissances européennes contre les Turcs — et pendant un certain temps — favorisèrent même le nationalisme arabe. Puis, ils trahirent les Arabes afin de mettre la main sur la Palestine et d'y créer l'État d'Israël.

---
1 — Israel Joseph Benjamin II, *Ibid.* ; pages 319 à 325.

Aux XVIIIᵉ et XIXᵉ siècles, les Juifs conquirent les monarchies européennes de l'intérieur ; ils y parvinrent surtout au XIXᵉ siècle, où ils se servirent d'elles pour lancer une attaque contre les pays asiatiques et africains qu'ils n'avaient pas encore réussi à conquérir par la subversion interne. Les cinquièmes colonnes juives présentes au sein des pays afro-asiatiques trahirent leurs hôtes en faveur des entreprises coloniales des Européens sous influence israélite, soumettant ainsi de nombreux Etats d'Asie et d'Afrique. Elles usèrent de différents moyens pour que dans ces États, les Juifs fussent en mesure de dominer les peuples qui les avaient accueillis. Cela put souvent se faire avec le soutien des empires européens, jusqu'à ce que les Juifs et les crypto-Juifs devinssent capables de conduire les populations afro-asiatiques sous la prétendue bannière des aspirations à la liberté et à l'indépendance. Comme le lecteur peut maintenant s'en rendre compte, cela ne devait nullement déboucher sur une véritable liberté, car les mouvements d'indépendance étaient conduits en général par des Juifs secrets cherchant à passer pour des héros nationaux afin de devenir les dirigeants absolus des pays ainsi « *libérés* » et devenus indépendants des puissances coloniales européennes. Ce qui était recherché en l'espèce, c'était qu'une fois devenues indépendantes des puissances occidentales, les anciennes colonies soient tenues encore plus fermement par les Juifs nés sur leur territoire, ou encore par l'impérialisme juif se présentant sous l'avatar totalitaire et communiste du Kremlin à direction juive.

Ce plan de prétendue libération échoua heureusement dans de nombreux pays d'Afrique et d'Asie, où les Juifs ne purent empêcher les vrais héros de l'indépendance de prendre la suite du pouvoir colonial renversé. Dans d'autres cas, lorsque les agents juifs du gouvernement britannique laissaient le pouvoir à des Juifs clandestins autochtones ou à des agents des Juifs du Kremlin, un coup d'État militaire venait balayer les faux libérateurs et mettre en place un véritable gouvernement patriotique ; la presse mondiale juive protestait alors contre une telle opération dans la mesure où celle-ci avait privé le judaïsme d'une de ses possessions.

Nous exhortons le lecteur à étudier plus avant la question. Il découvrira ainsi par lui-même le caractère décisif de la participation des Juifs à la plupart des aventures impérialistes néerlandaise, britannique et française en Afrique et en Asie. Les célèbres compagnies des Indes orientales et les compagnies des Indes occidentales furent créées en Hollande avec de l'argent essentiellement juif aux fins de l'exploitation économique des colonies de l'Empire hollandais, et des compagnies analogues furent établies en Angleterre et en France afin d'exploiter les conquêtes de ces deux pays, principalement au bénéfice des capitalistes monopolistes juifs. Ces derniers, par un accord secret conclu au XXᵉ siècle avec leurs coreligionnaires impérialistes communistes de Moscou, approuvèrent ensuite la liquidation des empires néerlandais, anglais et français lorsqu'il apparut suprêmement avantageux pour l'impérialisme juif de remplacer la domination partielle et incomplète qu'exerçait le capitalisme démocratique par un autre système de contrôle — complet et absolu, celui-là ; je veux parler du communisme totalitaire, secrètement conduit par l'impérialisme juif, qui utilisait à cette fin les communautés israélites clandestines infiltrées sur place en tant qu'agents de domination après la « libération » supposée desdits pays.

Dans les anciennes colonies européennes d'Asie et d'Afrique devenues des pays « indépendants », une lutte acharnée fait rage entre, d'une part les hautes sociétés secrètes du judaïsme clandestin souvent installé sur place depuis des siècles, qui s'efforcent de soumettre ces pays au joug de l'impérialisme juif communiste téléguidé par Moscou, d'autre part les dirigeants civils et surtout militaires *goyim*, qui souhaitent sincèrement défendre l'indépendance de leurs nations respectives et œuvrer à la prospérité de celles-ci. Le pire, dans tout cela, c'est que si la minorité juive clandestine connaît fort bien l'ennemi auquel elle s'affronte et réussit même à faire entrer ses espions et ses saboteurs dans les rangs des vrais patriotes afro-asiatiques, ceux-ci — en revanche — comprennent rarement la nature de l'ennemi masqué qui dirige les mouvements communistes et socialistes soutenus par les dirigeants juifs de l'Union Soviétique et leur pantin, le tyran marrane qui a réduit en esclavage l'infortuné peuple cubain. Tant que les patriotes afro-asiatiques n'auront pu identifier et détruire la force secrète qui alimente la subversion, tant qu'ils n'auront pas éradiqué les communautés juives qui la composent, il leur sera impossible de jouir de la paix et de la prospérité, et ils finiront par tomber les uns après les autres sous la coupe de l'impérialisme communiste et totalitaire juif, qui les asservira comme il l'a déjà fait avec les malheureux peuples d'Union Soviétique, d'Europe de l'Est et de Cuba.

Le plus grave problème qui se pose aux nations asiatiques et africaines ainsi que, d'une manière générale, à tous les pays sous-développés, y compris ceux d'Amérique latine, c'est que l'impérialisme raciste juif les tient étroitement serrés dans sa tenaille. Une mâchoire de la tenaille est l'impérialisme juif capitaliste des monopoles internationaux, l'autre est l'impérialisme communiste juif dirigé depuis Moscou. Et cette tenaille du super-impérialisme juif mondial fonctionne de la manière suivante.

Premièrement — Les capitalistes juifs, par le biais d'entreprises multinationales telles que les banques juives et les monopoles commerciaux internationaux dirigés par des Juifs, achètent à très bas prix les matières premières aux pays sous-développés, et ils leur vendent ensuite des produits industriels et technologiques à des prix très élevés, ce qui appauvrit chaque jour un peu plus les pays en question. Cette exploitation inhumaine de l'homme par l'homme vient enrichir les propriétaires juifs des entreprises qui la pratiquent.

Deuxièmement — L'exploitation que nous venons de mentionner et l'appauvrissement progressif qui s'ensuit pour les pays en voie de développement — ou sous-développés avantagent les Juifs brandissant la bannière trompeuse du communisme israélite pour inciter les peuples opprimés à la rébellion contre ladite exploitation. En effet, il devient alors plus facile aux Juifs de contrôler les masses populaires et de les mener vers une fausse « *dictature du prolétariat* » qui s'avère être en définitive — comme en Union Soviétique — une dictature juive aboutissant à l'asservissement total de la population.

L'exploitation capitaliste des pays en voie de développement et les autres crimes et abus commis par l'impérialisme capitaliste juif irritent à juste titre de nombreux dirigeants nationalistes « *Goyim* » qui, lorsqu'ils reçoivent un soutien contre celui-ci de la part des dictatures communistes juives, se font souvent prendre à cette ruse, allant même jusqu'à croire que le seul moyen d'arracher leur nation aux griffes de l'impérialisme capitaliste est de s'allier aux dictatures socialo-marxistes. Ils ignorent en effet que l'Union Soviétique et ses États satellites (y compris Cuba) ainsi que l'impérialisme juif capitaliste et ses agents (dont les États-Unis et l'Angleterre) sont de simples pions d'un unique super-impérialisme qui use de cette manœuvre pour amener les dirigeants nationalistes à tomber dans leur piège, à commencer d'abattre les barrières et les institutions défensives, ou encore à prendre d'autres mesures pour faciliter la progression de la révolution juive communiste dans d'autres nations, parfois même dans leur propre pays, sans voir qu'en se laissant prendre à ces ruses comme à d'autres (par suite de leur amitié avec l'URSS et ses satellites), ils renforcent la puissance locale et mondiale de l'impérialisme juif communiste, qui est responsable d'une oppression et d'un esclavage dont ils ne pourront se libérer.

Ces dirigeants nationalistes devraient pourtant se rendre compte que la Chine maoïste, l'Albanie et la Roumanie sont les seuls pays du camp communiste qui restent indépendants — jusqu'à présent, du moins — des deux infâmes impérialismes en question et que ces trois États risquent encore d'être conquis par les Juifs.

Comme il maîtrise parfaitement les deux mâchoires de sa tenaille, le judaïsme est toujours gagnant, ainsi que nous l'avons vu.

Il va de soi que pour les pays sous-développés, le seul moyen d'échapper aux deux mâchoires de la tenaille qui les opprime est de coopérer ensemble afin de devenir collectivement assez forts pour défendre leurs intérêts avec efficacité contre les deux impérialismes, le capitaliste et le communiste. Cependant, instruit par des siècles d'expérience, le judaïsme prend ses précautions pour rendre impossible une telle coopération défensive en s'infiltrant partout, y compris dans les institutions que ses opposants peuvent créer en vue de se protéger. Ainsi a-t-on vu l'empereur juif d'Éthiopie, Hailé Sélassié, prendre le contrôle de l'Organisation de l'Unité Africaine à seule fin de la mener à l'échec. De son côté, le gouvernement indien — qui est dominé par le judaïsme — a infiltré le tiers-monde de la même manière et exerce sur lui une influence détestable. Enfin, le Juif Josip Broz, connu sous le nom de Tito comme étant le dictateur de la Yougoslavie, joue un rôle analogue dans la manipulation du tiers-monde. Voilà pourquoi les gouvernements nationalistes *« goyim »* soucieux d'assurer leur indépendances vis-à-vis des deux impérialismes ne seront en mesure de créer entre eux des organisations vraiment défensives que s'ils en excluent tout gouvernement infiltré, donc contrôlé par l'impérialisme capitaliste juif ou l'impérialisme juif du Kremlin, dont les nations sous-développées doivent fuir la domination et l'exploitation si elles veulent surmonter leur pauvreté et leur misère actuelles.

« Hythe »
Sassoon caricaturé par Spy (Leslie Ward) dans *Vanity Fair*, Février 1900

Sir Edward Albert Sassoon, 2ᵉ Baronnet (20 Juin 1856 - 24 mai 1912) était un homme d'affaires et politicien britannique.

Né à Bombay, en Inde, l'aîné des fils survivants de Sir Albert Sassoon (1818-1896) et Hannah Moise de Bombay, en Inde. Edward Sassoon est diplômé de l'Université de Londres. Il a servi en tant que major dans le Middlesex Yeomanry (duc des hussards de Cambridge). En 1887, il a épousé Aline Caroline de Rothschild (1865-1909), fille du baron Gustave de Rothschild et Cécile Anspach de Paris.

Ils ont eu deux enfants, Philippe Albert Gustave David et Sybil Rachel Bettie Cécile, marquise de Cholmondeley. Edward Sassoon a été élu comme libéral Parti unioniste membres du Parlement (MP) pour Hythe en mars 1899. Actif dans les affaires de la communauté juive, il a servi comme vice-président du Collège Juifs de Londres et au sein l'Association anglo-juive. Il devint baronnet en 1896, à la mort de son père. Sasoon est mort en 1912 à l'âge de 49 ans. Son corps a été placé dans un mausolée dans un style indien, derrière sa maison à terrasse de l'Est, Brighton.

Le mausolée Sassoon avait été construit en 1876 par son père comme un lieu de repos de la famille. Cependant, il n'y eut plus de sépultures à partir de 1933, quand il fut vidé et vendu, en devenant d'abord un magasin de meubles, puis, un restaurant, un décorateur en fit son magasin et enfin en salle de bal de la Hanbury Arms. En 2006, le bâtiment a de nouveau été vendu pour être transformé en un club privé.

5
LES JUIFS CHERCHENT À DOMINER LES NÈGRES

The Library of Political Secrets - 8

5

LES JUIFS CHERCHENT À DOMINER LES NÈGRES

CHAPITRE PREMIER

JUIFS NÈGRES ET JUDAÏSME CLANDESTIN EN AMÉRIQUE LATINE

L'une des principales infiltrations juives dans les peuples de race nègre fut le fait des « *Falashas* » d'Éthiopie, qui ont la peau nègre et présentent l'aspect physique des populations nègres du continent africain. Certains vivent dans des huttes comme celles des plus pauvres Africains et sont vêtus de simples pagnes, comme le lecteur pourra en juger d'après les photographies incluses dans le présent chapitre, tirées de l'« *Encyclopédie juive castillane* » et de la « *Jewish Enclopedia* », documents israélites faisant particulièrement autorité au sein du judaïsme.

Il est utile au judaïsme de s'infiltrer dans les classes pauvres de la population, afin d'y susciter des dirigeants révolutionnaires capables de contrôler les travailleurs et paysans pauvres, puis de les lancer dans les révolutions que l'impérialisme juif favorise pour s'assurer le pouvoir sur les nations gentilles. La même chose se produit en Amérique latine, où le pouvoir juif caché a placé des communautés israélites clandestines dans les campagnes, les régions montagneuses et la forêt vierge du Brésil, ainsi que dans des nations qui, comme le Mexique, le Chili et l'Argentine, faisaient partie de l'Empire espagnol.

Ces communautés clandestines se formèrent à partir du seizième siècle avec des marranes, c'est-à-dire des crypto-Juifs espagnols et portugais ; contournant les lois qui interdisaient l'émigration de chrétiens espagnols et juifs d'ascendance juive, ils réussirent à s'installer dans les différentes colonies espagnoles d'Amérique, et aussi au Brésil. Persécutés par les Inquisitions espagnole et portugaise, beaucoup durent fuir vers les montagnes et les forêts, fondant des villes dans des régions parfois lointaines, hors de portée de l'Inquisition. Par des mariages mixtes avec les autochtones, ils inaugurèrent une lignée de sang-mêlé à la fois juifs et indiens qui, étant porteurs de prénoms très chrétiens et de patronymes espagnols ou portugais, font maintenant partie de la population des pays hispanophones et lusophones d'Amérique latine, dont ils ne peuvent être distingués dans la mesure où leurs ramilles sont restées publiquement catholiques depuis des siècles bien qu'elles n'aient cessé de pratiquer le judaïsme en secret.

Certains de ces marranes ou Juifs clandestins latino-américains, y compris ceux du Brésil, pratiquent publiquement la religion catholique, ce qui leur valut d'échapper à la vigilance de l'Inquisition et de demeurer dans les villes et villages en s'y organisant — sur le modèle de leurs devanciers européens — en sociétés hautement secrètes. Ces dernières composent à l'heure actuelle le pouvoir caché qui contrôle la franc-maçonnerie, les partis politiques et les guérillas marxistes et qui a malheureusement réussi à imposer à Cuba — nouveau satellite de Moscou — une dictature totalitaire conduite par le marrane Fidel Castro.

Depuis de nombreuses années, beaucoup de ces marranes font entrer leurs enfants dans les séminaires de l'Église catholique, et même dans les couvents de moines et de moniales, leur permettant ainsi d'accéder subrepticement aux positions de chanoine, d'évêque, d'archevêque et même de cardinal, comme d'autres Juifs clandestins l'ont fait de leur côté en Italie, en France et dans d'autres pays catholiques. Ces prêtres catholiques, qui sont juifs en secret, se mettent au service de Moscou en vulgarisant le progressisme prétendument catholique et en dirigeant la subversion judéo-marxiste au sein de l'Église catholique. Les marranes ont infiltré aussi tous les partis politiques, de la droit à la gauche, ainsi que chaque gouvernement et institution hispanophone et lusophone. Néanmoins, à cause de leurs faibles aptitudes militaires, et bien qu'ils eussent infiltré également les forces armées, ils ne réussirent pas à contrôler ces dernières, sauf à Cuba. C'est pourquoi les armées et les marines (les nations en question sont, au sein de ces dernières, les institutions les moins infiltrées ; c'est pourquoi aussi elles ont toujours représenté, pour les peuples concernés, l'espoir de se libérer de la subversion et de la conquête du judaïsme clandestin (1).

En ce qui concerne les Juifs nègres africains, l'« *Encyclopédie juive castillane* » — sous l'entrée « *Falashas* » — écrit ceci : « *Falashas*. Nom donné aux Juifs autochtones d'Abyssinie. Ils se nomment eux-mêmes "Beta Israel" (maison d'Israël), alors que le mot "Ayhud" (Juif) leur est inconnu. Il s'agit d'un groupe ethnique fortement mêlé de sang africain [...] Selon la légende abyssinienne, ce sont les descendants de Juifs ayant abandonné la Palestine avec Ménélik, fils de Salomon. Halévy pensait qu'ils descendaient d'un mélange entre les Juifs *himyarites* — sujets du roi Kaleb et en partie réfugiés des régions montagneuses de l'ouest — et des autochtones nègres [...] La tradition leur attribuant une grande antiquité en Éthiopie semble justifiée, car les *Falashas* ne connaissent pas les préceptes talmudiques. »

Le racisme exclusiviste de ces Juifs nègres est reconnu par la prétendue *Encyclopédie juive*, puisqu'elle souligne que leurs villages « sont fermés aux non-Juifs. Une sorte de synagogue, la *mesguid* est située dans la partie la plus élevée de chaque localité, laquelle comprend aussi une maison — appelée *Merghem Biet* — réservée à ce qui est rituellement impur. »

---

1 — Au sujet des marranes (ces nombreux Juifs clandestins d'origine espagnole et portugaise infiltrés actuellement en Espagne, au Portugal et en Amérique latine), les lecteurs pourront consulter le livre « *Complot contre l'Église* », de Maurice Pinay (nom d'un collectif d'auteurs), édité pour la première fois à Rome en 1962, ou toute autre édition, en particulier les chapitres 1 et 24 de l'édition italienne ainsi que les chapitres 38 et 39 de l'édition autrichienne, accrue par les auteurs du livre. L'édition anglaise est publiée par St. Anthony Press, Los Angeles, Californie, 1967. Enfin, on trouvera le texte français intégral de cet ouvrage sur le site Internet suivant : http://www.histoireebook.com/index.php?post/Pinay-Maurice-2000-ans-de-complots-contre-l-Eglise

Comme d'autres Juifs d'Afrique et d'Asie, les nègres *Falashas* sont restés séparés durant des centaines d'années du judaïsme occidental à cause de la difficulté qu'il y avait pour eux de communiquer avec lui avant le dix-huitième siècle. À l'instar des Juifs hindous, chinois et autres, ils ne se sont réunis au judaïsme international qu'à une époque relativement récente. Mais en dépit de ces siècles d'isolement, les *Falashas* ont conservé les caractéristiques essentielles de l'organisation juive, comme par exemple la discrimination à l'égard des impurs, c'est-à-dire des juifs ayant du sang gentil. Ils sont effrontés et brutaux, et en plus de la synagogue réservée aux purs, ils vont jusqu'à construire à l'usage exclusif des impurs une maison qu'ils n'appellent même pas synagogue. Les Juifs plus civilisés n'agissent d'ailleurs pas autrement, mais en masquant cette discrimination de la manière que nous avons indiquée, c'est-à-dire en l'entourant du plus grand secret afin d'éviter que les sang-mêlé n'aient conscience d'en être victimes, n'en soient vexés et n'y réagissent avec violence.

Mais l'exclusivisme des *Falashas*, qui les pousse à interdire l'entrée de gentils dans leurs villages, n'empêche qu'ils se sentent le droit de participer à la vie du monde « *goy* » pour se livrer à des activités ayant pour but de dominer ce dernier. En outre, le judaïsme international s'est servi d'eux comme agents d'infiltration en raison de leur aspect ethnique afin de contrôler les peuples de race nègre dans différentes parties du monde, et il y a longtemps déjà, beaucoup ont été transplantés çà et là en Afrique.

Pis que tout, on les a transplantés aux États-Unis pour y organiser et contrôler les communautés secrètes de Juifs nègres américains. Il convient de citer à cet égard le rabbin Jacob Solomon Raisin, qui écrit ceci dans son livre « *Gentile Reactions to Jewish Ideals* » (réactions des gentils aux idéaux juifs) : « La première congrégation juive de personnes de couleur aux États-Unis vit le jour en 1889 lorsque le rabbin Leon Richlieu, un Éthiopien, fonda le Temple Maure de Sion ». Et il ajoute : « Leur nombre s'accrut avec les nègres judaïsés des Indes occidentales, et des congrégations de Juifs nègres se formèrent à Chicago, Cleveland, Newark, Youngstown, Ashbury Park ainsi qu'à d'autres endroits. Aujourd'hui, dans la seule « *Petite Afrique* » de Harlem (quartier nègre de New York), le nombre de membres est évalué à plus de deux mille » (1).

---

1 — Rabbi Jacob Solomon Raisin : « *Gentile Reactions to Jewish Ideals* », New York 1953 ; pages 792 et 793.

SÉDER DE MARRANES (JUIFS CLANDESTINS)
LATINO-AMÉRICAINS INTERROMPU PAR L'INQUISITION

Les marranes — catholiques en public, mais juifs en secrets — étaient la cible principale des Inquisitions espagnole et portugaise. Ces crypto-Juifs du monde entier célèbrent la Pâque juive, qui commémore la conquête de l'Égypte par un seul Hébreu, le célèbre Joseph de la Bible, et aussi l'exode des Hébreux partis conquérir les sept nations de la terre de Chanaan. Toutes ces conquêtes apparaissent aux yeux des Juifs comme un symbole de la conquête du monde entier dans laquelle ils sont engagés à présent. Tout cela se célèbre chaque année à la *Pessah*, fête de la Pâque juive, qui comporte deux banquets rituels organisés par chaque famille israélite. A cette occasion, les Juifs riches parcourent le monde pour se réunir dans la maison du patriarche : le père, le grand-père ou l'arrière-grand-père s'ils sont encore en vie. Au cours du premier *Séder de Pessah*, on boit à la prochaine conquête du monde par la nation israélite. Les marranes, Juifs clandestins espagnols, portugais ou latino-américains, célébraient leur Pâque et leurs banquets solennels ou *séders* dans le secret et la clandestinité, comme toutes leurs autres cérémonies. Cette illustration montre l'interruption d'un *séder* par les gardiens de la Sainte Inquisition surprenant des marranes en train de célébrer leur banquet pascal rituel. Photographie extraite de l'«*Encyclopédie juive castillane*», tome 7. Entrée : Marrane ; page 289.

On peut constater ici combien est importante pour le judaïsme l'œuvre que le rabbin éthiopien nègre Leon Richlieu a accomplie sur une terre destinée à être conquise par l'impérialisme israélite, à savoir les États-Unis ; or, il se trouve que l'intéressé était un de ces Juifs d'Abyssinie qui sont si racistes et exclusivistes qu'en Éthiopie, ils interdisent l'entrée de leurs villages à des non Juifs et soumettent les malheureux « *impurs* » à une discrimination telle que ceux-ci n'ont pas le droit d'entrer dans les synagogues, mais doivent se cantonner dans les *Merghem Biet*, des maisons spécialement construites pour eux.

Écu de la famille Castro

CASTRO, famille juive de médecins. De nombreux membres de la famille furent persécutés par l'Inquisition. Nous mentionnerons ici Teresa de Castro (1485), Manuel de Castro, médecin à Madrid (1561), Jorge de Castro (1661), Ana de Castro, épouse de Luis Cardoso, de Tolède (1679), Catalina de Castro, de Guadalajara (1691), et Francisco de Castro (1625), condamnés par le Tribunal du Saint Office de Tolède. Álvarez de Castro, de Pontevedra, âgé de vingt ans, fut condamné à Santiago. Simóm de Castro, de Badajoz, âgé de vingt-cinq ans, fut condamné à Llerena, de même que le docteur José de Castro, de Madrid, tous en 1722. Plusieurs d'entre eux furent condamnés à la prison à perpétuité et à la confiscation de leurs biens. Felix de Castro fut condamné en 1725. Plusieurs membres de la même famille résidant au Portugal et au Brésil, et médecins eux aussi, furent condamnés par l'Inquisition de Lisbonne [...]

FIDEL CASTRO APPARTIENT À UNE FAMILLE DE JUIFS CLANDESTINS D'OÙ SONT ISSUS BEAUCOUP DE MÉDECINS

Nous avons photocopiée en partie le passage d'un très important ouvrage juif (L'« *Encyclopédie juive castillane* ») où il est question des célèbres marranes ou Juifs clandestins du nom de CASTRO, dont certains ont été condamnés par la Sainte Inquisition pour pratique secrète du judaïsme. Ainsi que les lecteurs pourront le constater, la famille CASTRO a compté dans ses rangs beaucoup de médecins en renom. *Encyclopédie juive castillane*, tome 2 ; page 288, 2ème colonne. Entrée : CASTRO, famille JUIVE de MÉDECINS.

La *Jewish Encyclopedia* révèle que le mot FALASHA signifie « émigrant » et que ces Juifs nègres ont la peau plus sombre et sont plus trapus que les *Amharas* d'Abyssinie sur le territoire desquels ils vivent. En outre, dans les régions de Walkait et Tchelga, les *Falashas* (1) sont appelés

---

1 — *Jewish Encyclopedia*, New York et Londres, 1903. Tome 5. Entrée : Falashas ; page 327, 1ère et 2ème colonnes.

« *Foggara* », et les *Ilmormas* ou *Gallas* les appellent « *Fenjas* ». Il apparaît donc que les nègres gentils donnent aux *Falashas* des noms variant selon les régions où ceux-ci se sont infiltrés.

JUIFS NOIRS FALASHAS ET LEUR VILLAGE DE BALANKAB

Ainsi qu'on peut le voir, il s'agit là d'un village de *Falashas* pauvres. Leurs huttes sont aussi humbles que celles des nègres gentils de la jungle africaine. Ces paysans *Falashas* ne portent qu'un simple pagne, et certains se couvrent d'un manteau. Ils sont impossibles à distinguer des nègres gentils des autres tribus africaines. Photographie extraite de la *Jewish Encyclopedia*, tome 5. Entrée : Falashas ; page 329.

La *Jewish Encyclopedia* indique ensuite que les *Falashas* pratiquent toutes sortes de métiers, notamment l'agriculture(1). À cet égard, il est bon de noter que les chercheurs travaillant sur le judaïsme occidental sont parvenus à la conclusion que par nature, les Juifs détestaient l'agriculture et préfèraient se consacrer à d'autres activités. Or cela n'a rien d'une règle absolue, car s'il est exact que l'on trouve très peu de paysans parmi les Juifs occidentaux, c'est l'inverse qui est vrai dans bien des communautés israélites d'Afrique et d'Asie, où beaucoup de FALASHAS d'ABYSSINIE, les TIAO-KIU-KIAOU de Chine et d'autres encore pratiquent l'agriculture et infiltrent dans de dangereuses proportions les organisations paysannes de ces pays.

---

1 — *Jewish Encyclopedia*, tome 5. Entrée : Falashas ; page 327, 2ème colonne.

On constate la même chose avec les Indiens juifs d'Amérique latine, dont les ancêtres ont fui l'Inquisition il y a des siècles et se sont installés dans des régions agricoles, loin des grands centres de peuplement où opérait la Haute Cour de l'Inquisition. Dans ces régions, ils devaient presque tous se consacrer à l'agriculture et à l'élevage de bovins. Beaucoup le font encore aujourd'hui, monopolisant les terres, vivant en vrais potentats dans les villages, faisant et défaisant les maires, accaparant les récoltes, notamment les céréales, les achetant aux paysans gentils pour un prix de misère et le revendant au détail à des prix astronomiques. En outre, ils sont propriétaires des magasins d'alimentation, où ils vendent de l'alcool, ainsi que des tavernes et des salles de billard, où ils inculquent le vice de l'alcoolisme à la jeunesse paysanne afin de l'exploiter et de lui acheter ses récoltes aux prix les plus vils. Enfin, ils prêtent de l'argent à des taux d'intérêt usuraires : jusqu'à 120%, voire 240% par an. Les usuriers juifs n'agissent pas autrement dans le monde entier, où ils exploitent les paysans de façon criminelle, comme l'a dénoncé le Juif russe Jacob Alexandrovitch Brafman dans son ouvrage intitulé « *Le Livre de Kahal* » ; cet auteur rapporte que ses coreligionnaires de l'Empire russe se comportaient de la même manière avec les paysans russes, encourageant ceux-ci au vice de l'alcoolisme afin de leur acheter leurs récoltes aux plus bas prix. Stolypine, Premier Ministre du Tsar Nicolas II, mit fin à cette situation en retirant aux Juifs leur monopole du commerce des alcools pour les empêcher de répandre l'alcoolisme dans la paysannerie, ce qui poussa le judaïsme à prononcer sa condamnation à mort. L'« exécution » fut confiée au Juif Bogrof, qui s'était infiltré dans la police impériale ; il assassina Piotr Arkadievitch Stolypine le 14 septembre 1911 dans un théâtre de Kiev où sa victime avait accompagné la famille impériale. Cela montre combien il est dangereux de tolérer l'infiltration de Juifs dans la police et les forces armées d'un pays, car cela les met en position d'assassiner facilement les chefs d'État ou les ministres lorsqu'il convient à l'impérialisme juif d'ordonner de tels crimes.

L'effort que l'impérialisme juif accomplit — parfois avec succès pour conquérir l'Abyssinie a commencé il y a bien des siècles.

L'« *Encyclopédie juive castillane* » révèle qu'au dixième siècle, il y avait en Abyssinie une dynastie juive composée de descendants du roi israélite Salomon. On y lit ceci : « Au début du dixième siècle apparut une nouvelle dynastie, celle des Zogue. L'épouse du roi Gédéon, appelée Judith, détrôna

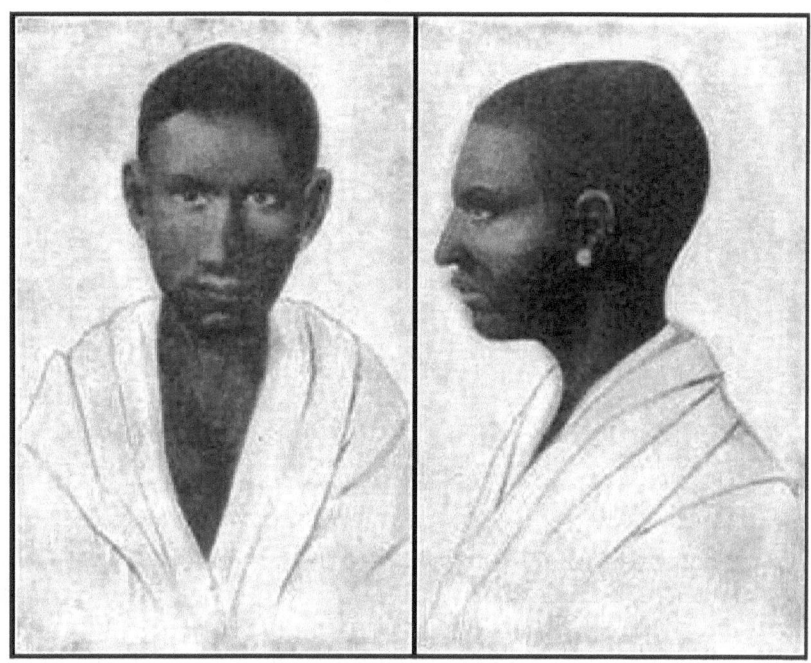

JUIVE NOIRE FALASHA D'ABYSSINIE

Jewish Encyclopedia. Tome 5. Entrée : FALASHA. Page 329, 2ème colonne. Croquis d'une femme Beta Israel, publiée dans Lefebvre (Charles, Théophile), *Voyage en Abyssinie exécuté pendant les années 1839-1843*, Paris, Arthus Bertrand, 6 vol., 1845-1851.

le roi légitime d'ASCENDANCE SALOMONIQUE et ordonna la mise à mort de quatre cents princes de cette dynastie. Le roi déchu, Delhad, s'enfuit vers le sud du pays et s'installa à Shoa, tandis que la nouvelle dynastie — au sein de laquelle il semble y avoir eu plusieurs défenseurs enthousiastes du christianisme — se renforçait au nord. Les historiens éthiopiens n'en appellent pas moins les rois Zogue des « ROIS JUIFS » (1). Si tel est le cas, cela aurait pu entraîner une guerre entre Juifs, comme cela s'est vu dans plusieurs pays depuis que la nation israélite est dispersée de par le monde.

Mais heureusement pour le peuple éthiopien, l'« *Encyclopédie juive castillane* » indique que le règne de cette dynastie Zogue « prit fin en 1270, année où elle fut renversée par Yekuno Amlak, bien qu'elle subsistât dans la partie nord du pays jusqu'à ce qu'elle fût soumise par le roi Sarsa Dengel au

---

1 — *Encyclopédie juive castillane.* Tome 4. Entrée : Éthiopie ; pages 331 et 332.

GROUPE DE JUIFS NOIRS FALASHAS D'ÉTHIOPIE

La photographie originale du vaste ouvrage officiel juif intitulé « *Encyclopédie juive castillane* », tome 8. Entrée : Juifs noirs ; page 107, 1ère colonne, étant de très mauvaise qualité, nous avons préféré utilisé celle-ci.

Les juifs Ethiopiens étant constitués de plusieurs communautés, les classifications de certaines comme non-juives ne leur ont pas permis d'émigrer comme les *Falasha Mura*. Ces derniers, sont des communautés juives qui se sont installés dans la capitale Addis Abeba, croyant accroître leurs chances d'émigrer lors de la mission Solomon. Il y a également eu une grève de la faim au sein de cette communauté à Addis en 2011 avec peu d'effets. En effet, le sujet de leur appartenance à la religion juive a été longtemps mise en question par Israël parce que leurs ancêtres s'étaient convertis au christianisme au XIXème siècle afin de ne pas être persécutés et parce qu'ils avaient adopté un mode *devoe* semblable à celui de leurs voisins chrétiens. La tendance inverse, de non-juifs accédant au droit d'émigration de manière frauduleuse peut également être observée avec des non-juifs se faisant passer pour tel afin d'avoir une vie meilleure en Israël. Nous remarquons donc un plus grand scrupule quant à la quantité de preuves qui doivent être avancées pour démontrer l'appartenance à la religion juive.

seizième siècle, puis anéantie par Susenyos après les massacres de 1617 » (1).

Le règne de la dynastie gentille — de vrais Éthiopiens — fut cependant perturbé, sur la majeure partie du territoire abyssin, par les révoltes que le judaïsme organisait en utilisant comme satellites les *Prosélytes de la Porte*, ainsi que nous le verrons ci-après. Ceux-ci purent convertir à la

---

1 — *Jewish Encyclopedia*. Tome 5. Entrée : Falasha ; page 329, 2ème colonne.

religion d'Israël certains gouverneurs de province, faisant d'eux d'aveugles instruments de l'impérialisme juif, les incitant à se rebeller contre le roi gentil d'Éthiopie, s'efforçant de renverser ce dernier. On trouve ce genre de précieuses informations sur la subversion juive contre la dynastie authentiquement abyssine dans la JEWISH ENCYCLOPEDIA, qui dit ceci : « Sous le roi Amda-Syon 1er (1314-1344), des Juifs s'installèrent au Simien, au Wogara, au Salamt et dans la province de Sagade. L'un de ces rois-généraux réprima une rébellion dans la province de Begamader, habitée par des chrétiens convertis au judaïsme. Après cela, une révolution *Falasha* éclata sous le règne d'Ishak (1412-1429). Le règne de Zara Yacoub (1434-1468) fut perturbé par la rébellion qu'avaient déclenchée Ambâ-Nahad, gouverneur du Salamat, Sagay, gouverneur du Simien, ainsi que le Kantiba ; tous avaient ABJURÉ le christianisme et s'étaient CONVERTIS AU JUDAÏSME » (1). Ainsi, les Juifs nègres d'Abyssinie se servaient des *Prosélytes de la Porte*, apostats du christianisme convertis au judaïsme, afin de s'assurer la domination de l'Abyssinie, ce qu'ils s'efforcent de reproduire aujourd'hui avec les *Prosélytes de la Porte* qu'ils ont recrutés au Japon et dans d'autres pays ou communautés, où les juifs véritables, c'est-à-dire de sang pur, ne sont pas assez nombreux pour atteindre seuls cet objectif et ont donc besoin de marionnettes gentilles aisément manipulables, ce que les *Prosélytes de la Porte* sont généralement.

Le judaïsme compte bien asservir les *Prosélytes de la Porte* parce qu'ils sont de sang gentil — après avoir établi sa dictature totalitaire (appelée « RÉGIME MESSIANIQUE »). Il compte détruire toutes les religions des gentils, ce dont ils croient trouver la prophétie dans la Bible et le Talmud ; la seule religion qui devra subsister alors sera celle d'Israël, à laquelle les porcs gentils auront obligation de se convertir, devenant ainsi des PROSÉLYTES DE LA PORTE, à moins que, s'y refusant, ils ne soient mis à mort. Par conséquent, les actuels *Prosélytes de la Porte* ne sont que des pionniers de cet embrigadement spirituel précédant l'asservissement matériel, car tous nos descendants « *goyim* » sont voués à être des *Prosélytes de la Porte* et des esclaves lorsque le judaïsme aura substitué au régime provisoire communiste — qui aura déjà fait d'eux des esclaves de l'État placés sous l'autorité de Juifs véritables — un « RÉGIME MESSIANIQUE » également

---

1 — *Encyclopédie juive castillane*. Tome 4. Entrée : Éthiopie ; page 332, 1ère colonne.

dirigé par des Juifs véritables d'une manière dictatoriale et totalitaire. La *Jewish Encyclopedia* poursuit en évoquant les luttes armées ayant opposé les *Falashas* aux gentils d'Abyssinie, les premiers étant souvent vaincus et persécutés par les seconds. L'une de ces persécutions aboutit en 1626 à ce que les *Falashas* de Dembea — terrorisés, d'après l'encyclopédie en

PAYSANS JUIFS NOIRS FALASHAS PRÈS DE GONDAR

Ils vont pieds nus. Pour éviter que les Juifs très pauvres du monde entiers deviennent envieux des Juifs très riches et autres millionnaires, les rabbins, les religieux et les dirigeants politiques des Fraternités de la Synagogue prêchent à leur attention que LE DIEU D'ISRAËL LES A BÉNIS EN LEUR FAISANT DON DE LA PAUVRETÉ, PARCE QUE GRÂCE À ELLE, ILS SERONT DE MEILLEURS DIRIGEANTS DU PROLÉTARIAT GENTIL, AVEC LA RÉVOLUTION SOCIALISTE DUQUEL ISRAËL S'ASSURERA LA DOMINATION TOTALE DE TOUTES LES NATIONS. Ils citent à cet égard l'exemple de Lénine, et aussi celui des Juifs des classes pauvres qui ont réussi à conquérir l'ex-Empire russe et à en devenir les maîtres absolus.

La photographie originale du vaste ouvrage officiel juif intitulé l'« *Encyclopédie juive castillane* », tome 4. Entrée : Falasha. ; page 372, 1ère colonne, étant de très mauvaise qualité, nous avons préféré utilisé celle-ci.

question, par un cruel empereur — embrassent massivement le christianisme(1). On sait déjà pourquoi ces conversions massives de Juifs au christianisme, à l'islam ou à toute autre religion se sont systématiquement produites au cours des siècles : pour aboutir à la mise en place d'un JUDAÏSME CLANDESTIN couvert du masque de la religion prétendument adoptée. C'est à ces événements que l'on doit l'existence des Juifs clandestins qui, sous les dehors du christianisme, aident considérablement l'empereur juif tyrannique d'Abyssinie Hailé Sélassié à maintenir le véritable peuple éthiopien sous son joug.

NÉGRIERS NOIRS D'ÉTHIOPIE
AU MARCHÉ D'ADDIS ABEBA

Photographie extraite de l'« *Encyclopédie juive castillane* »,
tome 4. Entrée : Éthiopie ; page 332.

La *Jewish Encyclopedia* indique que la chute de la deuxième dynastie JUIVE susmentionnée « provoqua une série de guerres civiles qui finit par porter au pouvoir le roi SHOA, fondateur de la première dynastie SALOMONIQUE, lequel prit pour nom Menelik 1er. Cela se produisit en l'an 1889(2) ». Mais comme nous l'avons déjà fait observer dans un autre chapitre (voir la section n° 4 de la Bibliothèque des « *Secrets politiques* » intitulée « *La cinquième colonne juive en Inde* »), cette conquête de l'Abyssinie

---

1 — *Jewish Encyclopedia*, page 330, 1ère colonne.
2 — *Encyclopédie juive castillane*, tome 4. Entrée : Éthiopie ; page 332, 1ère colonne.

par un empereur juif ne put s'accomplir qu'avec l'aide criminelle de l'impérialisme britannique, grâce au contrôle exercé par les Juifs britanniques sur le gouvernement de Londres ainsi que sur les monopoles bancaires, industriels et commerciaux établis en Angleterre, qui exploitaient les richesses et les habitants des colonies de l'Empire britannique au profit de ces super-capitalistes juifs. Pour ce faire, conformément à ce que nous avons déjà indiqué dans la section n° 4, les troupes britanniques de l'armée anglo-indienne, comprenant des Juifs hindous Beni-Israël et en partie commandées par eux, envahirent l'Abyssinie et en chassèrent la dynastie gentille en 1889 ; elles la remplacèrent par l'actuelle dynastie juive de l'israélite Hailé Sélassié, qui tyrannise et exploite le peuple éthiopien.

INDIENS JUIFS DU MEXIQUE

Le mélange de marranes (Juifs clandestins) espagnols avec la race autochtone des colonies américaines de l'ancien Empire espagnol a produit une nouvelle ethnie juive largement mêlée de sang indien. Bien souvent, leur peau très sombre donne à ces marranes l'aspect extérieur d'Indiens, de sorte que nul ne peut les distinguer des véritables Indiens ou sang-mêlé des pays latine-américains. Ils portent des prénoms chrétiens et des patronymes authentiquement espagnols, et la plupart professent publiquement la religion catholique, n'étant juifs qu'en secret. Néanmoins, un petit nombre d'entre eux ont jeté le masque du catholicisme pour pratiquer le judaïsme en public. Cette photographie montre une synagogue publique dans le village de Venta Prieta (situé près de la ville de Mexico), devant laquelle se tiennent quelques INDIENS JUIFS de la classe pauvre. La photographie extraite du livre d'Elizabeth Dilling « *The Plot against Christianity* » (Le Complot contre le Christianisme), publié par « *The Elizabeth Dilling Foundation* », Lincoln (Nebraska), 1964. 3ème édition, page 37 étant de très mauvaise qualité, nous avons préféré utilisé celle-ci représentant un jeune homme en prière dans la synagogue de Venta Prieta, Mexique, 1986. Photo : Esther Nissan Askenazi, Mexique.

Lorsque l'impérialisme juif ne parvient pas seul, par l'intermédiaire de sa cinquième colonne présente dans un pays donné, à s'emparer du gouvernement de ce dernier, il suscite une intervention armée étrangère, à moins qu'il n'utilise les agissements économiques ou diplomatiques de gouvernements à sa botte afin de remplacer le gouvernement gentil du pays en question par un gouvernement soumis à son pouvoir caché. L'impérialisme yankee a joué ce rôle sinistre aux dix-neuvième et vingtième siècles jusqu'à la Deuxième Guerre mondiale, chaque fois — bien entendu — que la présidence des États-Unis était aux mains d'un Juif clandestin ou d'une marionnette maçonnique gentille entièrement manipulée par le pouvoir caché juif.

L'intervention des États-Unis au Mexique et dans d'autres pays latino-américains a souvent abouti à l'éviction de gouvernements patriotes et à leur remplacement par des régimes que contrôlent les MARRANES, c'est-à-dire les Juifs clandestins d'Amérique latine, parfois avec l'aide de la maçonnerie, manipulée par le pouvoir caché israélite. Le judaïsme s'est servi de l'impérialisme britannique aux mêmes fins dans d'autres continents.

La domination de l'impérialisme israélite sur l'Éthiopie a été facilité aussi par l'existence dans ce pays d'une religion chrétienne à la doctrine largement judaïsée. L'« *Encyclopédie juive castillane* » souligne à cet égard ce qui suit : « Après la conquête de l'Égypte par les mahométans, les Éthiopiens adoptèrent le christianisme monophysite de l'Église copte du septième siècle, mais ils conservent aujourd'hui encore certaines coutumes juives : ils observent le « grand Sabbat » *(le dimanche)*, mais aussi le « petit Sabbat » *(le samedi)* ; de même, ils pratiquent la circoncision des nouveaux-nés des deux sexes le huitième jour après la naissance, ainsi que la danse des prêtres devant le tabot *(planchettes sacrées représentant les tables de la Loi)* ; leurs églises sont construites sur le modèle du temple de Jérusalem ; d'autre (part, ILS PRÉFÈRENT L'ANCIEN TESTAMENT et entretiennent l'espoir de retourner à Jérusalem ; le samedi est pour eux un leur SAINT qu'ils appellent « *Sanbat* ». Enfin, outre certaines pratiques païennes (1), ils observent les règles alimentaires prescrites dans la Bible ET L'INTERDICTION DES IMAGES TAILLÉES.

---

1 — *Encyclopédie juive castillane*, tome 4. Entrée : Éthiopie ; page 331, 2ème colonne.

INDIEN JUIF DU MEXIQUE À LA SYNAGOGUE DE VENTA PRIETA, PRÈS DE LA VILLE DE MEXICO

Comme les lecteurs pourront le constater, cet Indien juif du Mexique a la peau très sombre et ressemble à un véritable Indien de ce pays ou d'autres pays latino-américains. La photographie extraite du grand ouvrage juif officiel intitulé « *Encyclopédie juive castillane* », tome 7. Entrée : Mexique ; page 446, 1ère colonne étant de très mauvaise qualité, nous avons préféré utilisé celle-ci.

Juifs dans leurs vêtements de sabbat, Venta Prieta, Mexique, 1940.

Photo : Ida Cowen, USA

Il importe de souligner que dans des pays comme l'Écosse et les États-Unis, d'autres chrétiens fortement judaïsés ont &ait(eux aussi, la domination de ces nations par l'impérialisme juif C'est pourquoi le judaïsme, qui a désormais la haute main sur l'Église catholique, s'efforce de la judaïser afin de la transformer en instrument efficace pour le contrôle de ses fidèles, en dépit d(la lutte courageuse menée par certains ecclésiastiques catholique ; ayant publiquement dénoncé cette manœuvre perverse ; c'est ce qu'ont fait les auteurs de l'ouvrage « *Complot contre l'Église* » et le prêtre mexicain Joaquin Saénz Arriaga, qui a démontré que le Pape Paul VI était un Juif clandestin descendant d'une famille israélite de Brescia faussement convertie au christianisme il y a plusieurs siècles.

Baltasar Laureano Ramirez, avocat

Rabbin de la synagogue des Indiens juifs du quartier de Peralvillo, à Mexico.

Son prénom et ses patronymes sont espagnols, et il présente le type physique (l'un métis latino-américain d'Espagnol et d'Indien, bien qu'il fût un dirigeant pif. Photographie extraite de l'« *Encyclopédie juive castillane* », tome 7. Entrée : Mexique ; page 446, 2ème colonne.

Voilà pourquoi ce prêtre catholique soutient que l'élection de Paul VI à la papauté est nulle et non avenue, au même titre que l'avait été l'élection du Cardinal Pietro Pierleoni qui, en 1130, fut élu Pape sous le nom d'Anaclet II. Cette élection fut déclarée invalide par saint Bernard et plusieurs conciles locaux (français, allemand et autres) convoqués par les souverains concernés, dont l'empereur allemand. Le deuxième Concile œcuménique de Nicée confirma ensuite cette invalidité au vu de la thèse de saint Bernard selon laquelle l'élection à la papauté d'un cardinal clandestinement juif était nulle et non avenue, quand bien même il aurait été élu par les trois quarts des cardinaux et reconnu à tort, des années durant, comme le pape légitime, ce qui fut le cas du Cardinal Pierleoni (1).

Nous avons été informé que selon l'abbé Saénz Arriaga, pour cette raison comme pour d'autres, Paul VI est un antipape, c'est-à-dire un faux Pape, un imposteur, et que le siège de Pierre est donc vacant, comme cela s'est déjà produit dans l'histoire de l'Église ; par conséquent, toujours selon lui, les chefs d'État catholiques ou un ou deux évêques pourraient convoquer un concile général imparfait avec la partie SAINE ET ORTHODOXE DE L'ÉGLISE (bien qu'au début, ce concile ne représenterait qu'une minorité, comme dans le cas de Pierleoni) afin d'élire un Pape légitime.

---

1 — En ce qui concerne la nullité de l'élection du Pape Anaclet II, motivée par la judaïté clandestine de l'intéressé, voir l'ouvrage susmentionné « *Complot contre l'Église* », de Maurice Pinay, quatrième partie, chapitres 25 et 26.

FAMILLE DE MARRANES (*juifs clandestins*) DU CHILI, PROVINCE DE CAUTÍN

Ces marranes sont de type parfaitement espagnol, et ils ont la peau blanche.

Une grande partie des Juifs clandestins d'Amérique latine, y compris le Brésil, ne se sont pas mêlés à la race autochtone d'Amérique et appartiennent à la race blanche, puisqu'ils descendent d'Espagnols et de Portugais. Certains ont même les cheveux blonds et les yeux bleus, car ils descendent d'un mélange de Juifs et de Wisigoths germaniques d'Espagne, ainsi que de Vandales germaniques du Portugal. Néanmoins, les prénoms de ces marranes sont chrétiens, et leurs patronymes portugais ou espagnols ; tous professent publiquement la religion catholique, mais sont des Juifs en secret. Ils dirigent les mouvements marxistes d'Amérique latine et les guérillas marxistes des villes et des campagnes, de même que le clergé catholique dit « *progressiste* », qui est au service de Moscou. Photographie extraite du « *Jewish Encyclopedic Randbook* » (manuel encyclopédique juif) de Pablo Link, « *Israel Publishing House* », Buenos Aires, 1950 ; page 97, 1ère colonne.

C'est ce qui s'est produit à d'autres moments de l'histoire de l'Église, et il existe une jurisprudence canonique suffisante pour justifier une telle procédure ; à cet égard, le collectif « Maurice Pinay » cite plusieurs documents ecclésiastiques dans son ouvrage intitulé « *A Pope Excommunicated Due to His Negligence to Fight Heresy* » (un pape excommunié pour négligence dans la lutte contre l'hérésie) (1).

---

1 — Maurice Pinay : « *A Pope Excommunicated by the Holy Catholic Church,*

En outre, l'abbé Saénz Arriaga souligne que comme Paul VI est un Juif clandestin, il a rempli le Saint-Siège et le Collège des Cardinaux d'autres Juifs clandestins, qui sont en train de démolir l'Église, la transformant en satellite du judaïsme et de la subversion communiste conduite par les Juifs du Kremlin, Fidel Castro ainsi que d'autres dirigeants marxistes à la botte du judaïsme. Le prêtre a rassemblé toutes ces informations dans deux ouvrages : « *La Nouvelle Église Montinienne* » (première édition publiée en 1971 par le *Christian Book Club of America*) et « *Vacant Seat* » (« Siège vacant », publié par les *Editores Asociados*, S. de R. L. Edition, 1973). Ces deux livres ont fait sensation dans le monde entier, et notamment dans les milieux catholiques.

On sait également que Paul VI n'a pas encore osé — du moins jusqu'à présent — reconnaître l'État d'Israël, précisément à cause des accusations lancées contre lui depuis plusieurs pays, selon lesquelles cet homme est un Juif qui tente de transformer l'Église catholique en satellite d'Israël. Peut-être croit-il que la reconnaissance de l'État juif donnerait davantage de crédit à ces accusations, le plaçant ainsi dans une situation plus difficile, surtout si les Arabes savent comment exploiter celle-ci. Nous adressons nos plus cordiales félicitations à tous les clercs et laïcs catholiques en lutte contre le nouveau Judas, attaché à faire de l'Église catholique un instrument d'Israël, nation qui s'est révélée être le pire ennemi du Christ et de Son Église au fil des siècles.

Il n'est donc pas surprenant que Paul VI se serve de ses prêtres juifs du monde capitaliste pour semer, au sein de ce dernier, la subversion au profit du communisme juif dans le cadre d'un accord secret avec le Kremlin. Il ne faut pas s'étonner non plus que l'intéressé essaye d'utiliser le clergé catholique de Chine populaire et d'Albanie comme agent de subversion et d'espionnage pour le compte de l'impérialisme soviétique. C'est dans ce but, faisant montre d'une adresse consommée, qu'il s'est efforcé de louer le régime maoïste et de gagner sa confiance afin d'obtenir de lui la permission d'envoyer en Chine des jésuites et autres missionnaires secrètement chargés d'y pratiquer la subversion et l'espionnage au service de Moscou.

Il est criminel de la part de Paul VI d'utiliser le clergé catholique à des fins si ennemies de l'Église fondée par Jésus-Christ. Tel Judas, en ef-

---

for his negligence to fight heresy ». Première édition espagnole, Rome, avril 1967.

fet, il trahit ainsi la doctrine du Christ, laquelle est incompatible avec celle des maîtres du Kremlin, qu'il aide constamment de différentes manières, assisté en cela par ses collaborateurs du haut et du bas clergé. Cette action est assez semblable à celle menée en Chine par certaines églises protestantes sous contrôle israélite, qui ne sont rien d'autres que des infiltrés du SUPER-IMPÉRIALISME JUIF au service, soit de l'impérialisme capitaliste judaïque, soit de l'impérialisme socialiste moscovite, selon ce qui convient hic et nunc au super-impérialisme en question.

JUIVE INDIENNE DU MEXIQUE

Il est impossible de la distinguer des autres autochtones d'Amérique latine. Photographie extraite de *Nonoalco Jewess*, par Elizabeth Dilling. « *The Plot Against Christianity* », publié par « *The Elizabeth Dilling Foundation* », Lincoln (Nebraska), 1964. Troisième édition, page 37.

Lors de la conquête de l'Éthiopie par l'impérialisme fasciste italien, le Duc d'Aoste, Vice-Roi d'Éthiopie, s'efforça d'extirper le judaïsme de ce pays, mais il reproduisit les erreurs que chrétiens et musulmans avaient commises pendant des siècles. Il publia des décrets dissolvant les communautés israélites d'Addis Abéba et de Diredawa, pensant naïvement que cela suffirait pour en finir avec elles. Le seul résultat qu'il obtint fut la disparition de ces communautés en surface et leur plongée dans la clandestinité, comme cela s'est produit en d'autres occasions.

Lorsque l'impérialisme britannique rétablit l'empereur juif Hailé Sélassié sur son trône, le judaïsme acquit une puissance considérable en Éthiopie et fur renforcé par de nouvelles émigrations. À cet égard, l'« *Encyclopédie juive castillane* » souligne ceci : « L'immigration juive dans le pays a recommencé après la libération de ce dernier, pendant la Deuxième Guerre mondiale. L'Empereur Hailé Sélassié A FAIT VENIR PLUSIEURS

DIRIGEANT JUIF NOIR DES ÉTATS-UNIS, RABBIN D'UNE CONGRÉGATION NÈGRE DE CE PAYS

La photographie extraite de l'« *Encyclopédie juive castillane* », tome 8. Entrée : Juifs noirs ; page 107, 1ère colonne étant de très mauvaise qualité, nous avons préféré utilisé celle-ci.

CONSEILLERS ET TECHNICIENS JUIFS DE PALESTINE ET D'AUTRES ENDROITS... » (1)

Mais cela ne suffisait pas aux yeux du tyran juif Hailé Sélassié et de ses conseillers éthiopiens juifs comme lui. Il alla jusqu'à faire venir ouvertement des conseillers et des techniciens juifs d'Israël et d'ailleurs. Il n'est pas surprenant, pour la même raison, que les experts de ces questions assimilent le gouvernement de l'usurpateur juif Hailé Sélassié à ceux d'Israël et de l'Union Soviétique, et que pour cette raison parmi d'autres déjà mentionnées dans le présent chapitre, on ait assisté à ceci : l'impé-

---

1 — *Encyclopédie juive castillane*, tome 4. Entrée : Éthiopie ; page 332, 2ème colonne.

rialisme juif transformant l'Abyssinie ou l'Éthiopie en un très puissant instrument pour contrôler ou influencer les nations nègres africaines, les nations du tiers monde — dites neutres — au moyen d'une diplomatie machiavélique visant toujours à y exercer le plus de contrôle possible dans ces domaines et à y contrecarrer les dirigeants «*goyim*» qui, par leur influence, pourraient amener les nations nègres, le monde neutre en général et le monde sous-développé à se libérer vraiment du super-impérialisme juif et de ses tentacules : l'impérialisme communiste juif du Kremlin, de Belgrade ou de La Havane, le sionisme ou même l'impérialisme nègre juif de l'Éthiopie.

Cela explique pourquoi, avec un ensemble frappant, les gouvernements capitalistes des États-Unis et de l'Angleterre et le gouvernement prétendument socialiste de l'État d'Israël, ainsi que celui de l'Union Soviétique ont apporté à l'empereur tyrannique d'Éthiopie une aide économique et militaire pour qu'il puisse surmonter ses difficultés intérieures et livrer une lutte sanglante aux patriotes somaliens qui se battent pour leur indépendance, de même qu'aux patriotes éthiopiens parfois en révolte contre ce régime despotique qui les opprime.

Si l'Abyssinie était arrachée aux griffes tyranniques de la dynastie juive usurpatrice personnifiée par Hailé Sélassié, qui opprime le peuple éthiopien, cela aurait pour effet non seulement de libérer celui-ci de l'exploitation juive, mais aussi d'entraîner la destruction d'un des pouvoirs juifs locaux qui complotent au sein de l'ORGANISATION DE L'UNITÉ AFRICAINE comme d'autres organisations de pays sous-développés afin d'éviter que des dirigeants authentiquement patriotes ne conduisent lesdits pays à s'unir pour rejeter vraiment et à tous égards le joug impérialiste.

Nous allons maintenant étudier brièvement d'autres communautés JUIVES NOIRES analogues aux *Falashas* d'Éthiopie qui sont répandues dans différents pays d'Afrique noire.

Le rabbin Jacob Solomon Raisin écrit ceci à propos des JUIFS NÈGRES d'Afrique : « Des réminiscences raciales analogues (à celles des Falashas) se voient dans le pays situé autour des lacs Albert, Édouard et Nyasa (lac Malawi) ainsi que dans le territoire du Tanganyika [...] dans les Somalies et l'île du Mozambique, avant l'ère chrétienne, il y eut d'importants mouvements migratoires juifs qui, selon la tradition, partirent des grandes villes commerçantes du Yémen notamment Aden — et de la région yéménite de l'Hadramaout. »

Plus loin, le rabbin fait état d'autres concentrations très importantes de Juifs en Afrique noire, et il écrit textuellement : « Ces pays de l'*"Ultima terra"*, comme les appelaient les Romains, furent un point de départ pour les Juifs exilés dans les terres africaines peuplées de nègres. La chute de Jérusalem et le désastreux soulèvement de Bar Kokhba, contraignirent beaucoup de groupes juifs d'échapper à la vengeance romaine en fuyant aussi loin que possible. Selon Jérôme, ils établirent une chaîne ininterrompue de colonies entre la Mauritanie et l'Inde. Grâce à leurs efforts, le Ghana — dans le Soudan français *(actuellement le Mali)* — devint un centre commercial important » (1). Il est très intéressant de noter que le Ghana est l'un des plus grands centres du judaïsme nègre et que c'est aussi l'un des principaux centres de l'agitation communiste au sein de la race nègre. Comme chacun peut d'ailleurs le constater, on retrouve fréquemment dans l'histoire cette coïncidence qui fait que les lieux où il y a le plus de Juifs sont aussi — tout naturellement — les principaux foyers de l'agitation révolutionnaire d'origine israélite.

Notre rabbin fournit ensuite des informations sur les Juifs nègres d'Afrique : « On trouve çà et là des vestiges d'hébraïsme chez les Touaregs et de nombreuses tribus du territoire nigérien qui disent avoir une ascendance hébraïque, notamment dans les régions du lac Tchad, l'État de Borno et l'État de Sokoto. [...] Il subsiste comme un parfum d'hébraïsme dans les préceptes des Peuls et d'autres tribus de la région du Cap Vert et du Sénégal, le long de la côte sud-ouest de l'Afrique, autour du Congo et de la Guinée. Au Dahomey, il existe une communauté judaïsée ; elle a un temple où sont offerts des sacrifices ; elle possède aussi un Pentateuque écrit sur du « *parchemin* », et elle pratique les cérémonies du samedi, entre autres rites juifs. » L'érudit en question conclut en évoquant une autre communauté composée d'environ quatre cents familles (2) qui disent avoir des ancêtres sémites.

Certaines ont pour nom Am Yah Khayyun ou Emo Yo Quayim (peuple du Dieu vivant), et d'autres B'nai Efraim (fils d'Ephraïm).

---

1 — Rabbin Jacob Solomon Raisin, « *Réactions des gentils aux idéaux juifs* », corrigé par Herman Hailperin, rabbin et chargé de cours à l'université de Pittsburgh (Pensylvanie). Edité à New York en 1953 ; pages 424 à 427.

2 — Les recensements juifs rendent compte du nombre de familles, non du nombre d'individus.

L'auteur parle enfin des nombreuses tribus infiltrées dans les pays arabes d'Afrique du Nord (1).

L'« *Encyclopédie juive castillane* » fournit des informations sur certains Juifs d'Afrique noire que le judaïsme assimile à de simples Prosélytes de la Porte, mais qui — comme elle le démontre — sont également contrôlés et fortement tenus en main par l'impérialisme judaïque. En ce qui concerne ces nègres gentils de religion israélite, elle souligne ceci : « Dans d'autres régions d'Afrique également, on a découvert des nègres de religion juive. Adolf Bastian a identifié comme tels les MAVAMBU, sur la baie de Loango, en Afrique occidentale, qui observent le samedi. À Madagascar, il existe une secte appelée *"Zafy Ibrahim"* (descendants d'Abraham) qui observe les rites judaïques. » En ce qui concerne les vrais Juifs noirs, c'est-à-dire ceux d'origine israélite, l'*Encyclopédie* ajoute : « Enfin, on trouve des individus de type négroïde parmi les Juifs d'Afrique du Nord » (2).

Voilà pourquoi la cinquième colonne juive présente au sein de la population nègre d'Afrique est à la fois nombreuse et ramifiée. Ses membres ont tenté de s'emparer du gouvernement de plusieurs nations nègres lors de l'accession de celles-ci à l'indépendance, surtout dans les anciennes colonies britanniques, où les Juifs qui manipulent l'impérialisme britannique ont fait de leur mieux — parfois avec succès — pour placer leurs coreligionnaires dans les gouvernements des pays nouvellement indépendants. Certains de ces Juifs noirs ont pu ainsi établir des dictatures totalitaires de type communiste avec l'appui des Juifs du Kremlin et du marrane Fidel Castro, qui leur envoie des conseillers militaires pour former leurs armées.

Le pire est que beaucoup de Juifs nègres, y compris les *Prosélytes de la Porte*, sont les principaux agents qui, pour le compte du Kremlin, s'efforcent de chasser les gouvernements nationalistes et de les remplacer par des dictatures totalitaires de type bolchevique, c'est-à-dire des satellites de l'impérialisme juif soviétique. Ces Juifs nègres essaient de contrôler aussi les mouvements d'indépendance des quelques colonies qui restent en Afrique noire, dont celles du Portugal et de l'Espagne, en éliminant

---

1 — Rabbin Jacob Solomon Raisin, *ibid.* ; pages 427 à 429.
2 — *Encyclopédie juive castillane*, tome 8. Entrée : Juifs noirs ; page 107, 1ère colonne.

de la direction de ces mouvements les vrais patriotes nègres. Le judaïsme ne s'intéresse pas le moins du monde à la libération des nations nègres de la domination coloniale ; simplement, il veut remplacer celle-ci par la domination des Juifs nègres sur les nations ayant accédé à leur indépendance afin de soumettre ensuite ces dernières à la dictature totalitaire juive couverte du masque communiste.

Le super-impérialisme juif utilise ses impérialismes satellites pour contrôler les pays d'Afrique noire ; ce sont l'impérialisme capitaliste juif, le sionisme impérialiste de l'État d'Israël et l'impérialisme nègre d'Éthiopie. Beaucoup de Juifs nègres servent d'agents à ces impérialismes satellites selon ce qui convient dans chaque cas au super-impérialisme juif. Heureusement, il est arrivé que l'armée renverse certains gouvernements laissés en place par l'impérialisme britannique, déjouant ainsi la manœuvre juive. D'autre part, les patriotes nègres ont le plus souvent réussi à prendre le contrôle du gouvernement de leur pays, toujours avec l'aide de l'armée qui, dans d'autres parties du monde, constitue traditionnellement la meilleure défense des peuples contre l'impérialisme juif et ses ressorts cachés fauteurs de subversion. Par ailleurs, les interventions de la Chine communiste en Afrique noire ont permis de faire échouer de nombreuses manœuvres de l'Union Soviétique et de ses satellites, à la grande indignation des israélites du Kremlin. Certains États arabes sont intervenus, eux aussi, en défense des patriotes nègres. Il convient néanmoins de bien veiller à ne pas soutenir les Juifs nègres déguisés en patriotes nègres socialistes.

Il est hautement nécessaire d'enquêter plus avant sur les infiltrations juives nègres dans les pays d'Afrique noire, car ce n'est qu'en extirpant la racine du mal — ces cinquièmes colonnes du super-impérialisme juif — que les nations africaines se libéreront vraiment de l'ennemi caché qui fait peser sur elles une si grave menace.

Qu'ils soient issus d'Éthiopie ou d'autres pays d'Afrique, les Juifs nègres ont infiltré aussi les populations noires des Etats-Unis, d'Amérique latine et des anciennes colonies britanniques antillaises ou guyanaises.

Ils s'efforcent partout de contrôler la population nègre, et en particulier son gouvernement. D'autres sèment la révolte et la subversion chaque fois que cela convient au judaïsme.

En ce qui concerne les Etats-Unis, il faut se rappeler ce que le rabbin Jacob Solomon Raisin a écrit quant à l'origine du judaïsme nègre au sein de cette grande puissance : « La première congrégation nègre des Etats-Unis vit le jour en 1889, lorsque le rabbin Leon Richlieu, un Éthiopien, fonda le Temple Maure de Sion. ». Plus loin, au sujet des nègres judaïsés des Antilles britanniques, l'auteur indique, en ce qui concerne les Etats-Unis, que « Leur nombre s'accrut avec les nègres judaïsés des Indes occidentales, et des congrégations de Juifs nègres se formèrent à Chicago, Cleveland, Newark, Youngstown, Ashbury Park ainsi qu'à D'AUTRES ENDROITS. Aujourd'hui, dans la seule « Petite Afrique » de Harlem, le nombre de membres est évalué à plus de deux mille » (1).

Chez les nègres comme dans toutes les autres communautés raciales moins infiltrées par le judaïsme, l'impérialisme israélite promeut — ainsi qu'on l'a vu — le *Prosélytisme de la Porte* afin de s'assurer un contrôle absolu. Mais auprès de certaines communautés nègres, les Juifs impérialistes usent de la même tromperie qu'au Japon en leur faisant avaler le mensonge absolu selon lequel la race nègre descendrait d'une des tribus d'Israël qui se sont perdues au cours de l'Antiquité. Beaucoup de nègres se sont laissé convaincre qu'ils descendaient de la tribu de Juda : rien de moins que cela. Cela se confirme sous la plume du rabbin Jacob S. Raisin, qui écrit textuellement ceci : « Certains nègres entretiennent la croyance qu'accepter le judaïsme, cela équivaut à rien de moins que de retourner à la religion de leurs ancêtres, qui appartenaient à la tribu de Juda » (2). La vérité, c'est que ce sont les vrais Juifs nègres qui ont répandu cette criante contre-vérité dans le but de faciliter le *Prosélytisme de la Porte* parmi les nègres gentils des pays et régions où ce prosélytisme était nécessaire à l'impérialisme israélite, ainsi que d'accroître, par la conversion des nègres à la religion d'Israël, le nombre d'obéissantes marionnettes utilisables par l'impérialisme juif pour étendre son empire sur la population nègre et faire d'elle un satellite du judaïsme.

Les nègres trompés par ce mensonge éprouveront tôt ou tard une amère déception quand, se croyant de véritables Juifs, ils prétendront exercer leurs droits en tant que tels : ils seront alors soumis à une brutale

---

1 — Rabbi Jacob Solomon Raisin : « *Gentile Reactions to Jewish Ideals* », New York 1953, pages 792 et 793. Voir ci-dessus.

2 — Rabbi Jacob Solomon Raisin, *ibid.* ; page 793.

discrimination comme celles qu'ont subie les malheureux *Prosélytes de la Porte* des autres races qui avaient tenté d'exercer les droits en question, ainsi que nous l'avons exposé dans un autre chapitre du présent ouvrage (voir la section n° 1, chapitre trois de la *Bibliothèque des Secrets politiques*, intitulée « *Qu'est-ce que le judaïsme ?* »), consacré à l'étude des *Prosélytes de la Porte* ou Juifs spirituels.

L'objectif poursuivi aux Etats-Unis par le super-impérialisme juif est d'utiliser sa cinquième colonne infiltrée parmi les nègres américains pour prendre le contrôle de cette minorité raciale au profit des plans israélites.

Le rabbin Jacob S. Raisin écrit ensuite, par exemple, que les Juifs nègres des Etats-Unis « **s'identifient aux espoirs et aux aspirations des Juifs blancs : ils prennent part aux activités du sionisme et se joignent à la commisération de ce dernier envers les victimes du nazisme** » (1). À l'heure actuelle, comme les Etats-Unis et le système démocratique capitaliste font obstacle au triomphe mondial du totalitarisme juif avançant sous le masque du communisme, beaucoup de dirigeants juifs nègres font tout pour exploiter le ressentiment des nègres vis-à-vis de la population de race blanche afin de provoquer des conflits raciaux pouvant aboutir à l'anarchie et au chaos, affaiblissant militairement le pays au profit de l'Union Soviétique.

A cet égard, ce que le dirigeant Jacob S. Raisin, haute autorité juive, signale dans son ouvrage un fait hautement instructif quant à la manière dont un rabbin, David Kohl, de la « *Chevrah Anshe Sh'horim* », association de noirs israélites, enflamme l'esprit des Juifs nègres en leur lançant : « Vous êtes des Juifs ; le judaïsme est votre religion, et votre langue est l'hébreu. Au cours des quatre cents dernières années, vous avez adoré des dieux étrangers, et durant tout ce temps, vous avez subi le joug d'étrangers [les Américains blancs]. Mais le Juif blanc vivait, lui aussi, parmi des étrangers. Il était en « *Golus* » (exil) . Étudiez votre histoire, et vous verrez qu'il y a eu des pogroms en Russie, en Pologne et dans toute l'Europe, exactement de la même manière que les nègres ont connu le feu et les lynchages dans le Sud [des États-Unis]. » Ensuite, il fait allusion à l'alliance qui doit s'établir aux Etats-Unis entre les Juifs et la race nègre contre l'oppression des blancs : « Les Juifs et les nègres doivent s'accueillir mutuellement, car

---

1 — Rabbi Jacob Solomon Raisin, *ibid.* ; page 793.

le Juif est le meilleur ami du nègre [...] Le temps est venu de rompre le joug et de joindre nos mains à celles de Jacob en criant *"Shema Israel, Adhoshem Elokenu, Adoshem Echad !"*... » (1)

Seul leur cynisme théâtral permet aux Juifs d'aller jusqu'à se prétendre non seulement les grands amis et alliés des nègres, mais aussi leurs libérateurs. Il est choquant qu'ils essaient aujourd'hui de faire gober aux nègres ce nouveau mensonge. Pour pouvoir juger de leur sincérité à cet égard, le lecteur doit lire avec attention le chapitre suivant du présent ouvrage, où il sera démontré avec autorité que les Juifs sont les principaux responsables des malheurs subis par les nègres aux Etats-Unis et en Amérique latine ; en effet, ce sont des négriers juifs qui ont amené ces nègres — enchaînés et entassés comme du bétail — dans les navires crasseux partis de leur terre natale d'Afrique, où ils vivaient libres, pour les vendre comme esclaves dans le Nouveau Monde. Ces criminels négriers juifs ont ainsi réalisé d'énormes profits avec le génocide le plus gigantesque et le plus brutal jamais commis dans toute l'histoire de l'humanité.

Au chapitre suivant, nous commencerons par dresser un bref historique du commerce juif des esclaves depuis les temps les plus anciens, et nous finirons par évoquer l'infâme commerce juif des esclaves nègres auquel nous venons de faire allusion.

Heureusement, tant parmi les noirs des États-Unis que dans le reste du Nouveau Monde et en Afrique, il est apparu un puissant mouvement dont les membres savent désormais que les Juifs sont leurs ennemis, même s'ils cherchent à se faire passer pour leurs amis et leurs libérateurs. Il ne fait aucun doute que l'islam a exercé une grande influence dans l'apparition de cette saine réaction. Les personnes de race nègre qui douteraient encore de ces faits pourront lire avec profit le chapitre suivant.

---

1 — Rabbi Jacob Solomon Raisin, *ibid.* ; page 793.

CHAPITRE II

LES JUIFS NÉGRIERS

Durant les siècles au cours desquels les nègres des États-Unis ont été soumis d'abord à l'esclavage, puis à une exploitation économique plus subtile, les Juifs se sont efforcés d'utiliser à leur profit le ressentiment de cette race à l'égard des blancs.

L'impérialisme juif exploite toute circonstance lui facilitant la gestion et le contrôle des gentils dans le perspective de ses plans de domination secrets. Pendant un siècle et demi, les israélites ont servi les intérêts des États-Unis afin de pouvoir utiliser la puissance de cette nation dans leur propre intérêt. Ainsi les États-Unis sont-ils devenus le bulldog d'Israël. Mais comme le judaïsme est aujourd'hui en mesure d'établir des États totalitaires où sa domination est absolue et incontestable, comme l'Union Soviétique, la Yougoslavie et d'autres, il sert dorénavant les intérêts du communisme juif et dessert ceux des États-Unis, où son pouvoir — quoique important — n'est ni absolu, ni totalitaire. Avec l'ingratitude qui les caractérise, les Juifs trahissent à présent cette nation, qui les a aidés plus que toute autre à accéder à la domination mondiale ; mais ils n'en continuent pas moins à se servir d'elle chaque fois qu'ils ont besoin de son soutien au profit de l'État d'Israël ou de toute autre entreprise juive.

Aux États-Unis, cependant, les Juifs se sont efforcés de monter les nègres contre les blancs afin d'encourager la lutte raciale et d'affaiblir le pays, surtout en manipulant et contrôlant la population nègre de manière à renforcer leur domination sur les États-Unis, où ils font figure de libérateurs et de défenseurs de cette population. Bien que les ressentiments des nègres contre les blancs soient assez compréhensibles étant donné toutes ces années d'esclavage et de discrimination, il serait manifestement désastreux pour la population nègre elle-même comme pour le reste de l'humanité que les noirs permettent aux Juifs impérialistes de les conquérir et de les dominer. Depuis la Guerre de Sécession, les Juifs prétendent hypocritement être leurs libérateurs et leurs amis, alors qu'ils ont été les pires exploiteurs de la population nègre et les principaux responsables de l'esclavage subi par cette dernière, ainsi que je me propose de le démontrer ci-après au moyen de preuves irréfutables, après avoir rappelé l'histoire du commerce juif des esclaves.

Sous l'entrée « *Commerce des esclaves* », la *Jewish Encyclopedia* écrit ceci : « Au début, le commerce d'esclaves juifs était interdit, mais il semble n'y avoir eu aucune restriction juridique [juive] à la vente et à l'achat d'esclaves gentils. Avec la dispersion des nations d'Europe et le conflit apparu entre ariens(1) et catholiques en Espagne pour des raisons religieuses, les Juifs eurent la possibilité [...] d'approvisionner l'un et l'autre partis en esclaves. »

En Italie, « à l'époque du Pape Grégoire le Grand (590-604), les Juifs ÉTAIENT DEVENUS LES PRINCIPAUX ACTEURS DE CE COMMERCE (D'ESCLAVES) [...] Jacobs a indiqué que les esclaves britanniques exposés à la vente sur le marché romain étaient aux mains de négriers juifs. » (Jacobs, « *Jews of Angevin England* », page 5). Et la *Jewish Encyclopedia* ouvrage juif d'une valeur incontestable — écrit encore ceci : « L'apparition de l'islam offrit aux Juifs une excellente occasion d'approvisionner le monde chrétien en esclaves musulmans, et aussi le monde musulman en esclaves chrétiens ; au neuvième siècle, Ibn Khordadheh a décrit la manière dont les négriers juifs approvisionnaient l'Orient en esclaves occidentaux et l'Occident en esclaves orientaux [...] Selon Abraham Ibn Yacub, les Juifs byzantins achetaient régulièrement des esclaves à Prague pour les revendre ensuite [...] Il ne fait aucun doute que beaucoup de Juifs espagnols se sont enrichis grâce au commerce des esclaves [...] En 949, les Juifs de Verdun (France) achetaient des esclaves pour les revendre en Espagne [...] L'Église a protesté à plusieurs reprises contre la vente de chrétiens aux Juifs [comme esclaves] ; la première protestation date de 538. Au troisième Concile d'Orléans, il fut approuvé un décret interdisant aux Juifs de posséder des esclaves ou des serviteurs chrétiens, et cette interdiction fut réitérée par de nombreux conciles ultérieurs : celui d'Orléans en 541, celui de Paris en 633, le quatrième Concile de Tolède en 633, les Conciles de Szaboles (1092), du Latran (1112), de Narbonne (1227), de Béziers (1246)... » (2)

---

1 — Lorsque la *Jewish Encyclopedia* parle d'ariens, elle fait allusion aux Visigoths ariens.

2 — *Jewish Encyclopedia*, tome 9. Entrée : Commerce des esclaves ; pages 402 et 403.

Malgré le fréquent rappel de ces interdictions par les conciles successifs, les Juifs n'ont cessé de récidiver dans la possession et la vente d'esclaves chrétiens. En Terre d'islam, des lois étaient promulguées également pour interdire aux Juifs de posséder et de vendre des esclaves musulmans, mais comme dans les pays chrétiens, les Juifs contournaient les lois de prohibition et continuaient à s'enrichir avec la plus criminelle exploitation de l'homme par l'homme qui ait jamais existé.

Le rabbin et dirigeant juif Jacob Solomon Raisin a écrit, au sujet de la présence des Juifs en Hongrie au Xe siècle : « **Comme dans D'AUTRES PAYS, ils se consacraient aux commerce d'esclaves, notamment avec la Bohême, et ils prenaient des esclaves NON juifs** » (1), c'est-à-dire des gentils.

Comme le commerce des esclaves était une occupation traditionnelle des Juifs, ceux-ci faisaient des pieds et des mains pour obtenir des rois gentils la permission d'en acheter et d'en vendre. Parmi les concessions qui leur furent accordées dans l'empire carolingien sous le règne de Louis « le Débonnaire » (Louis le Pieux), ils acquirent le droit d'acheter et de vendre des esclaves païens (2) Il leur était facile d'obtenir ce genre de concessions de l'Empereur Louis, parce que la personne qui régna vraiment durant son règne regrettable fut l'Impératrice Judith, laquelle — ainsi que l'a écrit l'historien français Guy Breton — était une belle israélite ; entrée au service de l'Empereur comme servante, mais l'ayant captivé par sa beauté, elle fut d'abord sa concubine, puis le persuada de l'épouser — car elle le dominait complètement —, devenant ainsi la première dame de l'empire carolingien.

Ce dernier était pratiquement gouverné par elle ; or, cela indignait et scandalisait les nobles et le peuple, qui se soulevèrent contre la domination de « LA JUIVE », comme elle était appelée de tous. Elle fut responsable du fait qu'à la mort de ce lamentable empereur, l'empire carolingien se retrouva divisé en trois royaumes, contrairement à la volonté de son fondateur Charlemagne, (lui désirait qu'on le maintînt dans l'unité. L'impératrice juive fit tout pour éliminer les successeurs nommés par Louis « le Débonnaire », c'est-à-dire les trois fils nés du premier mariage de celui-ci, afin de pouvoir contrôler la succession à la mort de l'empereur,

---

1 — Rabbin Jacob Solomon Raisin, « *Réactions des gentils aux idéaux juifs* », page 635.

2 — Rabbin Jacob Solomon Raisin, *ibid.* ; page 442.

ce à quoi elle réussit en partie (1).

Ce chapitre serait trop long si je voulais y évoquer les innombrables cas où des Juifs se sont livrés au criminel commerce d'esclaves dans le monde entier. Des siècles avant l'apparition du régime capitaliste — autre création israélite —, les juifs ont fait de ce commerce l'un des monopoles leur ayant rapporté le plus. Je me bornerai à parler ici du rôle qu'ils ont joué dans l'infâme commerce des esclaves nègres d'Afrique vers les deux Amériques.

L'« *Encyclopédie juive castillane* », face aux accusations généralisées dont les Juifs font l'objet partout dans le monde pour avoir pratiqué et presque monopolisé l'infâme commerce des esclaves, essaye de les défendre d'une manière facile à réfuter. Cette encyclopédie reconnaît toutefois ce qui suit concernant le commerce des esclaves nègres d'Afrique vers l'Amérique : « Lorsque, au début du seizième siècle, des esclaves nègres furent introduits en Amérique, il se trouva UNE FOIS DE PLUS DES JUIFS ESPAGNOLS, PORTUGAIS ET NÉERLANDAIS parmi les marchands et propriétaires d'esclaves. » (2)

Au sujet des Juifs espagnols, il faut se rappeler qu'après que Christophe Colomb eut découvert l'Amérique, ils tentèrent d'obtenir des rois d'Espagne — par l'intermédiaire du découvreur lui-même — l'autorisation de considérer les indigènes du Nouveau Monde comme des esclaves. Ce commerce leur aurait rapporté d'immenses profits, car ils auraient pu soumettre des millions d'Indiens à l'esclavage pour les vendre ensuite dans le reste du inonde, tout comme il allaient le faire des années après avec des millions de nègres du continent africain.

La *Jewish Encyclopedia* indique que lors de sa première traversée, Christophe Colomb était accompagné de cinq Juifs, dont un certain Luis de Torres (3). De son côté, l'« *Encyclopédie juive castillane* » signale

---

1 — Guy Breton, « *Histoires d'amour de l'Histoire de France* », éditions Noir et Blanc, Paris 1955, premier volume. Voir la totalité du chapitre sept. Concernant la domination de Judith dans l'empire carolingien, voir également, du collectif Maurice Pinay, « *Le Complot contre l'Église* », éditions citées, chapitre 20 de la quatrième partie.

2 — Encyclopédie juive castillane, tome 4. Entrée : Esclavage ; page 127, 2ème colonne.

3 — Jewish Encyclopedia, tome 1. Entrée : Amérique.

qui étaient les quatre autres et révèle ceci : « Parmi les compagnons de Colomb, certains étaient d'origine juive : Luis de Torres, INTERPRÈTE, qui connaissait l'hébreu, le chaldéen et un peu d'arabe ; Alonso de la Calle ; Rodrigo Sanchez de Segovia, apparenté au trésorier Gabriel Sanchez et accompagnant Colomb à la demande expresse de la Reine ; Marco Cirujano ; Bernai, médecin et apothicaire du navire, qui avait été condamné en 1490 par l'Inquisition de Valence parce que c'était un judaïsant (c'est-à-dire quelqu'un qui pratiquait le judaïsme en secret). Luis de Torres fut le premier Européen à poser le pied sur le continent américain ; l'amiral le dépêcha auprès de ce qu'il pensait être le Grand Khan d'Asie en le chargeant de lui transmettre ses respects. Le corps expéditionnaire conduit par Torres à Cuba vit là les Indiens fumer du tabac, dont il rapporta des feuilles en Europe. Plus tard, Torres s'installa dans l'île de Cuba, où il obtint des terres et des esclaves, ainsi qu'une pension annuelle des rois d'Espagne [...] Luis de Torres fut le PREMIER JUIF à vivre et mourir en terre américaine. » (1)

Le chercheur Malcolm Cowley indique que Sanchez, appuyé par les quatre Juifs susmentionnés, convainquit Colomb de capturer cinq cents Indiens pour les vendre comme esclaves à Séville, en Espagne (2). Ainsi Luis de Torres et Rodrigo Sanchez furent-ils les premiers marchands d'esclaves d'Amérique ; mais leur commerce criminel fut stoppé à temps et interdit grâce à l'intervention de la Reine d'Espagne Isabelle « la Catholique », qui, avec son mari le Roi Ferdinand, PROHIBA L'ESCLAVAGE DES INDIENS DANS LES POSSESSIONS ESPAGNOLES, non sans prévoir de lourdes peines pour quiconque passerait outre ladite prohibition. Cette disposition protectrice visant à préserver les Indiens contre les tentatives israélites de les réduire en esclavage fut renforcée, après la conquête espagnole de l'Amérique, par la promulgation de la célèbre loi des Indes, qui, en plus de prohiber l'esclavage des Indiens dans l'Empire espagnol, les préservait de l'exploitation, des mauvais traitements et de la confiscation de leurs terres. Le fait que l'Espagne a ainsi empêché les Juifs de se livrer au gigantesque commerce d'esclaves indiens qu'ils avaient déjà entrepris explique — parmi d'autres motifs leur haine atavique de l'Espagne et la création, puis la diffusion par leurs soins de la *« légende nègre »* scanda-

---

1 — *Encyclopédie juive castillane*, tome I. Entrée : découverte de l'Amérique ; pages 256 (2ème colonne) et 257 (1ère colonne).
2 — Théodore Canot, *« Les aventures d'un négrier »* (Préface de Malcolm Cowley). Édition de 1928, page II.

leusement calomnieuse entretenue contre ce pays, légende qu'eux-mêmes et leurs satellites répandent partout depuis des siècles dans les manuels d'histoire, les romans, les ouvrages scientifiques, les films, etc.

Poursuivons avec le commerce criminel d'esclaves nègres entrepris par les Juifs dans les colonies britanniques d'Amérique du Nord qui, lors de leur indépendance, devinrent ensuite les États-Unis d'Amérique. C'est dans la ville portuaire de Newport, sur la côte atlantique, que les israélites établirent le centre mondial du commerce d'esclaves nègres. C'est de là que partaient les navires à destination de l'Afrique, où on les remplissait de « *bois d'ébène* ». Ils revenaient à Newport, et leurs cargaisons humaines étaient vendues dans les anciennes colonies britanniques du Sud qui admettaient cet infâme commerce, contrairement à celle du Nord, où il a toujours été prohibé. Un autre grand centre du commerce d'esclaves était la ville de Charleston. Or, il se trouve que Newport et Charleston étaient aussi deux grands centres juifs, au point même que Newport était alors connue sous le nom de «*JEWISH NEWPORT*». Les Juifs y produisaient et distribuaient, pour leur immense profit, de grandes quantités de rhum qui étaient vendues aux Indiens, favorisant ainsi chez ces derniers l'alcoolisme et d'autres vices.

Il est avéré qu'en l'espace d'un an seulement, sur les cent vingt-huit navires arrivant à Charleston chargés d'esclaves nègres, cent vingt étaient affrétés par des Juifs de Newport et de Charleston, ce qui prouve que les Juifs détenaient le quasi-monopole du commerce criminel d'esclaves nègres.

L'un des plus en vue parmi les Juifs qui contrôlaient le commerce des esclaves nègres fut le Portugais Aaron Lopez. Pour le transport du « *bois d'ébène* », il possédait toute une flotte de navires dont la plupart étaient affrétés sous son propre nom. Une enquête intitulée « Qui amenait les esclaves en Amérique », dont nous avons tiré cette information, indique par ailleurs que d'après les documents existant sur la question, le Juif Aaron Lopez a affrété sous son nom, de 1726 à 1774, cinquante pour cent des navires chargés d'amener des esclaves d'Afrique ; il possédait en outre des navires inscrits au nom d'affidés. La majorité des autres navires affrétés pour ce commerce l'étaient aussi par des Juifs. Simultanément, en 1749, les Juifs de la région fondèrent la première loge maçonnique, composée de quatorze « frères », tous juifs. Vingt ans après, ils fondèrent une deuxième loge maçonnique appelée « Roi David » (le roi juif David), dont tous les membres étaient juifs aussi (1). Comme nous l'avons indiqué, l'impérialisme israélite a pour méthode de fonder ses organisations subversives autour d'un noyau israélite initial composé de Juifs publics ou clandestins, avant d'y faire entrer par tromperie de naïfs gentils destinés à servir d'instruments aveugles pour la réalisation des plans politiques et sociaux du pouvoir judaïque caché.

Ces faits montrent une fois de plus jusqu'où peut aller l'hypocrisie juive, car tandis que les communautés israélites de la région fondaient le mouvement maçonnique secret qui brandissait les bannières de la liberté, de l'égalité et de la fraternité entre les hommes, mais dont le but masqué était de promouvoir la révolution, contrôlée en sous-main par le judaïsme en vue de chasser les monarchies gentilles et de leur substituer des républiques, des membres éminents de ces mêmes communautés lançaient l'opération la plus criminelle qui soit contre la liberté, l'égalité et la fraternité entre les hommes en amenant en Amérique du Nord des millions de nègres voués à l'ignoble esclavage.

En ce qui concerne l'origine de l'esclavage aux États-Unis, il faut tenir compte du fait qu'avant 1661, les treize colonies britanniques qui allaient former la nation américaine une fois devenues indépendantes, avaient des lois interdisant l'esclavage. Ce sont les Juifs qui, dès lors, agirent inlassablement pour qu'il fût dérogé à ces lois et que l'esclavage fût autorisé dans lesdites colonies. Ils avaient constaté, en effet, que les colons de Grande-Bretagne et d'Europe continentale avaient besoin de main-d'œuvre pour le bâtiment, les plantations et l'agriculture en général. Au début, on employait à ces tâches les Européens pauvres et les ex-détenus de droit commun, ainsi que les prisonniers de la guerre contre la Hollande ; pour payer leur transport et leur nourriture, ces gens furent d'abord astreints à travailler dans les plantations et le bâtiment, avant d'être libérés pour se livrer à l'occupation rémunérée de leur choix.

Compte tenu de cela, des Juifs éminents de Newport et de Charleston s'avisèrent qu'il serait extrêmement profitable pour eux de soumettre les Indiens d'Amérique à l'esclavage et de les vendre aux colons. Mais ils finirent par conclure que les nègres d'Afrique étaient phy-

---

1 — « *Who brought the Slaves to America* » (qui amenait les esclaves en Amérique), Western Front editions, P.O.B. 27854, Hollywood, Carlifornie, États-Unis, pages 5 et 6.

siquement plus aptes aux gros travaux en question, et ils décidèrent donc de se lancer dans le commerce d'esclaves nègres ; ils achetaient ceux-ci à bon marché sur la côte occidentale de l'Afrique pour les revendre ensuite en Amérique à des prix plusieurs fois supérieurs, réalisant au passage d'énormes profits.

Mais les lois interdisant l'esclavage dans les colonies empêchaient le développement de ce commerce aussi criminel que gigantesque. Les Juifs qui comptaient se livrer à celui-ci conçurent donc toutes sortes de manœuvres pour qu'on puisse déroger à ces lois, et il est démontré que ceux qui se démenaient pour obtenir cette dérogation étaient des Juifs. Ainsi, par exemple, des documents relatifs à la question font apparaître que dans la seule ville de Philadelphie, les gens qui agissaient dans ce sens étaient tous juifs ; il s'agissait très précisément des personnages suivants : Sandiford, Lay, Woolman, Solomon et Benezet. Néanmoins, toutes ces manœuvres échouèrent — à quelques exceptions près — dans les colonies du Nord, qui avaient peu besoin d'esclaves, tandis qu'au Sud, où ce besoin était plus grand, les Juifs obtinrent bel et bien la dérogation aux lois en question.

Lorsqu'ils obtinrent cette dérogation, les Juifs commencèrent d'affréter de nombreux navires. Sur la côte africaine, ils achetaient diverses marchandises qui n'occupaient que peu de place dans les soutes, celles-ci étant bondées en majeure partie d'esclaves nègres qu'ils avaient achetés en même temps. La vente de ces esclaves en Amérique du Nord leur était d'autant plus facile que le paludisme sévissait dans les territoires des colonies du Sud et que les travailleurs blancs le supportaient mal ; les esclaves nègres, en revanche, étaient forcés d'y travailler, et cette maladie en tuait beaucoup. Outre les négriers juifs de Newport et Charleston, la très impérialiste *Hollander Company of the Western Indies* contrôlée, comme nous l'avons vu, par le capitalisme juif — avait affrété précédemment plusieurs navires pour transporter des esclaves nègres à Manhattan [1].

Le *Carnegie Institute of Technology de Pittsburgh* (Pennsylvanie, États-Unis) possède une bibliothèque et un fichier qui contiennent des documents datant de l'époque où les esclaves nègres étaient amenés en Amérique. En consultant ces documents, on constate quelle fut la parti-

---

[1] — Information extraite de l'ouvrage publié par Western Front sous le titre « Who brought the Slaves to America », page 15.

cipation décisive des Juifs à ce commerce criminel : leur étude minutieuse permet d'aboutir à la conclusion que les Juifs avaient un véritable MONO-POLE du commerce des esclaves nègres d'Afrique et de leur installation en Amérique du Nord (1).

Dans chaque pays, le judaïsme mondial a toujours utilisé l'alcool local — rhum, vodka ou autre — pour encourager le vice de l'alcoolisme chez ceux qu'il voulait exploiter économiquement ou réduire en esclavage. Lorsque les Juifs de Newport et Charleston conçurent l'idée criminelle d'asservir les Indiens d'Amérique du Nord ainsi que de les vendre comme esclaves dans les colonies britanniques et même dans d'autres parties du monde, ils commencèrent par envoyer auprès d'eux des gens qui leur vendaient du rhum, afin de leur communiquer le vice de l'alcoolisme. Les rhumeries appartenant aux Juifs de Newport et Charleston expédiaient leurs produits à l'ouest et au centre du pays, habités par les tribus indiennes, aux chefs desquelles ils les vendaient. L'alcoolisme ne tarda pas à se répandre dans ces tribus, et le commerce du rhum rapporta des profits considérables aux exploiteurs juifs. Ils disaient les Indiens réfractaires au travail manuel ; lorsqu'ils se convainquirent donc, s'appuyant également sur d'autres raisons, que les autochtones n'étaient pas des esclaves idéaux pour les plantations des colonies britanniques du Sud, et une fois qu'ils furent parvenus à la conclusion que les nègres d'Afrique feraient beaucoup mieux l'affaire, ils dépêchèrent des délégations auprès des tribus nègres de la côte occidentale africaine, notamment dans le but d'encourager — là encore — le vice de l'alcoolisme chez les Africains et leurs chefs ; cela aussi rapporta de fabuleux profits aux exploiteurs juifs, tout en préparant la CHASSE aux esclaves nègres, comme ils le disaient eux-mêmes avec cynisme. Voilà pourquoi les hommes d'affaires juifs de Newport et Charleston reliaient étroitement la fabrication et la vente de rhum au commerce des esclaves nègres.

Parmi les Juifs de ces deux villes qui, selon les documents classés au *Carnegie Institute of Technology de Pittsburgh* (Pennsylvanie, Etats-Unis), pratiquaient le commerce d'esclaves, la production de rhum et, en général, ces deux activités à la fois, on trouve des personnages d'ori-

---

1 — Documents du « *Carnegie Institute of Technology* » de Pittsburgh, selon l'étude effectuée par Western Front dans l'ouvrage « *Who brought the Slaves to America* », page 15.

gine portugaise, espagnole, néerlandaise et britannique, mais ayant pour point commun d'être tous israélites : « Isaac Gomes, Hayman Levy, Jacob Malhado, Nephtaly Myers, David Hart, Joseph Jacobs, Moses Ben Franks, Moses Gomez, Isaac Dias, Benjamin Levy, David Jeshuvum, Jacob Pinto, Jacob Turk, Daniel Gomez, James Lucana, Jan de Sweevts, Felix *(cha-cha)* de Souza *(connu pour être le prince des négriers et venir juste après Aaron Lopez par ordre d'importance)*, Simeon Potter, Isaac Elizer, Jacob Rod, Jacob Rodriguez Rivera, Haym Isaac Carregal, Abraham Touro, Moses Hays, Moses Lopez, Judah Touro, Abraham Mendes et Abraham All » (1).

Les marchands d'esclaves donnaient à leurs navires les noms les plus pittoresques. Voici les noms d'un groupe de quinze navires destinés au criminel commerce de « *bois d'ébène* » :

Nom du navire	Propriétaires	Véritable nationalité
« *Abigail* »	Aaron Lopez, Moses Levy & Jacob Franks	JUIVE
« *Crown* »	Isaac Levy & Nathan Simpson	JUIVE
« *Nassau* »	Moses Levy	JUIVE
« *Four Sisters* »	Moses Levy	JUIVE
« *Anne & Eliza* »	Justus Bosch & John Abrams	JUIVE
« *Prudent Betty* »	Henry Cruger & Jacob Phoenix	JUIVE
« *Hester* »	Mordecai & David Gomez	JUIVE
« *Elizabeth* »	David & Mordecai Gomez	JUIVE
« *Antigua* »	Nathan Marston & Abram Lyell	JUIVE
« *Betsy* »	Wm. de Woof	JUIVE
« *Polly* »	James de Woof	JUIVE
« *White Horse* »	Jan de Sweevts	JUIVE
« *Expedition* »	John & Jacob Roosevelt	JUIVE
« *Charlotte* »	Moses, Sam Levey & Jacob Franks	JUIVE
« *Caracoa* »	Moses & Sam Levey	JUIVE

Les Juifs de Newport possédaient trois cents navires pour transporter les esclaves nègres d'Afrique en Amérique du Nord. Puisque sur les six cents navires quittant Newport pour le reste du monde, la moitié

---

1 — Western Front — « *Who brought die Slaves to America* », page 17.

cinglaient donc vers l'Afrique noire, il apparaît clairement que les Juifs avaient le MONOPOLE du commerce des esclaves nègres d'Afrique amenés en Amérique du Nord (1).

Afin de réussir dans le commerce en question, les Juifs de Newport, de Charleston et de Virginie ne se sont pas contentés d'acheter des navires convenant au transport d'esclaves d'un continent à l'autre ; ils ont fondé sur la côte occidentale de l'Afrique une AGENCE AFRICAINE chargée de l'achat d'esclaves, également dirigée par des Juifs et ayant à l'intérieur du continent de profondes ramifications, parmi lesquelles des chefs de tribu, de village et autres communautés, ainsi amenés à collaborer à ce vaste commerce israélite d'esclaves nègres. Pour gagner la sympathie et la confiance des chefs de tribu africains, ils usaient du même système qu'avec les chefs de tribu peaux-rouges. Il commençaient par distribuer du rhum aux hiérarques locaux, leur faisant patiemment contracter ainsi le vice de l'alcoolisme. Ils le leur vendaient en échange d'or et d'autres produits précieux, ainsi acquis à un prix dérisoire, et quand la tribu ne possédait plus rien de précieux, ils incitaient les nègres devenus alcooliques à vendre leurs enfants et petits-enfants. Ce faisant, ils n'agissaient d'ailleurs pas autrement que le Juif Joseph de l'Ancien Testament lorsque, exploitant la misère et la famine qui sévissaient alors en Égypte, il vendait de la nourriture aux Égyptiens d'abord contre de l'argent, puis, une fois ce dernier venant à manquer, en échange de leur bétail et de leurs terres ; et quand les Égyptiens ne possédaient plus rien, il leur vendait des provisions en échange de leurs propres personnes, les transformant ainsi en esclaves.

Pour que le lecteur puisse vérifier personnellement ce que je viens d'exposer à propos de l'Ancien Testament, qu'il prenne la *Bible* et lise les versets 13 à 21 du chapitre quarante-sept de la Genèse. Les Israélites ou Juifs qui étudient et commentent chaque année ces récits bibliques jugent saint ce terrible système d'exploitation de l'homme par l'homme, parce qu'ils croient que c'est le Dieu d'Israël qui a donné à Joseph l'ordre de l'appliquer. Comme les ordres divins sont éternels, ces commandements donnés par Dieu sont toujours en vigueur de nos jours, et un Juif qui s'enrichit en appliquant le système en question ne fait qu'obéir à la volonté du Dieu d'Israël, donnant ainsi tous les signes de la plus sublime vertu.

---

1 — Western Front — *Ibid.*, pages 12 à 17.

Radicalement opposée à cela est la doctrine de Jésus-Christ, qui prêche la nécessité d'aimer tout homme et ordonne de faire du bien à tous ; voilà pourquoi les israélites considèrent le Christ comme un imposteur et l'ont condamné à mort.

Malheureusement, alors que l'islamisme, le christianisme, le bouddhisme et les autres religions astreignent à faire du bien au reste des hommes, la religion juive commande aux Juifs de faire du bien aux autres Juifs seulement et de n'appliquer les dix commandements qu'entre eux ; en outre, elle leur enjoint d'exploiter, de dominer et d'asservir les autres humains, auxquels elle donne le nom péjoratif de « gentils », en tuant sans pitié quiconque se met en travers des plans de domination juifs. C'est pourquoi la religion israélite est actuellement une religion perverse, nuisible et dangereuse pour le reste de l'humanité.

Un autre stratagème utilisé par ce réseau de négriers juifs consistait à dresser les tribus nègres d'Afrique les unes contre les autres en vue d'acquérir des prisonniers de guerre comme esclaves auprès des vainqueurs en échange de rhum, d'armes et de munitions, dont ceux-ci se servaient pour repartir en guerre contre d'autres tribus afin de faire de nouveaux prisonniers et de les vendre également comme esclaves aux agents des grands négriers juifs. Il reste à enquêter sur le rôle joué dans ce commerce infâme par les tribus de JUIFS NÈGRES dont nous avons parlé au chapitre précédent.

Une fois que les agents juifs avaient ainsi acheté au plus bas prix de malheureux nègres des deux sexes, ceux-ci étaient enchaînés par deux et conduits par leurs gardiens à travers la jungle. Les gardiens se servaient de fouets, dont ils frappaient les nègres pour les remettre en route lorsque ceux-ci étaient tombés de pure fatigue ou refusaient de poursuivre leur marche exténuante vers un horrible esclavage. Beaucoup de ces malheureux cédaient à l'épuisement et à la maladie et ne pouvaient se relever malgré les coups reçus, et ils se retrouvaient abandonnés dans la jungle pour y être dévorés par les bêtes féroces. Il n'était pas rare de rencontrer — sur ces pistes d'esclaves — des squelettes entiers ou non de personnes qui avaient été abandonnées parce qu'elles étaient malades et ne pouvaient plus continuer d'avancer. Quelques malheureux nègres — malgré leurs chaînes et l'inattention occasionnelle de leurs gardiens — essayaient bien de s'enfuir, mais ils étaient aisément repris et froidement tués à titre d'avertissement pour les autres.

Ce gigantesque génocide commis par les Juifs a continué jusques après la Révolution dite française, lorsque les Juifs se déclarèrent hypocritement opposés à l'esclavage et agitèrent toutes sortes de beaux idéaux, leur but réel étant de s'attirer le soutien de la bourgeoisie gentille afin de chasser les monarchies pour leur substituer des gouvernements faussement démocratiques et contrôlés en secret par l'impérialisme israélite. Or, au même moment exactement, que ce soit en Amérique du Nord ou en Afrique, d'autres Juifs se livraient au commerce d'esclaves le plus criminel afin d'amasser des fortunes considérables. Il convient, à cet égard, de signaler que le négrier juif Aaron Lopez — entre autres — laissa à sa mort une des fortunes les plus colossales de l'histoire de la Nouvelle Angleterre.

Lorsque les contremaîtres avaient atteint la côte avec leurs victimes enchaînées, ils les livraient aux agents des marchands juifs d'esclaves et aux capitaines des navires négriers qui allaient emporter cette marchandise humaine en Amérique du Nord.

Le commerce d'esclaves nègres auquel se livraient les capitalistes juifs de Charleston et Newport était dominé par deux entreprises séparées, mais qui, au début, appartenaient toutes deux à des Juifs. La première, comme je l'ai indiqué ci-dessus, se chargeait d'aller chercher les nègres dans la jungle africaine de la manière décrite précédemment, jusqu'à ce que la caravane d'esclaves eut atteint la côte. La seconde prenait le relais une fois que les esclaves enchaînés avaient été livrés aux agents israélites et aux capitaines des navires qui avaient pour tâche de transporter cette marchandise humaine vers Newport, Charleston, la Virginie et d'autres endroits où les esclaves seraient vendus au public. Durant la première partie de l'opération, c'est-à-dire la chasse aux esclaves et leur livraison sur la côte, les Juifs trouvaient en face d'eux des concurrents nègres qui capturaient leur butin humain d'une manière ou d'une autre et le conduisaient jusqu'à la côte pour le vendre aux agents des grandes compagnies israélites de Newport et Charleston. Devant ces esclaves, les agents juifs et les capitaines de navire faisaient montre d'une grande exigence, ainsi qu'on peut le vérifier en consultant les documents d'archives dont nous révélons l'existence. Chaque nègre capturé était mis en présence de l'agent ou du capitaine, qui l'obligeait à bouger ses doigts, ses bras, ses jambes et tout son corps pour s'assurer que l'intéressé était capable d'accomplir un travail rentable. Toute imperfection entraînait une baisse du prix. On examinait même les dents de l'esclave, et s'il en manquait une seule, les agents juifs en profitaient pour réduire le prix.

Si un nègre arrivait sur la côte avec une quelconque maladie, les agents israélites l'achetaient moins cher tant qu'ils pensaient pouvoir le guérir et le vendre à un prix très élevé qui leur rapporterait un bénéfice suffisant. Les nègres en bon état physique étaient échangés contre un peu moins de quarante litres de rhum, cinquante kilos de poudre ou une somme comprise entre dix-huit et vingt dollars. Il arrivait cependant que les agents et les capitaines fussent contraints de payer les esclaves bien davantage. Parmi les documents examinés à cet égard, il y a la note manuscrite d'un capitaine de navire datée du 5 septembre 1767 dont il ressort que l'intéressé avait dû échanger plus de quatre-vingt-dix litres de rhum contre un seul nègre. Mais les tarifs indiqués ci-dessus étaient les plus courants. Pour les femmes de plus de vingt-cinq ans, le prix était réduit de vingt-cinq pour cent, et quand on achetait des enfants, c'était à très bas prix.

ESCLAVES NÈGRES ENCHAÎNÉS ESSAYANT DE FUIR LES JUIFS QUI LES ONT CAPTURÉS

Reproduction d'une image illustrant la question. On voit derrière eux le navire qui doit les emmener en Amérique.

Toutefois, il apparaît aussi dans les documents en question que les nègres achetés pour seulement vingt dollars ou, à l'occasion, quarante dollars, étaient ensuite revendus dans les colonies britanniques d'Amérique pour plus de deux mille dollars pièce par les négriers juifs ; cela permet d'apprécier le caractère fructueux des affaires que les Juifs réalisaient avec le commerce des esclaves nègres, surtout si l'on considère que ces opérations génocidaires sans frein ont provoqué le déplacement de millions de nègres depuis l'Afrique jusque dans les deux Amériques.

Les documents relatifs à un certain capitaine de navire de transport font apparaître que le capitaine Freedman, un Juif public, payait ses fournisseurs en liquide ou avec des marchandises. Mais en échangeant du rhum contre des esclaves nègres, il suivait les instructions que lui avaient données ses patrons juifs de Newport, c'est-à-dire textuellement, comme le révèle la lecture du document original manuscrit : « **Ajoutez autant d'eau dans le rhum que vous le pourrez** ». De la sorte, les nègres (des gentils) qui faisaient concurrence aux Juifs lors de la première phase du commerce d'esclaves, c'est-à-dire celle comprise entre la capture et la livraison sur la côte, ÉTAIENT ENCORE PLUS VOLÉS EN RECEVANT POUR TOUT PAIEMENT DU RHUM ALLONGÉ. Je soupçonne que parmi les négriers nègres de la première phase figuraient des Juifs nègres comme ceux mentionnés au chapitre précédent, mais je ne l'affirmerai pas, car je manque de preuves pour cela.

Après tout ce qui vient d'être rappelé, et dès lors qu'ils étaient aux mains des capitaines de navire — souvent des gentils — ainsi que des agents juifs qui accompagnaient l'expédition et menaient les opérations, les malheureux nègres étaient entièrement tondus, puis marqués au fer rouge des initiales de leur propriétaire juif, exactement de la même manière que le bétail est marqué des initiales de son propriétaire pour qu'on sache à qui il appartient. Ce marquage au fer rouge était terriblement douloureux, surtout pour les femmes et les enfants. Les marques étaient placées sur le dos ou la hanche de l'esclave, sans que le négrier juif éprouve la moindre pitié en commettant un crime aussi infâme. De la sorte, si un de ces nouveaux esclaves nègres tentait de s'échapper, il était immédiatement reconnu et renvoyé à son propriétaire juif.

Certains documents montrent que des familles nègres entières ayant été achetées et capturées dans la jungle, leurs membres étaient répartis sur la côte entre les agents des grandes entreprises israélites, qui séparaient impitoyablement les enfants de leurs parents en se partageant leur butin humain, par exemple lorsqu'un agent achetait la mère et un autre l'enfant. Avec des cris terribles et des sanglots qui n'éveillaient pas la moindre compassion chez les agents israélites, les mères montraient leur enfant enchaîné et emmené sur un autre navire vers une destination différente de la leur, sans espoir de le revoir jamais. Je laisse imaginer au lecteur les terribles souffrances de toutes natures que des millions d'êtres humains ont dû ainsi endurer pour que quelques centaines de Juifs puissent réaliser des fortunes considérables.

MENOTTES ET ENTRAVES ADAPTABLES À DES CHAÎNES, ET INSTRUMENTS DE TORTURE UTILISÉS PAR LES NÉGRIERS JUIFS

A. Menottes ; celle de droite servait à attacher la main gauche d'un nègre, et celle de gauche la main droite de son voisin, l'un et l'autre couchés côte à côte dans un entrepont obscur d'un mètre sous plafond, tous étant serrés comme des sardines en boîte. *B*. L'un des nombreux instruments de torture utilisés sur les navires des négriers juifs. *C*. Instrument utilisé pour ouvrir de force la bouche des esclaves qui refusaient de s'alimenter, préférant périr d'inanition que de continuer à endurer les indicibles souffrances d'une telle traversée. *D*. Entraves servant à attacher les pieds, celle de droite pour le pied gauche d'un nègre, et celle de gauche pour le pied droit d'un autre. Photographies d'instruments d'époque.

Les faits ont démontré que seuls dans toute l'histoire du monde, les Juifs ont systématisé de manière quasi scientifique l'exploitation de l'homme par l'homme, et que nul autant qu'eux n'en avait une connaissance aussi approfondie, car ils l'ont pratiquée comme personne, surtout durant l'époque moderne. On ne doit donc pas s'étonner que ce soient deux Juifs, Karl Marx et Frederick Engels, qui aient si magistralement étudié ce que fut et reste l'exploitation de l'homme par l'homme. Mais ce qu'ils ont caché l'un et l'autre, c'est que leurs frères juifs furent les plus grands maîtres de cette science infâme, quoique Marx ait écrit à ce sujet

— bien peu, il est vrai — dans son livre intitulé « *La Question juive* ».

Les esclaves étaient transportés de la plage au navire (ou négrier) dans des canots, où quatre à cinq hommes faisaient force de rames. Tout y était mis en œuvre pour rattraper très vite ceux d'entre les captifs qui auraient tenté de se jeter à l'eau. Lorsque ceux-ci avaient atteint le navire, on les dépouillait de leurs vêtements, et si l'un d'eux essayait de sauter à l'eau, il était repris par des gens bien préparés à cette éventualité. Les jambes de ceux qui tentaient de s'échapper étaient aussitôt tranchées en présence de tous pour qu'aucun ne réédite une telle tentative.

Le négrier était divisé en trois sections : les enfants étaient laissés sur le pont, les femmes recluses dans un autre endroit, et les hommes toujours enfermés sous le pont. Ces navires étaient affrétés dans un souci d'économie ; aussi ne convenaient-il nullement au transport d'êtres humains, puisque étant équipés pour celui d'animaux, auxquels les pauvres esclaves nègres étaient d'ailleurs assimilés.

En règle générale, L'espace situé sous le pont mesurait un mètre de haut. Là, comme dans une boîte de conserve, on plaçait ces malheureux horizontalement, les uns à côté des autres, le plus serrés possible entre eux, pour que dans cet entrepont étouffant puissent tenir le plus grand nombre possible d'esclaves, ce qui permettait de réduire au maximum les frais de leur transport ; ils étaient entassés exactement comme des sardines en boîte, ainsi que le montre le dessin figurant dans le présent chapitre. Ces infortunés esclaves, propriété des négriers juifs, devaient rester dans cette position aussi douloureuse que désespérante pendant trois mois environ, jusqu'à la fin de la traversée, le plus souvent enchaînés les uns aux autres.

Les capitaines des navires négriers témoignaient rarement de la pitié à ces malheureux, dont certains devenaient fous de souffrance et de désespoir. D'autres tombaient malades et mouraient pendant le voyage. Et lorsqu'un capitaine négligeait d'enchaîner certains captifs, il arrivait qu'un de ceux-ci, devenu fou, blesse ou tue son pauvre compagnon d'infortune placé à côté de lui. Dans de tels cas, d'horribles bagarres éclataient parfois, certains hommes presque asphyxiés et complètement désespérés essayant de se procurer quelques centimètres d'espace supplémentaire pour diminuer leur inconfort. Le contremaître des esclaves paraissait alors, rétablissant l'ordre à grands coups de fouet. Ces querelles obligeaient les capitaines ayant négligé d'enchaîner certains nègres dans ces entreponts à faire en sorte que dès lors, plus aucun ne soit libre de chaînes, afin d'éviter que sous l'effet du désespoir provoqué par la souffrance et l'angoisse, l'un d'eux n'en tue d'autres ou ne les blesse gravement. Qu'ils soient juifs ou gentils, les capitaines étaient chargés par les négriers juifs de garder leur marchandise humaine en vie jusqu'à son arrivée au port de destination et de veiller à ce qu'elle y parvienne en état d'être vendue à un bon prix.

L'une des choses qui causaient le plus de souffrances aux malheureuses victimes, c'était que les capitaines des navires négriers ne se donnaient nullement la peine de faire nettoyer l'urine et les autres excréments des humains entassés dans ces sombres réduits ; aussi, à mesure que passaient les semaines et les mois, les malheureux captifs gisaient de plus en plus dans des mares d'excréments et une atmosphère pestilentielle qui avait de quoi faire vomir quiconque pénétrait en ce lieu infernal, digne de figurer parmi ceux que Dante a décrits dans sa *Divine Comédie*.

Le lecteur peut imaginer les horribles souffrances que des millions de nègres ont dû ainsi endurer au cours de ces effroyables traversées pour que quelques Juifs puissent s'enrichir sans cesse. Ledit enrichissement fut le fruit des souffrances, de l'esclavage et de la mort des victimes de ce gigantesque génocide, qui ne peut se comparer qu'à ce qu'ont subi les millions de paysans et de travailleurs de Russie ou d'autres pays d'Union Soviétique, ainsi que de ses satellites, y compris Cuba, où ils sont torturés, asservis et assassinés par des dictatures juives totalitaires sous le masque trompeur du socialisme, du communisme ou d'une fausse et inexistante *« dictature du prolétariat »*.

Dans la section des femmes, un autre réduit bas de plafond analogue à celui des hommes, les esclaves étaient entassées comme des sardines, elles aussi. Il arrivait que l'une d'elles mette son enfant au monde dans ces conditions épouvantables, avec les conséquences que l'on peut imaginer.

Voyant leur « marchandise » dépérir au cours de la traversée, certains capitaines prenaient parfois une initiative d'extrême urgence : ils faisaient sortir les esclaves de leurs entreponts pour les laisser respirer un peu d'air pur sur le pont, quitte à vérifier avec soin, auparavant, si leurs chaînes étaient bien fixées, afin d'éviter toute évasion ou divagation. Mais d'autres ne prenaient pas cette précaution, et les malheureux captifs nègres des deux sexes devaient rester sans interruption entassés les uns contre les autres dans ces réduits infernaux, souffrant horriblement jour et nuit durant les trois mois au moins de la traversée, qui devaient leur sembler des années, comme c'est le cas lorsqu'on passe des semaines ou des mois sur un lit d'hôpital sans avoir le droit de se lever, mais en bien pire encore, à cause de l'inconfort et de la saleté extrêmes dans lesquels ces millions de personnes devaient demeurer pendant le long voyage qui les emmenait vers la servitude.

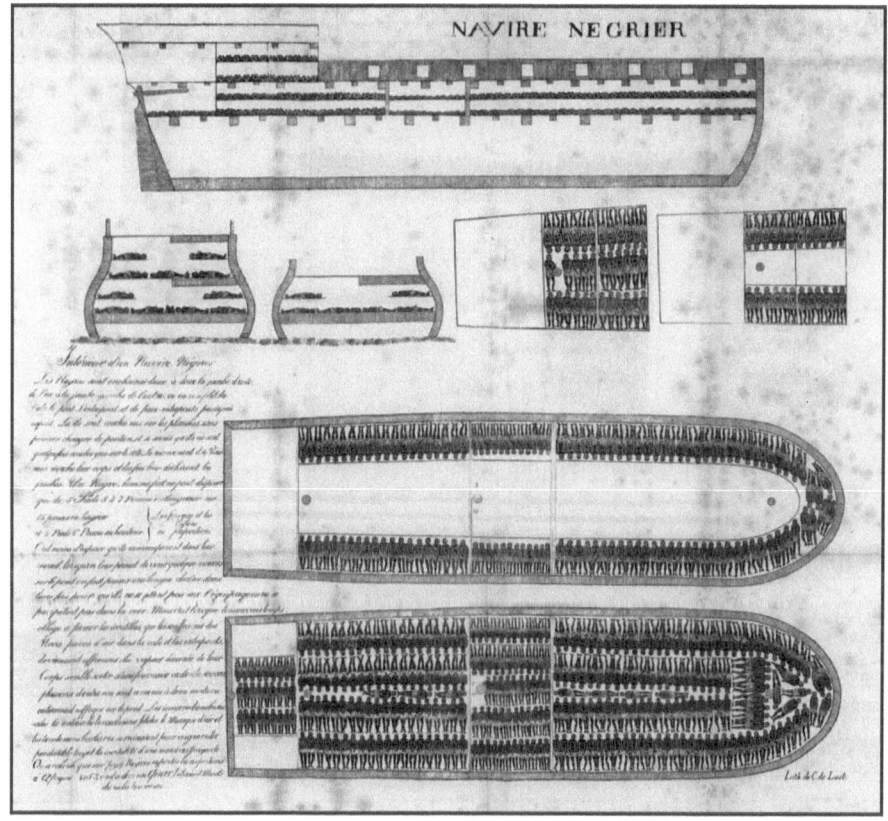

Photographie d'un dessin de l'époque.

DESSIN MONTRANT DE QUELLE MANIÈRE LES ESCLAVES NÈGRES ÉTAIENT ENTASSÉS LES UNS CONTRE LES AUTRES, COMME DES SARDINES EN BOÎTE OU DES LIVRES SUR UNE ÉTAGÈRE, MENOTTÉS ET LES PIEDS ENTRAVÉS, DANS DES ENTREPONTS D'UN MÈTRE DE HAUT OÙ ILS NE POUVAIENT MÊME PAS S'ASSEOIR, ENCORE MOINS SE TENIR DEBOUT. IL LEUR FALLAIT RESTER DANS CETTE POSITION PENDANT LES TROIS MOIS DE LA TRAVERSÉE, ENDURANT DES SOUFFRANCES INDESCRIPTIBLES, ET SOUVENT SANS POUVOIR SORTIR SUR LE PONT, NE SERAIT-CE QUE POUR Y RESPIRER UN PEU D'AIR FRAIS.

PHOTOGRAPHIE DE L'ANNONCE D'UNE VENTE D'ESCLAVES NOIRS PARUE DANS UN JOURNAL DE CHARLES-TOWN (CHARLESTON) EN 1776

Les négriers juifs publiaient des annonces alléchantes afin de tirer le meilleur prix possible de leur « *bois d'ébène* ».

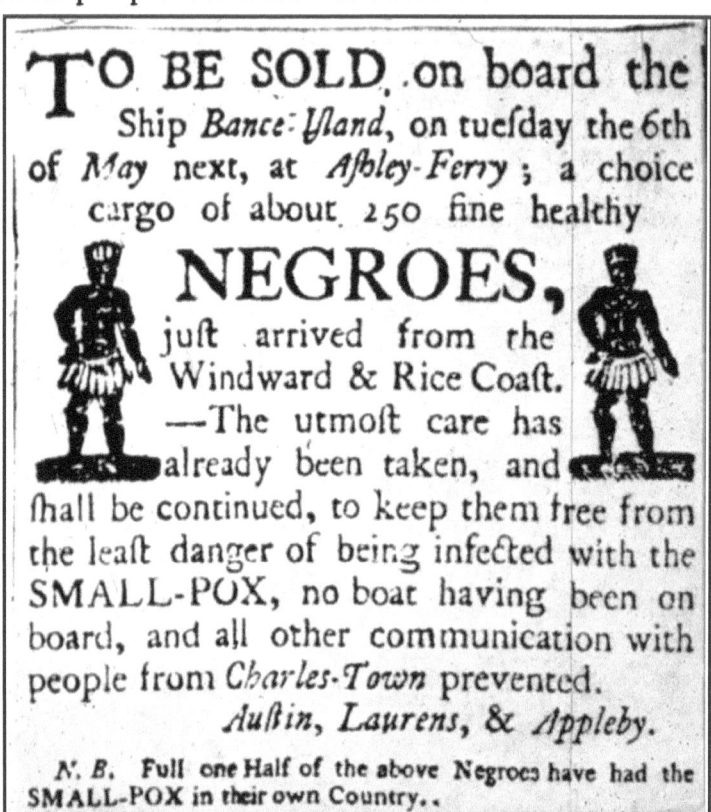

À VENDRE à bord du navire *Bance-Yland*, le mardi 6 mai prochain, à *Ashley-Ferry*, une cargaison de choix d'environ 250 beaux NÈGRES en bonne santé, fraîchement débarqués de la côte occidentale de l'Afrique. — Il en a déjà été pris le plus grand soin, et l'on continuera de le prendre, pour les tenir à l'abri de la PETITE VÉROLE, aucun vérolé n'ayant été présent à bord, et toute autre communication avec la population de *Charles-Town* ayant été évitée.

Austin, Laurens & Appleby

N. B. Pour information la moitié du lot des nègres ci-dessus ont eu la PETITE VÉROLE dans leur propre pays..

À leur arrivée en Amérique du Nord, les esclaves étaient vendus sur les marchés de toutes les colonies britanniques autorisant l'esclavage, du fait des dispositions prises au préalable par les Juifs. La vente se faisait bien souvent aux enchères (1).

Le même sort attendait les nègres achetés en Afrique pour être vendus aux Antilles et en Amérique du Sud.

Au vu de ces faits aussi clairs qu'éloquents, le lecteur comprendra que seuls le cynisme et l'hypocrisie consommée qui caractérisent depuis toujours la mentalité israélite autorisent les Juifs à se présenter comme des amis, des alliés et même des sauveurs des nègres, alors que leur seul but est de les tromper une fois de plus afin d'obtenir leur confiance et de les manipuler dans l'intérêt des plans politiques de domination et de conquête élaborés par le judaïsme.

---

1 — Pour plus ample informé sur le commerce des esclaves entre l'Afrique et l'Amérique, les lecteurs pourront consulter, outre l'ouvrage déjà mentionné (« *Who brought the Slaves to America* »), les sources suivantes :

I. Elizabeth Dennan, « *Documents illustrative of the History of die Slaves Trade to America* », en quatre volumes, Washington, D. C. Editions, 1930 et 1935.

II. Malcolm Cowley, « *Adventures of an African Slaver* » New York, 1928.

III. Fichiers et bibliothèque du *Carnegie Institute of Technology*, Pittsburgh, Pennsylvanie, États-Unis.

6
LA CINQUIÈME COLONNE JUIVE AU JAPON

The Library of Political Secrets - 9

Couverture : The Jewish Community of Kansai - Congregation Ohel Shelomoh
Kobe City Japon

6
La cinquième colonne juive au Japon

INTRODUCTION

Très peu de gens savent qu'à l'heure actuelle, un grand nombre de personnes considérées comme étant de race japonaise sont EN FAIT des Juifs. l'ENCYCLOPEDIA JUDAICA, la JEWISH ENCYCLOPEDIA et d'autres publications étudient en détail l'histoire de ceux qui, en Inde, en Chine, en Éthiopie, en Perse et dans d'autres pays, pratiquent aujourd'hui le judaïsme et s'appellent eux-mêmes « israélites » ou Juifs.

Dans plusieurs pays, ceux qui pratiquaient ouvertement le judaïsme et soutenaient l'État d'Israël ont été exilés et sont devenus depuis des citoyens israéliens. Il est cependant démontré que les commerçants juifs étaient nombreux en Asie bien avant l'ère chrétienne. Ces Juifs se sont mariés avec des autochtones, et au bout de plusieurs générations, ont acquis l'apparence des peuples indigènes. Certains ont adopté le bouddhisme, le shintoïsme, le brahmanisme et d'autres religions locales. Mais, EN SECRET, ils continuaient d'adhérer à la race juive et à pratiquer la religion juive. Ils restaient clandestinement loyaux envers la RACE juive tout en faisant extérieurement semblant d'être comme les peuples de souche parmi lesquels ils vivaient. Ils réussirent de la sorte à infiltrer les gouvernements et les armées, au sein desquels il purent œuvrer en secret à la réalisation du plan juif de domination mondiale.

Dans « THE LOST TRIBES A MYTH » (le mythe des tribus perdues), le Professeur Allen Godbey écrit ceci : « ... dans la province de Yamato se trouvent deux villages anciens, Goshen et Menashe (ou Manassch). On ne connaît à ces noms aucune étymologie japonaise. La légende veut qu'au troisième siècle de notre ère, des sériciculteurs étrangers au nombre d'environ, six cents arrivèrent dans ces villages. Au recensement de l'année 471, ILS ÉTAIENT DIX-HUIT MILLE six cent soixante-dix et jouissaient d'une haute estime dans la province. Un temple appelé « *Tente de David* » existe toujours à l'endroit où ils se sont installés pour la première fois. »

L'influence de ces Juifs clandestins transparaît dans leurs efforts visant à convaincre le peuple japonais qu'il une des « Tribus Perdues d'Israël » et que comme tels, il se doit de soutenir l'État d'Israël et le judaïsme mondial.

En 1925, le Dr Chikao Fujisawa, professeur à l'Université Nihon, écrivit un article intitulé « L'affinité spirituelle et culturelle des Japonais et des Juifs ». Dans cet article, il soutient que le premier empereur du Japon était un rejeton de la Maison de David et que l'on peut trouver l'origine du mot Mikado — ancien titre de l'Empereur japonais — dans le nom Gad, celui d'une des « Tribus Perdues d'Israël ».

Le Dr Fujisawa prétend aussi que le shintoïsme et le judaïsme visent tous deux au rassemblement de toutes les races du monde sous « *Un Seul Toit* ».

Un mouvement tendant à « unifier » Juifs et Japonais sous « un seul toit » fut lancé au cours des années trente par un certain Juju Nakada, « évêque de l'Église de la Sainteté », qui disait que « c'est la volonté de Dieu que ces deux nations soient unies au bout de trois mille ans... »

Dès que les ports japonais s'ouvrirent à l'Occident, en 1854, un nouvel afflux de Juifs eut lieu à Yokohama et Nagasaki. Parmi ces Juifs figurait la famille Sassoon. De nouvelles communautés juives s'établirent, et leurs membres se mirent à exercer une grande influence sur le gouvernement japonais.

Lorsque la guerre russo-japonaise éclata, en 1904, les Japonais étaient au bord de la banqueroute. Grâce à l'influence des Juifs, le Japon obtint de Jacob Schiff, un Juif new-yorkais, des capitaux en vue de conduire la guerre. Schiff lui accorda trois prêts d'un montant total de deux cent cinquante millions de dollars. Son motif était le suivant : « Schiff détestait la manière dont la Russie tsariste traitait les Juifs. » (« WANDERERS AND SETTLERS IN THE FAR EAST » : Vagabonds et colons en Extrême Orient ; par H. Dicker, page 164). Il réalisa cette opération par l'intermédiaire de la banque juive Kuhn, Loeb and Co. L'influence juive au Japon devait rester forte jusqu'au début de la Deuxième Guerre mondiale.

Le judaïsme s'efforce actuellement de convaincre les Japonais, les Iraniens, les Sud-Américains et d'autres peuples qu'ils sont les « *Tribus Perdues d'Israël* » pour pouvoir se servir d'eux aux fins de son plan de domination mondiale.

La présente section n'est qu'UN élément de la SÉRIE DES SECRETS POLITIQUES démontrant l'origine juive de tous les mouvements révolutionnaires, depuis la Révolution française jusqu'à la Révolution bolchevique en Russie et aux mouvements révolutionnaires actuels. Des précisions sur la religion juive, les Juifs secrets et les tactiques révolutionnaires juives figurent dans les autres sections de ladite série (1).

La présente section souligne que ces Juifs secrets sont encore très actifs et participent à la vie politique du Japon actuel. Ils continuent d'œuvrer par l'intermédiaire des « Juifs pour Israël » et d'autres groupes judaïsants dans le but d'obtenir le soutien du peuple japonais pour l'État d'Israël. Il est de la plus haute importance pour l'humanité que l'on dévoile l'influence de ces Juifs secrets au Japon et qu'on les écarte de toute position où ils exercent de l'influence et du pouvoir. Le Japon et la Chine sont les principales nations d'Asie, et le sort de l'Extrême-Orient dépend de la manière dont ces puissances agiront à l'avenir ; au cas où elles appliqueraient une politique pro-israélienne, cela entraînerait entre elles et les autres forces d'Asie et du Proche-Orient une confrontation risquant

---

1 — On peut se procurer l'ensemble de ces sections en adressant vingt dollars à l'adresse suivante : CHRISTIAN DEFENSE LEAGUE, Box 493, Baton Rouge, LA. 70821 ou gratuitement sur le site : http://the-savoisien.com/wawa-conspi/viewtopic.php?id=2398

de placer les régions en question sous mainmise juive. Si ces Juifs secrets sont extirpés et dépouillés de leur pouvoir, si le Japon et la Chine appliquent une politique favorable à eux-mêmes comme à leurs citoyens et rejettent la pression d'Israël et des Juifs américains, l'Asie tout entière finira peut-être par suivre leur exemple, se libérer et libérer aussi d'autres pays de la domination juive.

LA CINQUIÈME COLONNE JUIVE AU JAPON

Jusqu'au dix-neuvième siècle, le Japon était assurément moins infiltré par le judaïsme que tout autre pays du monde, d'où l'immense intérêt qu'il y avait pour l'impérialisme juif d'y organiser ses cinquièmes colonnes en vue de conquérir ce pays et de le placer sous sa coupe.

Le rabbin Jacob S. Raisin écrit ce qui suit : « Certains explorateurs trouvent des traces de l'impact du judaïsme et de probables conversions à cette religion dans l'Empire du Japon également. Ils signalent deux villages nommés respectivement Goshen (Gosen) et Menase (Manassé). À en croire la légende, un groupe de marchands étrangers de soieries aurait fait son apparition dans l'Empire au troisième siècle, et en l'an 471, leurs descendants auraient été au nombre de 18.670. Un temple devant lequel montent la garde un lion et une licorne (appelés *« Chiens de Bouddha »*) aurait été initialement une synagogue connue à l'époque pour être « la Tente de David », que ces gens auraient dressée à l'endroit où ils avaient commencé de s'installer [...] Ils étaient très respectés et appelés les CHADA, c'est-à-dire LES BIEN-AIMÉS. Sur un site appartenant à une famille CHADA, on peut voir un puits datant de quinze cents ans et sur la margelle duquel sont gravées les lettres « ISRAËL » [1].

Selon le récit de la Bible, Gosen, Goshen ou Gosens était la province de l'ancienne Égypte dont Joseph avait fait don aux Israélites pour qu'ils s'y installent ; c'est pourquoi ce nom est l'un des plus éminents du ju-

---

1 — Rabbi Jacob S. Raisin, *Gentile Reactions to Jewish Ideals*, New York 1953, page 421.

daïsme mondial. Le dirigeant marxiste chilien Salvador Allende Gossen porte donc l'un des noms les plus anciens et les plus honorés du judaïsme.

S'agissant des musulmans et chrétiens restés secrètement juifs, ainsi que des Tiao-Kiu-Kiaou ou d'autres Juifs clandestins, on a des preuves convaincantes de leur existence depuis les temps anciens, ainsi que de leur grande influence politique et sociale, voire militaire dans certains cas ; mais en ce qui concerne la secte ancienne des Juifs japonais connus sous le nom de CHADA, on ne possède d'autres informations que celles mentionnées ci-dessus. Étant donné, par conséquent, le soin que nous avons pris dans le présent ouvrage de ne rien affirmer dont nous n'ayons amplement de preuves, nous nous abstiendrons de formuler toute autre remarque en la matière, et nous espérons qu'une enquête impartiale permettra de clarifier pleinement cette question sensible.

La première vague d'immigration importante de Juifs au Japon dont la réalité puisse être affirmée avec certitude date du dix-neuvième siècle, principalement des dernières décennies. Selon ce qu'écrit l'auteur juif Pablo Link dans son MANUEL ENCYCLOPÉDIQUE JUIF, les premières communautés ouvertement juives du Japon se sont établies dans ce pays à partir de 1890 ; c'étaient des gens dont la plupart venaient de Russie et qui se sont installés surtout à Tokyo, Kobe, Yokohama et Nagasaki (1).

Au cours de la même période, un certain nombre de marchands juifs sépharades entrèrent dans le pays. Plus tard, des Juifs d'autres pays, y compris les États-Unis, vinrent s'y installer aussi. Le mensuel =EN a accusé les Juifs nord-américains de travailler contre la sécurité nationale du Japon. Au surplus, des réfugiés juifs ont commencé d'arriver au Japon de plusieurs pays, avec permission de n'y rester qu'à titre temporaire, en attendant de trouver asile ailleurs. L'*Encyclopédie juive castillane* indique, outre ce qui précède, que des réfugiés juifs d'Allemagne sont arrivés au Japon durant les années trente et que « pendant la première partie de la Deuxième Guerre mondiale, les Japonais continuèrent d'accueillir les victimes juives de l'hitlérisme », mais qu'après la conclusion du pacte de

---

1 — Pablo Link, *Jewish Engclopedia Handbook* (Buenos Aires : Editorial Israel, 1950), article sur le Japon, page 197, 1ère colonne.

1937 entre le régime nazi et le Japon, une vaste campagne de propagande fut lancée contre les Juifs. L'ouvrage ajoute ceci : « Étant donné les tensions croissantes entre le Japon et les Etats-Unis, la situation des réfugiés dans ce pays devint encore plus précaire, et en 1941, ordre fut donné de les déporter tous à Shanghaï. » À ce sujet, toutefois, l'*Encyclopédie juive castillane* donne les très intéressantes indications suivantes : « Quant aux résidents (juifs) permanents, qui étaient ressortissants de divers pays et peu actifs dans la vie juive proprement dite, ILS ONT PRESQUE COMPLÈTEMENT ÉCHAPPÉ À L'ATTENTION DES JAPONAIS. » (1)

Si l'on veut saisir la véritable signification du paragraphe précédent, il faut connaître les moyens retors dont usent les encyclopédies et autres ouvrages juifs aisément accessibles aux gentils pour dissimuler à ceux-ci ce qu'on cherche à leur dissimuler, afin de n'être vraiment compris que des lecteurs juifs. Selon l'encyclopédie précitée, les Juifs qui étaient déjà « RÉSIDENTS » au Japon à l'époque étaient « PEU ACTIFS DANS LA VIE JUIVE PROPREMENT DITE » et, par conséquent, « ONT PRESQUE COMPLÈTEMENT ÉCHAPPÉ À L'ATTENTION DES JAPONAIS ». Or, tout connaisseur du judaïsme clandestin comprend fort bien que lorsque des encyclopédies et autres ouvrages juifs accessibles aux lecteurs gentils parlent de Juifs ne prenant pas ou que peu de part à la VIE JUIVE, ils font allusion seulement à la VIE JUIVE MENÉE AU GRAND JOUR et se réfèrent donc là aux Juifs clandestins qui, du seul fait de leur clandestinité et ne prenant évidemment aucune part aux activités juives menées au grand jour, ne participent qu'à la VIE JUIVE CLANDESTINE. Sinon, ils ne seraient pas des Juifs, ainsi que l'admet l'*Encyclopédie juive castillane* lorsqu'elle parle des « Juifs qui étaient déjà résidents au Japon à l'époque ». Ainsi qu'on le constate par la même occasion, l'ouvrage cité, qui fait autorité en la matière, admet tacitement qu'existait au Japon à cette époque un JUDAÏSME CLANDESTIN capable d'échapper aux mesures anti-juives des autorités japonaises en ne participant pas à la vie menée ouvertement par la communauté juive locale.

---

1 — *Encyclopédie juive castillane*, volume supplémentaire intitulé « *Judaïsme contemporain* » (Mexico City, 1961), article sur le Japon. Page 754, 2ème colonne.

(De gauche à droite) Rabbi Shlomo Shapira , Kotsuji, Rabbi Shimon Shalom Kalish (le Amshinover Rabbi), le rabbin Moshe Shatzkes (au Japon)

« *Réfugiés* » JUIFS posant avec des officiels japonais après leur arrivée au Japon en 1941. Le troisième à partir de la gauche est le rabbin Shimon Kalish. Interrogé par des généraux japonais sur les motifs que les Allemands avaient de *« persécuter »* les Juifs, Kalish déclara : « *Parce que nous aussi, nous sommes des Asiatiques* ». Les Juifs usaient ainsi de toutes les astuces pour obtenir le soutien des Japonais, alors même qu'ils considèrent ceux-ci comme des sous-hommes.

Le document photographique original étant de très mauvaise qualité, nous le remplaçant par celui-ci. Toutefois, il manque deux personnages sur la droite.

Que ce soit parce que les « CHADA » — ces Juifs qui descendent du judaïsme présent au Japon depuis des temps très anciens — ne sont qu'en petit nombre (en admettant même que leur existence actuelle puisse être démontrée), ou bien parce que l'impérialisme juif mondial s'est infiltré très tard au Japon (au dix-neuvième siècle seulement), le fait est que depuis la fin du dix-neuvième siècle, cet impérialisme a élaboré des tactiques d'infiltration du Japon quelque peu différentes de celles qu'il applique à l'heure actuelle dans les pays où il peut compter sur une cinquième colonne de Juifs avoués ou clandestins en nombre suffisant pour conquérir ces pays et y maintenir sa domination. Au Japon, l'impérialisme juif tente de former de vastes communautés de Prosélytes de la Porte, technique qu'il emploie uniquement dans les pays où il n'a encore infiltré que peu de Juifs de sang pur, c'est-à-dire de vrais Juifs, selon sa propre conception ; du moins est-ce ainsi qu'il a toujours agi jusqu'à présent. Pour la nation d'Israël, les seuls vrais Juifs sont les descendants en ligne directe d'Abraham et de Jacob, appelé aussi Israël dans la Bible. Dans certaines circonstances, toutefois, le judaïsme forme des organisations au sein desquelles il fait entrer des individus que les Juifs eux-mêmes nomment péjorativement « PROSÉLYTES DE LA PORTE » et qu'ils considèrent *in petto* comme des « *gentils* », c'est-à-dire des porcs. Après avoir réussi à les convertir à la religion israélite, les Juifs les regroupent dans des organisations ou des synagogues en partie similaires à celles du judaïsme authentique (et placées sous la direction de Juifs de sang, ou vrais Juifs), dont ils se servent comme de satellites et d'instruments de contrôle au service de l'impérialisme juif, de même qu'ils utilisent la franc-maçonnerie universelle, les partis communistes (secrètement contrôlés par le judaïsme) et d'autres institutions encore. Ainsi, les pauvres prosélytes de la porte restent de vulgaires outils, de simples marionnettes ; ils ne sont jamais autorisés à entrer dans le vrai judaïsme ni à en apprendre les secrets, MALGRÉ LES ASSURANCES DE LEUR HIÉRARCHIE qu'ils sont de vrais Juifs, quand bien même au sens seulement spirituel puisqu'ils n'ont pas de sang juif, et qu'ils partageront de grands secrets et de grands droits au sein du judaïsme ; ainsi les israélites trompent-ils leurs prosélytes avec une adresse telle qu'ils peuvent d'autant plus facilement les manipuler. Ce n'est là qu'un mensonge et une tromperie de plus pour dominer les naïfs gentils qui, en l'espèce, croient ingénument qu'ils font partie du JUDAÏSME MONDIAL, qui est la puissance dominante du monde à l'heure actuelle ; et cela flatte leur ego, alors qu'en réalité, ils sont maintenus À LA PORTE DU TEMPLE, c'est-à-dire hors du judaïsme authentique, ce qui ne fait qu'apporter à celui-ci un satellite venant s'ajouter à tous ceux qui existent déjà et dont il a été question précédemment.

L'expression « *Prosélyte de la Porte* » remonte à l'époque ayant précédé la destruction du temple et de la ville de Jérusalem par les Romains. Les Juifs, qui ne considéraient comme juifs que les individus porteurs du sang juif, ne laissaient pas les gentils convertis au judaïsme pénétrer dans le temple, et ceux-ci devaient donc rester à la porte. Cette discrimination était si porteuse d'opprobre que fort peu de gentils souhaitaient se convertir à la religion juive.

Des siècles plus tard, le judaïsme conçut, pour se trouver des prosélytes, une méthode moins choquante consistant à nommer les convertis « Juifs spirituels » et à mettre à leur disposition des synagogues, ainsi que toute une organisation périphérique, mais sans leur dévoiler aucun des secrets du judaïsme. Il va donc de soi que ces « *Juifs spirituels* » sont tout aussi en dehors du judaïsme authentique que le sont les prosélytes de la porte.

Dans son ouvrage publié en 1953 et dont nous avons déjà parlé, le rabbin Jacob S. Raisin a ceci à dire concernant la création des synagogues de prosélytes au Japon : « On entend parler depuis quelque temps d'une Japonaise de Nagasaki qui avait épousé un Juif allemand et qui, non contente de s'être convertie au judaïsme, a fait construire et doté plusieurs synagogues, tout en se consacrant à la propagation de sa nouvelle foi religieuse dans le pays où elle est née. »(1) Il est donc question là d'un mariage mixte entre un Juif allemand et une Japonaise ; cette union produira des descendants de sang mêlé présentant un type racial qui deviendra de plus en plus japonais au fur et à mesure que les membres des

1 — Rabbi Jacob S. Raisin, *op. cit.*, page 422.

générations suivantes épouseront d'autres Japonais, et les descendants de cette union initiale seront utilisés par le judaïsme, toujours fiévreusement anxieux d'ajouter des prosélytes de la porte à son attelage. Cela nous est confirmé par des experts japonais de la question, qui nous disent qu'en raison de tous les inter-mariages contractés par des immigrés juifs des deux sexes avec des autochtones depuis le XIXe siècle, le nombre de ressortissants japonais d'origine partiellement juive n'a cessé d'augmenter. Ces gens portent des noms japonais usuels ; ils ont adopté les coutumes japonaises et même les religions dominantes du Japon, le shintoïsme et le bouddhisme ; enfin, ils présentent des caractéristiques raciales et physionomiques telles qu'il est très difficile de les distinguer des autres Japonais.

Juifs arrivant à Kobe, au Japon. L'invasion commence.

On est donc là en présence d'une infiltration qui devient extrêmement dangereuse pour l'avenir du Japon. Au surplus, ces hybrides de Juifs et de Japonais répandent à l'étranger des communautés prosélytes et des synagogues qui multiplient les tentacules servant au judaïsme mondial pour mettre le pays sous sa coupe. En effet, ces *prosélytes de la porte* obéissent aveuglément à leurs rabbins ; et ceux-ci peuvent bien prétendre parfois qu'ils sont eux-mêmes des prosélytes, au Japon comme dans d'autres pays, mais ce sont en réalité des Juifs de sang pur placés sous le contrôle rigoureux des sociétés secrètes du judaïsme authentique, celui de la nation israélite, qui se tient tapi, telle une cinquième colonne, au sein de toutes les autres nations.

Dans un volume supplémentaire intitulé « *Le judaïsme contemporain* » et publié en 1961, l'*Encyclopédie juive castillane* indique, en ce qui concerne le Japon, que parmi les hommes d'affaires américains et les membres de l'armée d'occupation américaine présents dans le pays, il y a des Juifs et que « CERTAINS MILITAIRES JUIFS SONT MARIÉS À DES JAPONAISES QUI SE SONT CONVERTIES AU JUDAÏSME ET EN OBSERVENT LES RITUELS. » (1) De sorte que ce qui semble être aux yeux des Japonais et de leur gouvernement d'innocents mariages entre soldats yankees et Japonaises correspond en réalité à une nouvelle infiltration du peuple japonais par l'impérialisme juif et à un accroissement supplémentaire de la population de Juifs japonais issus de ces unions.

Les *prosélytes de la porte* représentent un danger plus grand au Japon que dans d'autres nations, car dans ce pays, ils ont été amenés par tromperie à se croire non pas simplement prosélytes de la porte, mais véritables Juifs par le sang, et cela fait d'eux des instruments encore plus dociles de l'impérialisme israélite. En effet, ils se sont laissé persuader que le peuple du Japon ou, du moins, la majorité des Japonais, appartenait à l'une des tribus perdues d'Israël. Et pour que le lecteur comprenne mieux l'importance de ce sordide mensonge, il nous faut expliquer ce que ces tribus perdues signifient aux yeux des Juifs, ainsi que la manière dont l'impérialisme juif exploite parfois une légende afin de tromper différents peuples ou certaines communautés raciales gentilles.

Lorsque le peuple hébreu se scinda en deux royaumes, celui d'Israël et celui de Juda, dix des douze tribus constituant initialement la nation des Hébreux devinrent le royaume d'Israël, et les deux autres le royaume de Juda. En 721 avant Jésus-Christ, les Assyriens, conduits par

---

1 — MacLeod, *Epitome of the Ancient Histog of Japon* (Tokyo, 1879).

Salmanazar, Sargon et TeglathPhalasar, conquirent le royaume d'Israël, et le peuple des Dix Tribus fut emmené en exil au nord de l'Assyrie, le long des rives du Gozan et dans les villes de la Médie septentrionale. Plus d'un siècle après, en 586 avant Jésus-Christ, le royaume de Juda fut conquis à son tour, et son peuple emmené à Babylone.

Des JUIFS ont établi un foyer de rencontre à Kobe, au Japon. À partir de cette ville, ils ont poursuivi sans entraves leurs activités subversives.

Lorsque les Perses et les Mèdes conquirent Babylone, les tribus de Juda et Benjamin, appelé aussi Lévi, qui faisaient auparavant partie du royaume de Juda, purent retourner dans leur ancien territoire et y rebâtir leur royaume. En revanche, les dix tribus qui formaient auparavant le royaume d'Israël ne retournèrent pas chez elles, et l'on ignore ce qu'elles ont pu devenir depuis. Voilà pourquoi le judaïsme les appelle les dix tribus perdues d'Israël. Au fil des siècles, les rabbins ont échafaudé les théories les plus variées et les plus ébouriffantes quant au devenir de ces tribus, mais aucune de leurs théories ne s'est jamais vérifiée.

Aussitôt après être arrivés en Asie, les Juifs ont commencé à vendre leurs marchandises dans les rues, à la manière qui leur est propre.

Mis à part le zèle sincère, voire fanatique déployé par certains Juifs pour rechercher les dix tribus perdues d'Israël jusques dans les coins du monde les plus reculés, il est de fait également que l'impérialisme juif a parfois vu dans cette légende un moyen adroit de tromper certains groupes ou peuples gentils qu'il souhaite mieux contrôler, en les amenant à se croire de sang juif dans la mesure où ils descendraient des tribus en question. Ainsi a-t-on essayé de persuader aux Britanniques qu'ils descendaient d'une de ces tribus, celle de Dan (les Danois). On a prétendu aussi que les Mayas et les Aztèques du Mexique et du Guatemala descendaient d'une autre tribu, et d'autres peuples gentils ont été abreuvés des mêmes mythes. Ces théories échevelées et trompeuses, car dénuées du moindre fondement scientifique, ont toutefois été répandues au Japon plus largement que partout ailleurs, à seule fin de réaliser la conquête politique et religieuse du pays. La raison en est qu'à cause du petit nombre de Juifs de sang pur vivant au Japon, y compris les sang-mêlé, l'impérialisme juif a été contraint de recruter sur place des *prosélytes de la porte* — ce qu'ils ne fait plus dans la plupart des nations — pour étoffer sa cinquième colonne au pays du Soleil Levant, terre qu'il veut conquérir et contrôler à tout prix. Le judaïsme a l'intention d'amener les Japonais — dirigeants et simples citoyens confondus — à se croire de descendance juive ; et il use d'une tromperie particulière auprès des prosélytes de la porte en leur racontant qu'ils ne sont pas de simples prosélytes, mais qu'ils sont de vrais Juifs par le sang dans la mesure où ils descendent d'une des tribus perdues d'Israël, qui se serait installée au Japon il y a plus de deux mille cinq cents ans. L'impérialisme juif a poussé l'audace dont il fait preuve dans l'emploi de cet énorme mensonge comme moyen de conquête jusqu'à tenter de faire croire à la caste japonaise sacrée du Shindaï, et à l'Empereur du Japon lui-même, qu'ils descendaient des tribus perdues d'Israël, dans le but évident de les convertir en prosélytes de la porte et, par la même occasion, en marionnettes à son service.

MacLeod affirme à cet égard, dans son ouvrage intitulé « *Epitome of the Ancient History of Japan* », dont plusieurs éditions ont été publiées à Tokyo au XIXe siècle, que le dernier monarque de l'ancien royaume d'Israël était Osée (Hoshea), qui est mort en 722 avant Jésus-Christ, et que le premier roi connu du Japon, couronné en 730 avant Jésus-Christ, se trouvait porter le nom d'Osee, ce qui donne à penser qu'à l'époque de la conquête assyrienne, le dernier roi d'Israël se réfugia au Japon et y devint roi. MacLeod écrit aussi que les temples shintoïstes, comme l'ancien temple de Salomon à Jérusalem, sont divisés en un Lieu Saint et un Saint des Saints ; il ajoute que les prêtres y portent des ornements en lin comme les prêtres de Jérusalem et utilisent des vases sacrés similaires (1). Comme si toutes les religions n'avaient pas beaucoup de choses en commun !

Ce même MacLeod et plusieurs universitaires japonais qui, selon mes informations, sont extérieurement des Japonais, mais intérieurement des Juifs clandestins, ont publié ces fables aux Japon afin de disséminer dans tout le pays l'impérialisme religieux à l'aide duquel les Juifs cherchent à mettre le peuple japonais sous leur emprise, comme ils savent

1 — MacLeod, *Epitome of the Ancient Histoc of Japan* (Tokyo, 1879).

utiliser le libéralisme capitaliste, le marxisme, le sionisme, le judaïsme et, d'une manière générale, tout autre moyen de dominer les peuples qui convient le mieux à chaque lieu et à chaque époque.

Les Japonais patriotes ont un besoin urgent de dénoncer cette propagande mensongère s'ils veulent empêcher l'aristocratie et le peuple japonais d'en être les dupes, faute de quoi de tels mensonges — s'appuyant sur une fausse logique destinée à leur conférer une aura scientifique — risquent de convaincre les naïfs et de les asservir à l'impérialisme raciste juif.

L'occupation militaire du Japon par les troupes américaines suscita une immigration nouvelle et massive de Juifs bien décidés à conquérir ce pays sous 'l'aile des forces armées de leur satellite, l'impérialisme yankee. Étant donné la puissance acquise au Japon par le judaïsme aussi bien public que clandestin du fait de l'occupation militaire des États-Unis, les symptômes du désordre causé par les sociétés secrètes juives dans le reste du monde commencèrent à gagner l'Empire du Soleil Levant : troubles étudiants dans les universités, subversion communiste au sein des masses laborieuses et des partis politiques de gauche, activités antinationales et antipatriotiques, campagnes de diffamation et intrigues contre les patriotes en vue de neutraliser ceux-ci, importation d'idées destructrices — ces mêmes idées agitées par les Juifs pour semer la discorde et la subversion dans les autres pays —, ainsi que l'ensemble des autres facteurs de confusion et de désordre que le pouvoir juif masqué utilise dans toutes les nations où il infiltré ses cinquièmes colonnes.

Exploitant, au surplus, la puissance des États-Unis, les Juifs tentèrent de s'emparer de l'économie du Japon, mais ils semblent heureusement, n'y être parvenus qu'en partie. Il est triste que le peuple des États-Unis continue à laisser ses dirigeants se comporter dans le monde entier comme de vils laquais de l'impérialisme juif et que partout où sont stationnées des troupes américaines, elles soient accompagnées d'exploiteurs capitalistes juifs ainsi que de leurs espions ou conspirateurs judéo-marxistes.

Le dirigeant SIONISTE Abraham Kaufman (au centre) prenant la parole à Harbin (Mandchourie). On voit des drapeaux juifs et japonais à l'arrière-plan. Des gardes sionistes en uniforme se tiennent derrière les participants. Lors de cette réunion, les Juifs ont pris contact avec des officiers japonais avant leur « invasion » du Japon.

Dans la mesure, néanmoins, où le Japon est moins infiltré par le judaïsme que toute autre puissance mondiale (en tout cas pour l'instant), et eu égard aux perspectives politiques ainsi qu'au patriotisme du peuple japonais, il se peut que lorsque le Japon aura pris pleinement conscience du danger et de cet ennemi secret qui le menace, il devienne l'un des pays du monde capitaliste les plus aptes à défendre efficacement leur indépendance et à écarter d'eux le risque de se voir conquis par l'impérialisme raciste et totalitaire juif. Certains Japonais ont commencé à saisir la manière dont les Juifs se comportent, au point même qu'un des dictionnaires japonais les plus utilisés donne au mot «*Juif*» le sens de voleur et d'escroc ; c'est du moins ce qu'affirme l'*Encyclopédie juive castillane*, qui ajoute ceci : « Depuis trente ans, il existe dans ce pays une ASSOCIATION JAPON-ISRAËL (PALESTINE) comptant 450 membres [...] On s'est efforcé de créer au Japon une bibliothèque spécialisée dans la culture juive (1) [...]

---

1 — *Encyclopédie juive castillane*, volume supplémentaire intitulé «*Judaïsme contemporain*» (Mexico City, 1961), article sur le Japon, page 754 et suivantes.

Israël a été l'un des premiers pays à reconnaître le gouvernement japonais après la guerre, et il a cherché à nouer des relations amicales avec ce pays asiatique. »

On est à nouveau là en présence d'une question qui mérite un commentaire particulier. Le judaïsme international est une organisation fort complexe comprenant des milliers d'institutions et de sociétés secrètes disséminées dans le monde entier. L'État d'Israël, avec toutes ses structures, n'est qu'une petite partie du judaïsme international, mais ce dernier l'utilise adroitement à différentes fins, y compris le maintien de relations amicales avec les gouvernements et les peuples, qui sert d'écran de fumée pour masquer les véritables motifs de l'impérialisme juif. De la sorte, tandis que la cinquième colonne juive s'efforce secrètement de conquérir une nation et d'en renverser le gouvernement gentil, les services diplomatiques de l'État d'Israël font montre d'amitié et de collaboration avec la nation en question et son gouvernement, et ils peuvent même collaborer vraiment avec eux dans certains domaines qui les intéressent. Le judaïsme tente ainsi de tromper les peuples et leurs gouvernements pour cacher son rôle, d'une part dans les activités de la cinquième colonne qu'il dirige afin de s'emparer d'eux par des moyens pacifiques, d'autre part dans les conspirations et révolutions menées par ses sociétés secrètes lorsqu'il veut opérer sa prise de pouvoir au moyen de méthodes plus rapides. Un expert de la question m'a dit qu'un jour, au restaurant, il avait entendu des Juifs se moquer de ces « STUPIDES » dirigeants *goyim* qui tombent constamment dans leur piège astucieux. Mais pour ma part, je tiens à préciser que ce piège-là, comme beaucoup d'autres élaborés par les Juifs, est si adroitement tendu qu'on ne doit pas s'étonner qu'y tombent même des personnes très intelligentes, surtout si elles ignorent les secrets de l'impérialisme juif et sa stratégie politique, dont la force principale et la réussite continuelle sont dues au secret dans lequel il maintient ses motifs cachés et dont il s'assure par des tromperies très élaborées. C'est pourquoi on ne pourra libérer les peuples de l'impérialisme juif totalitaire qu'en dévoilant tous les secrets de ce dernier, à eux comme à leurs dirigeants gentils, dans des livres bien documentés à l'usage des personnes instruites, ainsi que dans des brochures destinées aux masses populaires, afin que reconnaissant leur ennemi caché et pernicieux, elles soient en mesure de se défendre de lui plus efficacement. Tant que ce ne sera pas fait à l'échelle locale, nationale et mondiale et que tous les peuples n'auront pas conscience de cette mortelle menace, l'impérialisme juif continuera de conquérir les nations les unes après les autres et de les soumettre à sa loi. Je souhaite évidemment que l'humanité soit préservée d'une telle catastrophe, dont le risque m'a incité à écrire le présent ouvrage.

Synagogue de RÉFUGIÉS construite en vue de servir de base à l'infiltration sioniste de la société japonaise.

(FIN DU TEXTE DE L'ARTICLE.
NOUS AVONS AJOUTÉ CI-APRÈS
UNE DOCUMENTATION SUPPLÉMENTAIRE SUR LA QUESTION.)

A WARNING	AVERTISSEMENT
To all Chinese, Japanese and Gentiles Alike	À l'adresse de tous les Chinois, de tous les Japonais et de tous les autres peuples gentils
THE "CHOSEN PEOPLE" HAVE INVADED SHANGHAI!	LE "PEUPLE ÉLU" A ENVAHI SHANGHAI !
Be Prepared to Resist An Economic Invasion and Be Prepared for An Era of Crime, Sin and Intrigue	Préparez-vous à résister à une invasion économique Et préparez-vous à une ère de crime, de péché et d'intrigue
WARNING TO ASIANS. Cover of a booklet published by patriots warning the Japanese and Chinese about the Jewish invasion of Shanghai.	AVERTISSEMENT AUX ASIATIQUES. Couverture d'une brochure publiée par des patriotes pour prévenir les Japonais et les Chinois de l'invasion juive de Shanghaï.

DIRECTOIRE DE LA COMMUNAUTÉ JUIVE DE KOBE.
Parmi ceux représentés sont Anatole Ponevejsky *(assis troisième à partir de la gauche)*, Moise Moiseeff *(assis à gauche)*, et Anatole Ponve *(cinquième à partir de la gauche)*.

10,000 in Japan Seeking Judaism

9/17/54   Jewish Voice

HARTFORD (JTA)—As many as 10,000 Japanese are seeking conversion to Judaism, Rabbi A. J. Feldman, spiritual leader of Beth Israel Temple here reported this week on his return from a 10-week tour Torah Convocations in the Far East. Rabbi Feldman made the tour on behalf of the National Jewish Welfare Board's Commission on Jewish Chapalaincy, of which he is executive chairman.

Explaining the new trend among Japanese, Rabbi Feldman, stated he found that the war had "knocked out the spiritual props" which previously been sufficient for many Japanese whom Shintoism taught that their country was invincible. As a result, many of them are turning to Judaism, bolstered to a great extent by the fact that American Jews, especially chaplains of the American armed services, had offered many kindnesses to the Japanese.

A great many Japanese, Rabbi Feldman reported, are learning Hebrew, and many are practicing Jewish rites. Jewish chaplains and rabbis, however, are "going slow" on accepting the would-be converts, he noted.

.... to become a Jew. "I hope some day to study Judaism in its Birthland, in Israel, and I hope to God that my desire will be granted," he replied to the Chaplain.

Noting his determination to be a Jew and a Zionist, the Chaplain introduced Hiroshi to officials in the Israel Embassy. There they again discouraged him, but he adamantly maintained that he was not a thoughtless enthusiast: "I thought my decision out and all its ramification and I stand by my decision," he declared.

GREATLY MOVED by Hiroshi's sincerity, the Jewish Chaplain sent a personal letter to Israel's Minister of Religion and Welfare, Moses Shapiro, and asked him to do something for this Japanese Ger Zedek. As a result, an appeal was made to the Foreign Ministry to facilitate the "homecoming" of the new son of Israel and to aid him in his further study of Judaism in a religious school in the Holy Land.

Hiroshi got his wish!

Chief Rabbi I. Herzog gave his approval to receive the young Ger from Japan under the "Wings of the Shechina according to the faith of Moses and Israel."

Today, Hiroshi Ankomoti, an Israel citizen and a good Jew, is the happiest man in the world!

The above is the story of only one among tens of thousands of Japanese men and women who look forward to joining the ranks of Israel.

10,000 JAPONAIS
EN QUÊTE DE JUDAÏSME
17/9/54 (Jewish Voice)

HARTFORD (*Jewish Telegraphic Agency*), 17 septembre 1954.

— 10.000 Japonais cherchent à se convertir au judaïsme. C'est ce que le rabbin A. J. Feldman, directeur spirituel du Beth Israel Temple de Hartford, a déclaré cette semaine en revenant d'une tournée de mission pour la Torah en Extrême-Orient. Il a accompli cette tournée au nom de la Commission sur l'aumônerie juive du *National Jewish Welfare Board*, qu'il préside à titre exécutif.

Expliquant la tendance observée depuis peu chez les Japonais, le rabbin Feldman a dit que selon ses constatations, la guerre avait "abattu les soutiens spirituels" qui suffisaient naguère à de nombreux Japonais pratiquant le shintoïsme, lequel enseignait que leur pays était invincible. Beaucoup d'entre eux sont donc en train de se tourner vers le judaïsme, largement encouragés en cela par le fait que les Juifs d'Amérique, surtout les aumôniers des forces armées américaines, se sont montrés très aimables avec les Japonais.

Selon lui, un grand nombre de Japonais apprennent l'hébreu, et beaucoup pratiquent les rites juifs. Il ajoute cependant que les aumôniers juifs et les rabbins "y vont doucement" avec l'acceptation des conversions.

.... de devenir un Juif. "J'espère étudier un jour le judaïsme dans sa terre natale, Israël, et je prie Dieu de satisfaire mon désir", a-t-il répondu à l'aumônier.

Constatant sa détermination à devenir juif et sioniste, l'aumônier présenta Hiroshi à des officiels de l'ambassade d'Israël. Là, on chercha de nouveau à le décourager, mais il maintint avec force qu'il n'était "pas un enthousiaste irréfléchi" : "J'ai bien mûri ma décision et tout ce qu'elle implique, et je m'y tiens", a-t-il déclaré.

TRÈS ÉMU par la sincérité d'Hiroshi, l'aumônier juif adressa une lettre personnelle à Moïse Shapiro, ministre israélien de la Religion et de la Protection sociale, pour lui demander d'intervenir en faveur de ce *Ger Tzedek* (vertueux converti) japonais. On fit alors appel au ministre israélien des Affaires étrangères afin qu'il facilite le « retour au bercail » de ce nouveau fils d'Israël et l'aide à poursuivre son étude du judaïsme dans une école religieuse de la Terre Sainte.

Le vœu d'Hiroshi était comblé !

Le grand rabbin I. Herzog accepta de recevoir le jeune *Ger* sous les "*Ailes de la Shekhinah* (La présence ; manifestation de leur D.émon au sein de l'humanité) selon la foi de Moïse et d'Israël".

Hiroshi Ankomoti, citoyen d'Israël et bon Juif, est aujourd'hui l'homme le plus heureux du monde !

Cette histoire ne correspond qu'à l'un des dizaines de milliers de cas de Japonais des deux sexes qui espèrent rejoindre les rangs d'Israël.

THE UNIVERSAL JEWISH ENCYCLOPEDIA

Chine, une république d'Asie orientale. La population juive de Chine, y compris le Manchukuo (nom japonais de la Mandchourie, aujourd'hui État fantoche du Japon), était évaluée à 36.000 âmes en 1940.

Juif chinois et son fils. Reproduit avec l'autorisation de l'Union des congrégations juives américaines (*Union of American Jewish Congregations*).

1. La communauté initiale. Dans la mesure où les Juifs chinois possédaient des fragments des livres de Zacharie et Malachie dans leurs archives et connaissaient plusieurs rites talmudiques, on a laissé entendre qu'ils venaient de Chaldée. Mais leur ignorance de la ponctuation babylonienne permet de supposer que leur émigration date d'avant le Talmud ou qu'elle est peut-être d'origine palestinienne.

Les informations les plus fiables à ce sujet sont peut-être à chercher dans les comptes-rendus d'Ibn Zeyd al Hassan, voyageur arabe du neuvième siècle, qui parle des Juifs comment étant une des sectes massacrées à Khanfu [Canton]. Au huitième siècle, les Juifs chinois étaient devenus assez nombreux pour que l'empereur nomme un officier spécial chargé de les superviser.

Marco Polo, qui visita la Chine à la fin du treizième siècle, témoigna du rôle important des Juifs au Cathay (nom ancien de la Chine), tout comme le fit aussi Ibn Baruta, envoyé arabe à la cour mongole. Les annales de la dynastie mongole de 1329 et 1354 font état des *Dju-Hudu* (*Yehudim ?*) à propos du renforcement d'une taxe sur la dissidence et signale qu'ils furent convoqués ensemble à Pékin.

Les juifs de Kai-Fung-Fu étaient impossibles à distinguer extérieurement des Chinois autochtones. Non seulement ils se vêtaient à la chinoise, mais au fil du temps, ils avaient acquis des traits chinois, y compris le teint jaunâtre et les yeux « *bridés* ». Ils parlaient chinois et suivaient les coutumes chinoises. Il ne se distinguaient que par leur pratique consistant à retirer le tendon de la hanche (le nerf sciatique) sur les animaux de boucherie, ainsi que par leur lieu d'adoration, avec ses livres sacrés, toutes choses ne constituant pas, dans ce pays tolérant, une raison de voir en eux une classe distincte.

JERUSALEM POST Jan 27-Feb. 2, 1980
Page 15

PEOPLE

Samaria will be the home of Japan's Samurai O'Hara

By BENNY MORRIS
Jerusalem Post Reporter

Sadao O'Hara, his wife and three children will become the West Bank's first Japanese settlers when they arrive at Kedumim in June.

O'Hara, 40, a computer printout paper manufacturer, is a leader of Japan's 2,000-strong "Bnei Shomron" sect. He has been visiting the Gush Emunim settlement, the original site of Elon Moreh, regularly since 1975.

O'Hara — the spelling derives from an American occupation official with a sense of humour in the days after World War II — has so far invested IL15m. in machinery for his new computer paper plant currently under construction at Kedumim. The machinery has already arrived in Ashdod Port and

Sadao O'Hara.   (Benny Morris)

will be moved to the West Bank site at the end of February, when the plant is scheduled to begin operations. O'Hara is currently in Israel to oversee the installation of the equipment and the start of production.

O'Hara, interviewed last week in his temporary caravan home in Kedumim, told *The Jerusalem Post* that the almost fully automated plant will be run by himself and one other worker and will produce some $400,000-$500,000 worth of paper a year, all earmarked for export to Japan and elsewhere in Asia.

O'Hara will market the paper through his existing facilities in Japan, where he owns a larger, 18-man computer printout paper plant.

The government has promised O'Hara a IL2m. grant for his "approved industry" and has agreed to underwrite a further IL2m. bank loan on favourable terms.

O'Hara already owns a flat in Kfar Sava. But he will move into one of Kedumim's wooden huts, where the first settlers lived a year and more after they had left the original makeshift caravans and before they moved to their current, prefabricated concrete-block homes.

"He is a very spiritual person," says lawyer Moshe Simon, a leader of Gush Emunim and of the Kedumim community, and a part-owner in the plant.

O'Hara and the Bnei Shomron regard themselves as vestiges of the 10 Lost Tribes, exiled by the Assyrians after the fall of the northern kingdom of Israel in 721 BCE. Biblical fundamentalists — though neither Christians nor practising Jews — the Bnei Shomron endorse the Gush Emunim claim to the entire Land of Israel and believe that the ingathering of the

(continued on page 23)

Jérusalem Post — 27 janvier-2 février 1980, page 15

LES GENS

La Samarie, future patrie du samouraï japonais O'Hara

par Benny Morris,
Reporter au *Jerusalem Post*

Sadao O'Hara, son épouse et leurs trois enfants deviendront les premiers colons japonais de la Rive occidentale [du Jourdain] lors de leur arrivée à Kedumim, en juin prochain.

O'Hara, âgé de quarante ans, est fabricant de papier pour imprimante. Il est à la tête de la secte (juive) *Bnei Shomron* pour le Japon, qui est forte de deux mille membres dans ce pays. Depuis 1975, il se rend régulièrement dans la colonie *Gush Emunim*, site historique de la communauté *Elon Moreh*.

O'Hara — ainsi nommé au lendemain de la Deuxième Guerre mondiale à l'initiative d'un officiel de l'occupation américaine non dénué d'humour — a investi jusqu'à présent quinze millions de shekels dans les machines de sa nouvelle usine de papier pour imprimante qui est en construction à Kedumim. Ces machines sont déjà arrivées au port d'Ashdod et seront transportées jusqu'au site de la rive occidentale fin février, moment où l'usine doit commencer à tourner. O'Hara est actuellement en Israël afin de superviser l'installation de ses équipements et la mise en route de la production.

Sadao O'Hara. (Benny Morrys)

Interviewé la semaine dernière sur la caravane dans laquelle il loge provisoirement à Kedumim, il a déclaré au *Jerusalem Post* que son usine presque entièrement automatisée serait gérée par deux personnes, dont lui-même, et qu'elle produirait pour quatre cent mille à cinq cent mille dollars de papier par an, ce produit étant destiné à l'exportation vers le Japon et d'autres pays d'Asie.

O'Hara distribuera son papier par le biais des installations dont il dispose déjà au Japon, où il possède une plus grande usine de production de papier pour imprimante, qui emploie dix-huit personnes.

Le gouvernement israélien lui a promis une subvention de deux millions de shekels pour son "industrie agréée" et accepté en plus de cautionner un prêt bancaire de deux millions de shekels consenti à des conditions favorables.

O'Hara possède déjà un appartement à Kfar Sava. Mais il emménagera dans l'une des cabanes en bois de Kedumim, où les premiers colons ont vécu au moins un an après avoir abandonné leurs caravanes et avant de s'installer dans leurs immeubles en béton préfabriqué.

« Il a une grande vie intérieure », a dit de lui l'avocat Moshe Simon, dirigeant de la colonie *Gush Emunim* et de la communauté de Kedumim et copropriétaire de l'usine.

O'Hara et les autres *Bnei Shomron* se considèrent comme le petit reste des dix Tribus Perdues, exilées par les Assyriens après la chute du royaume septentrional d'Israël en 721 avant Jésus-Christ. Fondamentalistes bibliques — bien que n'étant ni chrétiens, ni juifs pratiquants —, les *Bnei Shomron* souscrivent aux prétentions de la colonie *Gush Emunim* sur toute la terre d'Israël et pensent que la réunion des tribus perdues précipitera l'avènement du Messie.

Né shintoïste et fils d'un général japonais tué au combat durant la Deuxième Guerre mondiale, O'Hara a grandi à Okinawa, île principale de l'archipel des Ryukyu, et il prétend avoir "reçu la lumière" étant adolescent. Il l'explique ainsi : "Je suis tombé gravement malade : tuberculose et pleurésie. Un ami chrétien est venu me voir et m'a apporté un exemplaire de la Bible, dont la lecture m'a captivé. Mais au moment de me convertir au christianisme, il m'est apparu que Dieu avait tout promis aux Juifs et qu'ils étaient ses élus." Il ajoute que la poursuite de ses études l'a convaincu que les chrétiens n'avaient cessé de persécuter les Juifs au cours des deux derniers millénaires.

En essayant d'étayer son sentiment de faire partie des tribus perdues, il en est venu à remarquer les analogies entre les le dialecte japonais d'Okinawa et l'hébreu : dans ce dialecte, *haru* signifie "montagne" (*har* en hébreu), et *ahi* veut dire "mon frère" (comme en hébreu).

O'Hara ajoute que le mot japonais *Mikado*, qui signifie "empereur", dérive de l'hébreu *mi-Gad*, qui veut dire « de (la tribu de) *Gad*". Il soutient que cela tient aux origines japonaises décelables dans les tribus perdues (dont celle de *Gad*).

Il dit également que le mot *samouraï* ; qui signifie "chevalier" ou « guerrier », dérive du nom "Samarie". "C'est pourquoi, en tant que samouraï, je ne fais que retourner à mes origines", déclare-t-il

O'Hara est en train d'étudier l'hébreu, et il assiste régulièrement aux séances de prière organisées par les colons à la synagogue. "Bien sûr, il récite avec un fort accent japonais", précise Simon, tandis qu'à ses côtés, O'Hara sourit, puis produit un petit rire.

(LES CONVERTIS JAPONAIS AU JUDAÏSME. Ce récent article du JÉRUSALEM POST illustre la manière dont les Juifs agitent le mythe des « Tribus Perdues » d'Israël pour convaincre les Japonais éduqués et de bonne famille qu'ils descendent de ces tribus. Ainsi persuadent-il les Japonais que ceux-ci sont leurs « frères de sang » et doivent donc soutenir le sionisme mondial et l'État d'Israël. Sadao O'Hara n'est qu'une victime parmi d'autres de la propagande juive concernant les « *Tribus Perdues* ».

Mars 1973 - Professeur Avraham et Ikura Tesimo ; 400 pèlerins *"Makua"* célébrant le 25ᵉ anniversaire de la fondation d'Israël sur la tombe de Theodor Herzl,

Les étudiants *"Makua"* participent à la parade de Jérusalem

Chiune Sugihara

(1 janvier 1900-1931 juillet 1986) diplomate japonais qui a servi comme vice-consul de l'Empire du Japon en Lituanie. Au cours de la Seconde Guerre mondiale, il a aidé plusieurs milliers de Juifs à quitter le pays par la délivrance de visas de transit aux réfugiés juifs afin qu'ils puissent se rendre au Japon.

Sugihara a écrit des visas de voyage qui ont facilité l'évasion de plus de 6000 réfugiés juifs à territoire japonais. En 1985, Israël l'a honoré en tant que *Justes* parmi les Nations pour ses actions.

Le pseudo artiste *sud-africain* Steven Cohen, "juif, blanc et pédé", comme il se définit lui-même, au cours d'une performance au Japon. Septembre 2010.

7
La paranoïa judaïque

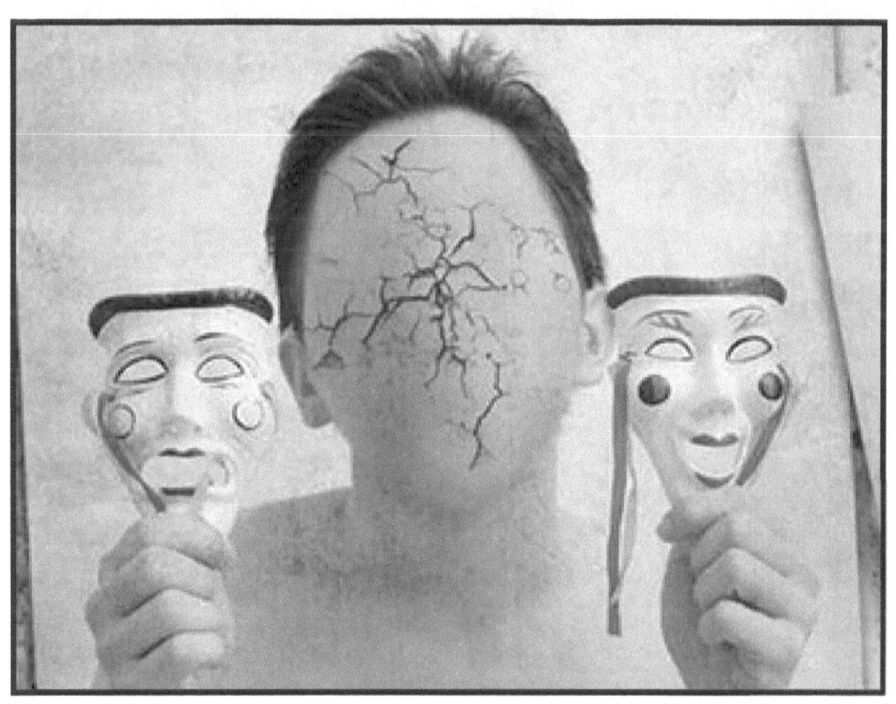

The Library of Political Secrets - 11

Mais ! Qu'as-tu fais ? Tu dévoiles notre âme maudite! ..

7
La paranoïa judaïque

LA PARANOÏA JUDAÏQUE

Si le peuple juif a une telle propension à se montrer impérialiste et dominateur, c'est en partie parce qu'il est plus porté que les autres peuples à la paranoïa, qui prend souvent chez lui une tournure morbide. Cette tendance peut se reconnaître à certains traits de caractère, grâce auxquels les Juifs sont certes capables des réussites les plus grandes et les plus difficiles, mais qui leur occasionnent en revanche une sorte de déséquilibre mental les conduisant à poursuivre des activités dont le but est de venger des violations imaginaires de leurs droits avec une opiniâtreté et un fanatisme confinant à l'obsession. En outre, ces activités vindicatives exhalent invariablement une haine féroce, que l'on peut qualifier de paranoïaque. La haine en question peut bien être cachée, selon les ordres donnés par la hiérarchie juive ; ce n'est pas moins de la haine que les israélites nourrissent envers tous les *« porcs gentils »*, à des degrés variables selon le tempérament de chaque Juif.

Il est donc facile de comprendre combien ces actions paranoïaques peuvent être nocives et dangereuses pour toute personne dont les Juifs veulent tirer vengeance, avec ou sans justification.

On trouve parmi eux, davantage que chez les autres peuples, beaucoup d'individus dominateurs ou vindicatifs, en proie au complexe de persécution ou enclins à la mégalomanie. C'est même si vrai que, comme on peut s'en rendre compte, les Juifs ont souvent entretenu ces illusions collectivement, en tant que peuple. Il suffit du reste de lire les histoires et les livres ésotériques des Juifs pour constater combien ils ont exagéré les persécutions que leurs coreligionnaires ont subies dans le passé, au point même de créer une idéologie confinant au délire de persécution collectif. Et le complexe de persécution est précisément l'une des caractéristiques de cette forme de démence ou de maladie mentale que la science appelle paranoïa ou schizophrénie paranoïaque.

Par ailleurs, l'idéal absolu de la religion juive actuelle, l'idéal suprême de tout Juif religieux, est de rétablir Israël dans les droits que Dieu lui a donnés sur tout ce qui existe dans le monde : les biens matériels, le gouvernement des nations et les idées qui guident l'humanité, toutes choses que les Juifs croient usurpées par les gentils. Car aux yeux des Juifs, quand nous autres gentils sommes propriétaires d'usines, de petits ateliers ou de commerces, de bien immobiliers ruraux ou urbains, nous possédons là en toute illégalité ce qui n'appartient légitimement qu'à eux. Selon les Juifs religieux, il en va ainsi parce que Dieu a fait don de toutes choses au peuple d'Israël ; quant aux Juifs qui ont perdu leurs croyances religieuses, il en va ainsi à leurs yeux parce qu'ils ont appris dans leur secte que les Juifs, du fait de leur supériorité raciale, sont destinés à régner politiquement et économiquement sur toute l'humanité.

Le même raisonnement s'applique au cas d'un État socialo-marxiste dirigé par des gentils plutôt que par des Juifs. Dans un tel cas, comme la richesse du pays en question est, elle aussi, aux mains des gentils, les Juifs ont le droit — *selon leur religion et leurs convictions politiques* — de renverser ce gouvernement communiste et de le remplacer par un gouvernement issu du judaïsme ou sous son influence, afin que celui-ci puisse mettre la main sur les richesses de ladite nation et en diriger le peuple. Tel est le schéma de base des complots élaborés par l'impérialisme juif pour prendre les rênes du gouvernement MAOÏSTE de la Chine (et de celui de son alliée, l'Albanie), en fomentant une révolution intérieure afin de renverser le régime maoïste gentil et de le remplacer par un régime à la botte des Juifs de Moscou, ou bien en attendant patiemment la mort de Mao Tsé-Toung afin de contrôler son successeur par le truchement de marionnettes ou de Juifs chinois clandestins, ou bien encore en faisant envahir et occuper militairement la Chine communiste et l'Albanie par les forces armées soviétiques.

Depuis des siècles, par conséquent, les Juifs sont en proie à l'obsession de recouvrer leurs biens prétendument légitimes au moyen de l'usure, y compris les escroqueries gigantesques de leur système bancaire et tout autre type de transaction usuraire. L'israélite Karl Marx a apporté la touche finale à cette revendication des Juifs visant à la récupération de leurs biens « légitimes » avec son système instituant la confiscation rapide et totale des possessions de tous les « *goyim* » du monde et l'accaparation de celles-ci par l'État communiste que les Juifs étaient destinés à diriger. Ces prétentions insanes, tout comme les exigences bimillénaires des Juifs touchant à la récupération de la terre que Dieu leur avait promise, ont créé au sein du peuple israélite une vindicte, un esprit de vengeance qui représente un élément essentiel de leur mégalomanie paranoïaque.

Là encore, on sait que d'une manière générale, les Juifs sont les êtres les plus rancuniers et les plus portés sur la vengeance et font par conséquent une interprétation exagérée du principe « œil pour œil, dent pour dent, main pour main, etc. » de l'Ancien Testament.

Les études psychiatriques nous disent qu'il est caractéristique du paranoïaque qu'il N'OUBLIE JAMAIS et NE PARDONNE JAMAIS.

Il est donc curieux de remarquer avec quelle fréquence les organisations juives et les israélites de premier plan soulignent à tout propos qu'ils N'OUBLIERONT JAMAIS et NE PARDONNERONT JAMAIS, usant ainsi des termes mêmes qu'emploie la psychiatrie pour caractériser cette catégorie de déments.

La volonté qu'ont les Juifs de venger les persécutions subies au cours de leur histoire a tourné chez eux à l'obsession. Elle est devenue une passion morbide qui, affectant tout un peuple, entretient chez lui depuis des siècles le rêve de commettre un immense massacre de gentils, d'attirer d'énormes destructions sur tous les peuples de la planète, de tirer d'eux une terrible vengeance. Car selon ce que les Juifs ont entendu de leur hiérarchie, ce monde «*goy*» leur a causé des torts épouvantables.

Ils ne sont nullement prêts à admettre que ce sont eux, les Juifs, qui ont toujours été la cause de ces situations, pas plus qu'ils n'acceptent de reconnaître que les peuples qui ont été contraints de s'opposer à eux d'une manière ou d'une autre se bornaient à se défendre contre l'agression dont ils étaient victimes de la part d'étrangers et d'intrus inassimilables ; d'individus qui, ayant reçu une généreuse hospitalité d'autres peuples, ont trahi cette générosité en volant leurs richesses et en cherchant à contrôler toutes leurs activités ; de gens qui, en un mot, sont devenus la secte de voleurs et de conspirateurs la plus dangereuse qu'on ait jamais vue dans l'histoire de l'humanité.

Enfin, la foi religieuse des Juifs, qui se considèrent comme supérieurs aux autres hommes, nourrit en eux les fortes tendances mégalomanes constituant une autre de leurs obsessions, lesquelles ont plus ou moins pris la forme d'une illusion collective de grandeur. Et cette illusion n'est évidemment qu'un autre symptôme de PARANOÏA ou, comme on l'appelle aujourd'hui, de schizophrénie paranoïaque.

De même, étant donné leur méfiance intense et morbide grâce à laquelle ils ont pu conserver leurs secrets et bâtir un mur impénétrable autour de leurs activités clandestines comme de leurs organisations cachées —, **les Juifs ont envoyé des milliers et des milliers d'innocents à la mort dans les pays placés sous le joug communiste.** Cela tient surtout à ce qu'étant paranoïaques, ils sont particulièrement enclins à échafauder de fausses interprétations et à imaginer des complots inexistants, produits typiques d'esprits déséquilibrés portés aux illusions et au délire de persécution. Tous les spécialistes médicaux savent pertinemment que cette méfiance anormale, cette propension à imaginer des agressions et des complots contre soi, est un symptôme évident de paranoïa — cette terrible maladie —, quel que soit l'autre nom qu'on pourra lui donner à l'avenir en poursuivant la recherche sur les troubles mentaux.

Il en va de même de la **propension des Juifs à espionner tout le monde**, qui les a aidés assurément à organiser la plupart des services d'espionnage efficaces de la planète, obtenant ainsi les plus éclatantes victoires dans leur lutte pour la conquête du monde. D'autre part, cette tendance a transformé en un véritable enfer la vie dans les pays communistes sous domination juive, où les enfants espionnent leurs parents, où le frère espionne son frère, où les voisins s'espionnent entre eux, le tout sur ordre de la Tcheka ou des polices secrètes, toutes invariablement dirigées par des Juifs. On ne doit pas perdre de vue non plus que cette véritable espionnite est une autre des tendances morbides qui font partie de la paranoïa, affection dont les Juifs souffrent dans une proportion beaucoup plus élevée que les autres peuples, et ce pour le plus grand dam de l'humanité.

En dernière analyse, l'opiniâtreté du Juif, sa passion, sa volonté fanatique de faire valoir ses droits supposés — qualités qui lui ont permis de surmonter les plus grands obstacles et de supporter sans fléchir les circonstances les plus défavorables — figurent parmi ses principaux attributs. De tels traits caractérisent en outre, selon les sources psychiatriques les plus fiables, le complexe de revanche propre à la paranoïa. Ils tendent à expliquer la haine féroce du Juif pour le christianisme, l'islam et les autres peuples de la terre, haine qui échappe à toute raison, haine du paranoïaque, du malade mental, dont les gens normaux ne peuvent guère imaginer la force et qu'il leur est encore plus difficile de comprendre tout à fait.

Ils expliquent également la soif de vengeance des israélites, leur rage de destruction qui a fait couler des torrents de sang lors de toutes les révolutions juives, depuis celles des Albigeois et des Hussites au Moyen Âge jusqu'à celle des anabaptistes de Thomas Münzer au seizième siècle, sans oublier la Révolution dite française de la fin du dix-huitième siècle, au cours de laquelle le Juif Maximilien Robespierre (1) et d'autres, véritables déments paranoïaques, répandirent des torrents de sang gentil bien au-delà de ce qui suffisait à assurer le triomphe de leur révolution. Ne parlons même pas de la frénésie meurtrière confinant à la folie furieuse qui conduisit les directeurs juifs de la Tcheka soviétique à organiser froidement le meurtre de millions d'êtres humains.

Une autre caractéristique du paranoïaque décrite par les ouvrages de psychiatrie est l'obstination chronique de l'intéressé, sa certitude qu'il a toujours raison et que ce sont les autres qui se trompent. On notera surtout la vigueur et la résolution avec lesquelles il s'accroche à ses idées malsaines, grâce à quoi il est capable d'opposer une résistance d'acier aux plus fortes pressions visant à infléchir sa pensée. Cela explique en grande partie la ténacité dont les Juifs ont fait preuve au cours de l'histoire en restant inébranlables dans leurs croyances religieuses et leurs convictions politiques, refusant le plus souvent de s'incliner malgré les persécutions de toutes sortes auxquelles ils devaient faire face. Lorsqu'ils étaient soumis aux tortures de l'Inquisition, ils cédaient, pleuraient, imploraient le pardon, juraient d'abandonner le judaïsme et allaient même jusqu'à dénoncer tous les Juifs clandestins de leur connaissance. Ils ne s'y résolvaient que pour échapper à la torture et au bûcher, ainsi que pour obtenir le pardon que les directeurs de l'Inquisition offraient aux Juifs clandestins qui en faisaient la demande et promettaient d'abandonner le judaïsme ainsi que de devenir de bons chrétiens. Mais une fois libérés des prisons inquisitoriales, ils continuaient obstinément d'adhérer en secret au judaïsme et de comploter contre le peuple sur le territoire duquel ils vivaient, de même que contre les institutions religieuses et politiques locales, avec une impénitence, une obstination et une opiniâtreté du même genre que celles reconnues aux paranoïaques par la psychiatrie.

---

1 — Le patronyme de Robespierre, féroce dictateur de la Convention, dérivait du patronyme juif Rosenfeld, que portaient les lointains ancêtres de l'intéressé quand ils professaient le judaïsme en public, avant de se convertir faussement au catholicisme.

Le plus grave dans tout cela, c'est que selon la littérature psychiatrique, les autres facultés mentales des paranoïaques sont en général entièrement intactes, mises à part les anomalies que nous venons de mentionner. Les paranoïaques peuvent être des compositeurs, de brillants écrivains et journalistes, des hommes d'affaires avisés capables d'amasser d'immenses fortunes, des prêtres et dirigeants religieux pleins de zèle, des chefs politiques inspirés connaissant une grande réussite, des militaires de premier plan rompus aux arts de la guerre, de célèbres médecins, avocats, ingénieurs, marchands et industriels, des philosophes admirés, des hommes parfaitement normaux dans le cadre de leurs activités ordinaires, d'excellents parents, de bons frères, etc. Cela tient à ce que la paranoïa — exception faite des cas les plus graves justifiant l'internement des patients — n'affecte à divers degrés qu'une petite partie du comportement et des facultés mentales d'un individu ; les autres facultés et les inclinations naturelles qui règlent les activités quotidiennes de l'intéressé sont absolument normales, de sorte qu'à le voir alors, nul ne pourrait imaginer être en présence d'un anormal ou d'un malade mental.

Sauf dans les cas particulièrement aigus nécessitant un internement psychiatrique, la paranoïa se manifeste en général comme un trouble mental partiel dans la mesure où elle n'affecte qu'en partie les facultés de l'individu, laissant intactes la plupart de ces dernières. C'est pourquoi les paranoïaques sont si dangereux pour ceux contre lesquels ils se livrent à leurs actes de représailles, de haine ou de vengeance, d'autant plus que comme nous en informent les ouvrages de psychiatrie, ces individus sont maîtres dans l'art de la dissimulation. On a fait observer ici que tout au long des siècles, les Juifs avaient été des maîtres dans cet art, et l'on retrouve chez eux — là encore — le schéma des caractéristiques que les psychiatres attribuent aux paranoïaques.

Toutefois, comment expliquer que les Juifs, quoique disséminés dans le monde entier, soient affectés plus que tout autre peuple par cette maladie mentale si terrible dans ses effets destructeurs que l'on nomme paranoïa ou schizophrénie paranoïaque ?

Les psychiatres varient entre eux quant à l'étiologie de la paranoïa. Certains voient en celle-ci une maladie héréditaire ; or cette influence de l'hérédité pourrait augmenter et s'aggraver dans le cas des Juifs, car sauf exceptions, ils ne se marient qu'entre eux et évitent les *intermariages avec d'autres races*. D'autres chercheurs, surtout à l'heure actuelle, soutiennent que la schizophrénie paranoïaque est acquise et non pas héréditaire, car elle est due aux influences du milieu subies pendant l'enfance et l'adolescence. Si cette dernière théorie est fondée, il va de soi que l'éducation secrète reçue par les enfants et adolescents juifs dans leur foyer ou leur école — de manière publique ou clandestine — ne peut que favoriser largement chez eux les troubles mentaux caractéristiques de la paranoïa. Depuis leurs plus tendres années, en effet, les enfants juifs s'entendent tellement rabâcher combien leurs coreligionnaires ont subi de persécutions tout au long de l'histoire qu'il ne faut pas s'étonner qu'à un degré ou à un autre, ils développent tous un complexe de persécution. Quant aux constants enseignements qui, fondés sur l'*Ancien Testament* et le *Talmud*, évoquent la grandeur du peuple juif et sa supériorité sur tous les autres peuples, ils favorisent manifestement aussi l'apparition d'une mégalomanie *sui generis*.

D'où un prêche continuel quant à la nécessité impérative de rétablir la domination juive sur les peuples et les richesses du monde, données par Dieu à son peuple élu, mais confisquées et détenues par les gentils en toute illégitimité, car contrairement à la volonté divine ; comme les aspirations multi-centenaires à la récupération de la Palestine et à la reconstruction de l'État juif, cela n'a pas manqué de favoriser le développement chez les enfants et adolescents juifs d'un complexe de revanche paranoïaque.

En outre, la double vie — secrète et publique — que mène chaque jour un Juif, la crainte constante qu'il a de voir découvrir ses secrets et ses manigances incessantes par les gentils qui l'entourent, l'ordre qu'il a reçu d'espionner ceux-ci et d'informer son rabbin de tout ce qu'il a vu et entendu, les sermons tirés de l'*Ancien Testament* de la Bible qu'il entend sur le devoir de se montrer implacable, vindicatif, cruel, etc. envers les gentils, de même que sur l'ordre donné par Dieu à Moïse et à Josué de tuer hommes, femmes et enfants pour venger le peuple israélite ou conquérir la Terre Promise, tout cela contribue sans aucun doute à développer chez les enfants et adolescents juifs des troubles mentaux d'ordre paranoïaque extrêmement dangereux pour le reste de l'humanité.

Il est difficile de percevoir toutes les nuances de la mentalité juive si l'on ne complète pas le diagnostic ci-dessus en étudiant de façon détaillée les illusions et complexes paranoïaques des israélites. Ces illusions et complexes sont constitutifs d'une véritable démence, qui a permis aux Juifs d'enregistrer d'incroyables succès dans les domaines de la religion, de l'économie et de la politique, mais qui les a conduits également à commettre les plus effroyables crimes de masses. C'est cette démence qui a fait d'eux la plus terrible menace pesant aujourd'hui sur l'humanité. Les autres peuples du monde ne pourront jamais vivre en paix tant que la nation juive — organisée mondialement sous la forme d'une société secrète créée et dirigée en grande partie par des fous dépravés qui sont devenus des voleurs, des conspirateurs sans repos et parfois de criminels destructeurs — continuera d'entretenir ses cinquièmes colonnes dans toutes les autres nations du monde et cherchera à dominer ces dernières. Car ce sont ces cinquièmes colonnes, les colonies juives (communautés youtres implantés dans les pays des *Akum* ou *Goyim*), tant publiques que clandestines (celles-ci étant les plus dangereuses), qui fomentent la subversion, les guerres civiles et les guerres internationales risquant toujours d'engloutir l'humanité dans un holocauste nucléaire.

Dans n'importe quelle nation, la présence de paranoïaques au sein de telle ou telle famille n'empêche pas nécessairement la plupart des membres de cette famille d'être plus ou moins normaux, et il va de soi que les familles juives ne sont pas différentes des autres à cet égard. Mais malheureusement, même les israélites jouissant le cas échéant de toutes leurs facultés mentales n'en soutiennent pas moins les insanités et les plans pernicieux de leurs rabbins et dirigeants, parce que l'éducation qu'ils ont reçue depuis leur plus tendre enfance leur a présenté ces choses comme bonnes et justifiées. A quelques exceptions près, les rares âmes à la fois nobles et indépendantes qui apparaissent au sein du judaïsme sont impuissantes à se révolter contre ces maux et ces folies, à cause du terrible châtiment que le redoutable *Bet Din* (tribunal juif secret) de leur communauté leur infligerait au tout premier signe de rébellion. En outre, ce châtiment s'étendrait aux membres de la famille de l'intéressé ; or, quoique beaucoup de Juifs seraient peut-être assez courageux pour braver un tel châtiment, bien peu pousseraient ce courage jusqu'à risquer d'exposer leur épouse ou leurs enfants à la fureur des rabbins, qui utilisent volontiers le poison ou tout autre moyen propre à éliminer ceux en qui ils voient une menace pour la discipline et la vie même de leur sombre secte.

La tendance à feindre et à dissimuler, que les spécialistes des troubles nerveux considèrent comme un symptôme de paranoïa, jointe à l'éducation que tout israélite a reçue dès l'enfance pour apprendre à cacher et à simuler face à ces animaux de gentils, tout cela a rendu les Juifs maîtres dans l'art de l'hypocrisie qui caractérisait déjà les Pharisiens, fondateurs incontestés du judaïsme moderne. Cette tendance paranoïaque et cette formation à l'art de la dissimulation aident beaucoup un Juif, dans ses relations avec les gentils, à faire croire à ceux-ci qu'il les aime bien, qu'il est leur ami, voire qu'il est un interlocuteur loyal, alors même que dans le fond de son cœur, l'acteur hypocrite éprouve seulement pour eux la haine et le mépris que sa religion lui a inculqués vis-à-vis de tous les « *goyim* » comme de tout ce qui est « *goy* ». De plus, cette aptitude à feindre et à dissimuler a beaucoup aidé les Juifs à infiltrer et à dominer les sociétés des nations gentilles, car avec une perfection digne de causes plus nobles, ils savent afficher la loyauté, la sincérité et même un attachement personnel aux dirigeants de ces nations qu'ils conspirent à ruiner. Cela vaut pour tous les Juifs, qu'ils soient religieux ou non, car on trouve un pourcentage analogue de paranoïaques dans l'un et l'autre groupes, dont la totalité des membres ont reçu la même formation à l'art de la dissimulation.

S'agissant enfin de la religion israélite, bien que les Juifs ne soient évidemment pas le seul peuple auquel ses fondateurs ont légué une religion lui attribuant la prééminence sur le reste de l'humanité en tant que caste supérieure et privilégiée, voici ce qui continue à se prêcher chaque jour au sein des communautés juives : que le monde fut créé par Dieu pour le bénéfice exclusif de son PEUPLE ÉLU, les Juifs, auxquels toutes les richesses du monde appartiennent de droit divin, et que tous les autres hommes, étant de nature purement animale, furent créés par Dieu pour être les esclaves des Juifs et les servir.

En ce XXᵉ siècle, une telle conviction ne peut apparaître que comme un symptôme de complète démence à quiconque est, par contre, en possession de toutes ses facultés mentales.

La maladie mentale, plaie des Juifs ?

Un médecin soutient que les Juifs sont porteurs de la schizophrénie

Le docteur Arnold A. Hutschnecker, psychiatre de New York qui fut le thérapeute du Président Nixon, a publié dans l'*American Journal of Psychiatry* un article démontrant que les Juifs sont porteurs de la schizophrénie.

Dans une étude intitulée « *Mental Illness : The Jewish Disease* » (la maladie mentale, plaie des Juifs), le docteur Hutschnecker signale que bien que tous les Juifs ne soient pas des malades mentaux, la maladie mentale est hautement contagieuse, et ils sont les principaux agents de sa transmission.

Il écrit que chaque Juif naît porteur des germes de la schizophrénie et que c'est cela qui provoque la persécution des Juifs dans le monde.

Selon lui, « le monde témoignerait plus de compassion aux Juifs si l'on prenait partout conscience du fait qu'ils ne sont pas responsables de leur état. La schizophrénie est le facteur qui suscite chez les Juifs un désir compulsif de persécution ».

L'auteur souligne que cette maladie mentale particulière aux Juifs se manifeste par leur inaptitude à différencier le bien du mal. D'après lui, le droit canonique juif a beau reconnaître les vertus de patience, d'humilité et d'intégrité, les Juifs n'en sont pas moins agressifs, vindicatifs et malhonnêtes.

« Les Juifs taxent les Américains non juifs de racisme, alors même qu'Israël est le pays le plus raciste du monde », ajoute-t-il.

Selon le docteur Hutschnecker, la maladie mentale des Juifs se manifeste par la paranoïa. Il explique que non seulement le paranoïaque s'imagine persécuté, mais qu'il crée délibérément des situations faisant passer cette persécution imaginaire dans le domaine de la réalité.

Pour voir se manifester la paranoïa juive, il suffit — écrit-il — de prendre le métro à New York : sur dix personnes qui vous y bousculent au passage, neuf sont juives.

« Ce faisant, le Juif espère que vous allez réagir, et si vous le faites, il vous traite d'antisémite. »

Durant la Deuxième Guerre mondiale, écrit le docteur, les dirigeants juifs d'Angleterre et des États-Unis connaissaient l'existence des terribles massacres de Juifs commis par les nazis. Mais lorsque les membres du Département d'État voulurent protester contre de tels faits, la juiverie organisée leur imposa silence, car selon l'auteur, elle voulait que le massacre continue pour susciter la sympathie du monde envers les Juifs.

Le docteur Hutschnecker établit un parallèle entre le besoin juif d'être persécuté et l'autre forme de démence que constitue l'automutilation. Ceux qui se mutilent, d'après lui, le font parce qu'ils veulent s'attirer la sympathie d'autrui. Mais, ajoute-t-il, ces personnes révèlent leur démence en se défigurant de telle sorte qu'elles suscitent la répulsion plus que la sympathie.

Il note, au surplus, que l'incidence de la maladie mentale s'est accrue aux États-Unis en proportion directe avec l'augmentation de la population juive dans ce pays.

« La grande immigration juive aux États-Unis a commencé à la fin du dix-neuvième siècle, écrit-il. En 1900, il s'y trouvait 1.058.135 Juifs, et en 1970 5.868.555, ce qui représente un accroissement de 454,8%. En 1900, il y avait aux États-Unis 62.112 personnes internées en hôpitaux psychiatriques, et en 1970 339.027, soit une augmentation de 445,7%. Or, au cours de la même période, la population totale des États-Unis est passée de 76.212.368 à 203.211.926, soit un accroissement de 166,6%. Avant l'afflux de Juifs d'Europe, les États-Unis étaient une nation mentalement saine. Tel n'est plus le cas aujourd'hui. »

Le docteur Hutschnecker appuie son opinion selon laquelle les États-Unis ne sont plus un pays mentalement sain sur une citation du docteur David Rosenthal, chef du laboratoire de psychologie au *National Institute of Mental Health* (Institut national de la santé mentale), qui estimait dernièrement que dans ce pays, plus de soixante millions de personnes souffraient de *« troubles du spectre schizophrénique »*. Observant que le docteur Rosenthal est lui-même juif, le docteur Hutschnecker écrit que la propagation de la maladie mentale semble causer aux Juifs une fierté perverse.

Selon lui, c'est en 1911 qu'un psychiatre suisse, le docteur Eugen Bleuler, baptisa « schizophrénie » la maladie mentale en question. Auparavant, on appelait celle-ci *« dementia praecox »*, nom que lui avait donné son découvreur, le docteur Emil Kraepelin. Ensuite, toujours d'après le docteur Hutschnecker, le docteur Sigmund Freud vit en elle une « névrose » (2).

« Les symptômes de la schizophrénie furent reconnus presque simultanément par Bleuler, Kraepelin et Freud à une époque où les Juifs faisaient leur entrée dans la classe moyenne aisée, écrit le docteur Hutschnecker. Auparavant, ils étaient ignorés par les médecins en tant qu'entité sociale et raciale. Ils devinrent cliniquement importants lorsqu'ils commencèrent à se mélanger avec des non Juifs. »

Le docteur Hutschnecker souligne que selon les recherches du docteur Jacques S. Gottlieb, de la *Wayne State University*, la schizophrénie est causée par une difformité de la protéine alpha 2-globuline, qui est en forme de tire-bouchon chez les personnes atteintes. Cette difformité semble causée, estime le docteur Hutschnecker, par un virus que les Juifs transmettent aux non-Juifs avec qui ils entrent en contact. Selon lui, les descendants des peuples d'Europe occidentale n'ayant pas développé une immunité au virus en question, ils sont particulièrement vulnérables à la maladie.

---

2 — *La psychiatrisation de l'antisémitisme* - Une merveille de réalité sur : http://the-savoisien.com/wawa-conspi/viewtopic.php ?id=1981
Voir aussi : *« Je vous apporte la peste. »* Sigmund Freud à son arrivée aux États-Unis. : http://the-savoisien.com/wawa-conspi/viewtopic.php ?id=406

« Il ne fait aucun doute à mes yeux, conclut le docteur Hutschnecker, que les Juifs ont transmis la schizophrénie au peuple américain par infection, car ils sont porteurs de la maladie, qui atteindra des proportions épidémiques jusqu'à ce que la science mette au point un vaccin permettant de la juguler. »

(Tiré de « *The Pychiatric* » News, 25 octobre 1972.)

Dans l'*Ancien Testament*, les Juifs sont dans l'obligation de se purifier avec de l'eau de vie et des prières avant de se retrouver dans la présence de Dieu, sinon il y a un réel risque d'être détruit par la sainteté de Dieu

Itsvan Bakony

Impérialisme, Communisme & Judaïsme
Les trois forces qui dominent le monde

N° 1. Qu'est-ce que le Judaïsme ?

N° 2. Le communisme chinois et les juifs chinois.

N° 3. La cinquième colonne juive dans l'Islam.

N° 4. La cinquième colonne juive en Inde.

N° 5. Les juifs veulent dominer les nègres.

N° 6. La cinquième colonne juive au Japon.

N° 7. La paranoïa judaïque.

*Toutes les recensions où rééditions numériques
de Lenculus sont gratuites, et ne peuvent faire l'objet d'aucun profit.
On retrouvera toutes ses publications sur le site* **http://the-savoisien.com/**

Pour plus de documentation :

www.the-savoisien.com
www.pdfarchive.info
www.vivaeuropa.info
www.freepdf.info
www.aryanalibris.com
www.aldebaranvideo.tv
www.histoireebook.com
www.balderexlibris.com

www.ingramcontent.com/pod-product-compliance
Lightning Source LLC
LaVergne TN
LVHW091534060526
838200LV00036B/610